대동여지도로

사라진 옛고을을 가다

3

적성에서 대정까지

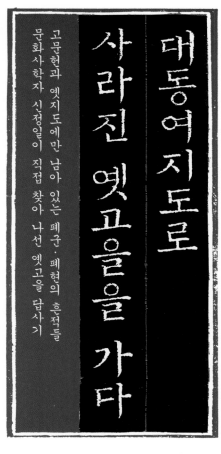

신정일 지음

고문헌과 옛지도에만 남아 있는 폐군·폐현의 흔적들

문화사학자 신정일이 직접 찾아 나선 옛 고을 답사기

대동여지도로

사라진 옛 고을을 가다

황금나침반

일러두기

* 현재의 10리+里=약3.93km이다. 『신증동국여지승람』에는 서울에서 동래까지의 거리를 962리로 기록한 것으로 보아 지금의 리 단위와 비슷하다. 그러나 10리=약5.4km였다는 옛기록도 있다.
* 척尺은 길이를 재는 단위의 하나로 자라고도 부르며 1척=약33.33cm이다.

"큰강과 샛강은 강, 호수, 바다를 이루는 근본이다"

古山子 김정호 『대동여지도』 서문

"십년이면 강산이 변한다."는 말이 있지만 그것은 이미 옛말이 된 지 오래이다. 3년은커녕 1년도 안 지나서 다시 가보면 산山이 없어지고, 강江이 그 물길을 돌려 자취를 찾을 수 없는 것이 오늘의 현실이라서 시간을 거슬러간 백여 년 전의 모습은 그저 상상 속에나 남아 있을 뿐이다.

우리 국토를 본격적으로 주제로 잡아 답사를 시작한 것은 80년대 초반부터였다. 지금도 그렇지만 길을 떠나기 전날 밤에는 답사 중에 찾아갈 현장들이 아스라이 떠올라 설레는 마음이 진정 되지 않았다. 그때마다 머리맡에 놓아 둔 김정호의 「대동여지도」와 이중환李重煥의 『택리지擇里志』 그리고 『한국지명총람』을 펼치고 답사해야 할 곳들을 들여다보면 잠은 저만치로 달아나곤 했다.

하지만 막상 가서보면 그처럼 번성했던 고을이 내가 상상했던 것과는 달리 아무런 흔적도 없이 사라져버린 경우가 한 두 번이 아니었다. 반면에 예전에는 불모의 땅이라 여겨지던 곳들이 빌딩과 아파트 숲이 들어서며 땅값이 폭등하여 황금의 땅으로 변모해 있기도 하였다.

변하고 또 변하는 시대의 흐름 속에서 사라져가는 것들 중에 특별히 마음을 아프게 하고 애잔한 상념을 불러일으키게 하는 곳들이 바로 고산자古山子 김정호金正浩가 제작한 「대동여지도大東輿地圖」에는 군현郡

縣으로 표시되어 있으나 1914년 이후 사라진 군과 현의 쇠락한 모습이
었다.

  유주현의 대하소설 『조선총독부』에는 1914년의 군·면 통폐합에 대
해 다음과 같이 짧게 언급하고 있다. "1914년 3월 새로운 관제官制를 포
고하여 조선의 부·군·면을 통폐합하고 97개의 군을 폐지해 버렸다."
  물론 나라가 시작되고서부터 지방에 설치되었던 군현은 여러 차례 통
폐합과 변천과정을 겪었다. 신라 경덕왕 때에 첫 번째 통폐합이 있었고,
조선 초기에도 여러 차례 통폐합을 단행했다. 그렇지만 행정구역이 지
금의 상태로 만들어진 것은 조선 후기인 1895년이었다. 지방관제 개편
에 따라 그때까지 군현이었던 것을 군으로 변경했던 것이고, 그것이 조
선왕조의 마지막 행정 개편이었다.
  그 뒤 일제가 이 나라를 강점한 뒤인 1914년 3월 1일 조선총독부는 조
선 8도의 지방관제를 개편하면서 많은 수의 군을 폐하였다. 그때 군은
317개소에서 220개로 조정하고 4,338개의 면을 2,521개로 정리하였다.
그때부터 사라진 폐군현의 몰락이 가속화되기 시작했다.

김정호는 어느 고을에 가거나 먼저 그 지방의 지리, 명소, 산세山勢, 성城, 고적 등 필요한 모든 부분에 대해 물어보고 실제로 그곳까지 가서 하나하나 확인했다고 한다. 그래서 나 역시 김정호를 본받아 어느 고을에 도착하거나 먼저 읍사무소 또는 면사무소를 찾아가 옛날의 관아 터나 고적을 물어보았다. 그러나 대부분이 금시초문이라는 표정을 지으며 잘 모르겠다고 대답하기 일쑤였고, 나이든 어르신이나 그곳에 오래 살았던 사람들을 소개하는데 그 사람들도 모르기는 마찬가지였다. 불과 백여 년, 아니 30~40년 사이에 '경천동지驚天動地'란 말이 실감이 날 정도로 우리 국토가 변모하고 만 것이다.

그렇게 위세도 당당했던 고을의 관청이나 수령방백들이 올라서 휴식을 취하던 누정들이 겨우 몇 개만 남고 사라져 버려 그 흔적조차 찾을 수가 없었다. 조선 중기의 학자인 유몽인은 지리산 쌍계사에 있는 최치원이 지은 '진감선사비문'을 보고서 "여러 차례 흥망이 거듭되었지만 비석은 그대로 남아 있고, 사람은 옛 사람이 아니다."라고 하였다. 그 말대로 가서 보면 여기저기 흩어져 있던 비석들은 모아져 그대로인데, 사람은 그때 사람이 아니고 세월 속에 그 고을도 사라져 버리고 말았다는 것이 왜 그리도 쓸쓸한 연민으로 다가왔던지. 나는 허물어진 담장에 기대거나 터만 남은 관아 자리에 망연자실한 채 앉아서 그 고을의 모습들을 속절없이 떠올리기도 했다.

고을 이름이 남아 있는 곳들은 그나마 다행이지만 어떤 경우는 고을 이름까지도 다른 이름으로 바뀌어 찾는라 애를 먹기도 했다. 다산 정약용과 면암 최익현이 유배를 갔었고, 김옥균의 팔 하나가 던져진 장기현은 1934년에 봉산면과 합하여 새로운 면을 만들 때 행정착오로 장기현의 옛 이름인 '지답'의 '답畓'자를 잘못 써서 '행畣'이 되어 지행면이 되었다. 경기도의 지평현은 양근과 합치면서 양평군이 되었지만 지평이라는 이름은 지제로 바뀌고 말았다.

숭의전 때문에 군이 되었던 경기도의 마전은 또 어떠한가. 연천군에 편입된 마전은 미산면 마전리라는 이름으로 남아 서슬 푸르던 관아는커녕 향교의 흔적조차 남아 있지 않았다. 마전리라고 새겨진 표지석 곁에 가만히 서서 바라보면 그 옛날 이곳이 군청의 중심지였다는 사실이 믿기지 않게 인가들이 띄엄띄엄 있고 마을 한가운데로 자동차들만 쌩쌩 지나간다.

김정호는 「대동여지도」 서문에서, "큰강과 샛강은 강, 호수, 바다를 이루는 큰 근본이다. 그 사이에는 빙빙 돌아 흐르는 것도 있고, 갈라져 나가 흐르는 것도 있고, 한데로 아우러져 흐르는 것도 있고, 흐르다 말라버리는 것도 있다經川支流 水之大端也 其間有雁流者焉 有分流者焉 幷流絶流者焉"고 하였다.

사람의 한평생도, 그리고 세상의 이치도 흥망성쇠興亡盛衰가 거듭된다고 볼 때 별다른 역사의 흔적을 찾아볼 수 없는 마전의 현재가 나그네에게 주는 것은 그저 쓸쓸함뿐이다.

『대동여지도로 사라진 옛고을을 가다 1』에서는 과거에는 거대 상권이 형성되었거나, 교통의 요지, 군사적 요충지 및 국가적으로 중요한 의미를 지닌 지역들이었으나 지금은 쇠락해 바라보는 이들의 심사를 안타깝게 하는 고을을 모았다.

충남 논산의 은진이나 전북 정읍의 고부, 경남 창녕의 영산 등이 그 지역들인데, 은진의 강경포는 대구·평양과 함께 나라 안의 큰 상권을 이루었던 고을이었다. "은진은 강경 덕에 먹고 산다"는 말이 있을 정도로 번성했던 고을 은진은 지금 젓갈시장으로 겨우 명맥을 유지하고 있으며, 논산시에 딸린 조그만 면으로 옛날의 흔적을 찾아볼 수가 없다.

고부는 어떠한가? 전라도에서 전주 다음으로 번성했던 고을, 그래서 서울 당상관의 자제들이 서로 앞다투어 가고자 했던 자리가 고부군수 자리였는데, 1914년에 정읍에 소속된 하나의 면으로 전락한 뒤 현재는 다방 서너 개가 자리를 지키고 있는, 생기 잃은 조그만 면소재지가 되고 말았다.

경남 창녕의 영산 역시 창녕보다 더 긍지를 지니고 살았던 그 당시와 달리 지금은 영산줄다리기나 문호장굿 등 예로부터 전해 내려오는 민속놀이 이외에는 그 옛날의 활기를 찾아볼 수가 없다.

규모는 작았지만 삼남대로가 지나는 고을이라 수많은 빈객들을 접대하느라 살림살이가 항상 빠듯했다는 평택의 진위는 지금도 평택과 천안 사이에서 그만그만하고, 허균의 자취가 남아 있는 함열은 전라선 열차가 개설되면서 새로 생긴 '함열' 때문에 함라면으로 바뀌어 겨우 명맥만 유지하고 있다.

『대동여지도로 사라진 옛고을을 가다 2』에는 예로부터 자연풍광이 아름답기로 이름났으나 오늘날의 사람들이 잘 알지 못하는 고을들, 혹은 새로 건설된 댐과 같이 '국토개발사업'으로 인해 수몰되거나 지형이 변하여 더 이상 그 정취를 찾아볼 수 없는 고을을 담았다.

강화도의 한 면인 교동도는 역사 속에서 수많은 사람들의 영욕이 교차되었던 곳이다. 이규보의 아름다운 시詩 속에 남아 있는 교동도의 남산포는 송나라 사신들이 줄을 이었던 곳이고, 수양대군에게 밀린 안평대군과 폭군 연산군이 유배를 왔던 곳이지만 읍성은 무너지고 '연산군의 적거지' 라는 안내판만 남아 길손을 맞고 있다.

조선시대의 문장가인 김일손이 남한강변에 자리 잡은 청풍고을을 거쳐 단양으로 가던 길에 "그 경치가 아름다운 여인처럼 아름다워 열 걸음을 걸어가며 아홉 번을 뒤돌아보았다"고 감회를 피력했던 청풍은 충주댐으로 인해 수몰되면서 '청풍문화재단지' 가 만들어졌지만 그 역시 쓸쓸하기가 그지없다.

충남의 문의군 역시 대청댐에 의해 수몰되면서 옮겨지는 바람에 그 옛날의 자취는 물속으로 사라졌다. 퇴계 이황의 고향이자 청량산 가는 길목에 자리 잡고 있던 예안은 안동댐이 건설되면서 물속으로 숨어들고 말았고, 전북의 용담도 그 옛날의 아름다운 풍광을 물속에 묻어버렸다.

충남의 해미는 고색창연한 해미읍성이 남아 그 옛날을 증언해주고 있지만 사람이 살지 않는 성이라 오직 관광객들의 발길만 이어지는 죽은 성이 되고 말았다. 작은 서울이라고 일컬어졌던 경북의 용궁은 의성포 물돌이동이 아름답기로 소문이 나 많은 사람들이 찾는 곳이지만 용궁현청이 있던 향석리는 쓸쓸하기가 이루 말할 수가 없다. 동해 바닷가에 있는 영해는 한때 '도호부' 였다는 명성에 걸맞지 않게 자꾸자꾸 쇠락해가고 있는 고을이다.

『대동여지도로 사라진 옛고을을 가다 3』에는 "산천의 정기로 인물이 태어난다"는 옛말과 같이 널리 알려진 인물들이 많이 태어난 고을들, 그리고 역사적인 사건이나 전설, 믿기지 않는 신기한 이야기들을 풍성하게 가지고 있는 고을들을 담았다.

충북에 있는 연풍은 이화령 아래에 있는 고을로 죄인들을 귀양 보냈던 '유도'라는 곳이 있을 정도로 궁벽진 곳에 자리 잡고 있던 고을이다. 이 고을에 단원 김홍도가 고을 현감으로 부임해 왔는데, 그가 현감으로 있으면서 선정을 베풀었다는 기록은 보이지 않는다.

충남 결성은 청산리전투로 독립운동사에 길이 남은 김좌진金佐鎭이 1889년에 태어난 곳이며, 1879년에는 한용운韓鏞雲이 태어났던 곳이지만 홍성과 광천에 치여서 그냥 작은 면소재지로 전락하고 말았다.

경남 산청의 단성은 문익점이 원나라에서 목화씨를 가져와 최초로 심었던 면화시배지가 있는 곳이며, 솔거의 그림이 있었다는 단속사, 그리고 그 유래가 분분한 율곡사 등이 있는 곳이지만 그곳이 단성현이었다는 흔적은 찾을 수가 없다.

파주 교하는 그나마 '교하천도설'이나 북한과의 접경지역이라는 이유로 땅값이 올라 새로운 비약을 꾀하고 있는 곳이고, 화순 능주는 능주목이었다는 자부심으로 목사골이라는 표석도 세워놓았지만, 정암 조광조가 유배를 와서 사약을 마시고 세상을 하직한 유배지라는 역사를 담고 있을 뿐이다.

김정호는 『청구도범례靑丘圖凡例』에서 "지지地誌(어떤 지역의 자연, 사회, 문화 등의 지리적 현상을 기록하여 그 지역의 특색을 나타낸 것)는 지도에서 미진, 누락된 것을 고치기 위하여 필요한 것이다"하였고, "읍지邑誌(고을의 연혁, 지리, 풍속 등을 기록한 책)는 지방의 부府, 목牧, 군群, 현縣을 단위로 하여 지역에서 편찬한 지리지로 자기 고장을 단위로 하여 작성하므로 여지興地(수레 같이 만물을 싣는 땅이라는 뜻으로 지구 대지를 말함)와 달리 널리 수집하여 모두 수록하고 작고 큰 것을 모두 빠뜨리지 않아[細大不遺] 한 읍의 실정을 상세히 기록함을 원칙으로 삼았다" 하였다.

나는 얼마나 정확하게 그 고을들을 기록하였는지 아직은 자신이 없다. 다만 앞으로도 그곳들을 계속 다시 답사해서 미진한 부분을 보완할 예정이다. 그 이유는 이 책이 사라져간 고을뿐만이 아니라 지금 이 순간에도 무수히 사라져가는 모든 것들에 대한 나의 사랑이자 그리움의 표시이며, 헌사獻詞이기 때문이다.

답사 길에 동행했던 수많은 도반道伴들과 좋은 책을 만들어 주신 민음사출판그룹의 황금나침반 식구들과 책임편집자인 최가영 과장님에게 고마움을 전한다.

병술년 칠월 초사흘 온전한 땅 전주에서 신정일 올림

차례

서문 · 6

경기도

경기 안성 양성 | 천주교 성지가 숨어든 외로운 새밭골 · 22
경기 연천 마전 | 숭의전이 있어 군으로 승격된 곳 · 32
경기 이천 음죽 | 해월 최시형의 이야기가 살아있는 고장 · 46
경기 파주 교하 | 북도평사 최경창과 홍랑의 사연이 깃든 곳 · 56
경기 파주 적성 | 감악산의 영험함이 전해오는 고을 · 68

충청북도

충북 괴산 연풍 | 연풍현감 김홍도의 일화가 남아 있는 곳 · 82
충북 괴산 청안 | 말세우물 전설로 신비로운 고을 · 94
충북 보은 회인 | 최영 장군이 쌓은 좌월대가 있는 고을 · 104

충청남도

충남 논산 노성 | 백의정승 윤증의 옛집 마루에 걸터앉아 · 116
충남 당진 면천 | 아미산 용과 몽산 지네의 전설이 어린 곳 · 130
충남 부여 홍산 | 김시습의 혼이 서려 있는 청일서원과 무량사 · 142
충남 연기 전의 | 운주산 치마바위를 만들어 놓은 남매 장사의 전설 · 154
충남 예산 덕산 | 흥선대원군과 가야사의 기이한 인연이 전해지는 고장 · 166
충남 천안 목천 | 어사 박문수와 아우내 장의 이야기가 남아 있는 고을 · 178
충남 청양 정산 | 이몽학이 굶주린 농민들 수만 명을 규합하다 · 196
충남 홍성 결성 | 광천 새우젓으로 이름난 만해 한용운의 고향 · 210

경상북도

경북 경산 자인 | 왜군을 물리친 한 장군 전설이 전해 내려오는 고장 · 224
경북 경산 하양 | 갓바위미륵으로 인산인해를 이룬 고장 · 236
경북 군위 의흥 | 일연스님이 입적하였다는 인각사가 있는 고을 · 246
경북 영천 신녕 | 고개와 마을마다 전설을 간직한 고을 · 260
경북 포항 청하 | 팔만보경의 전설을 간직한 보경사가 있는 곳 · 270

차례

경상남도

경남 산청 단성 | 문익점과 목화의 고장 · 282
경남 함양 안의 | 안의현감 박지원의 사상과 저술이 무르익던 곳 · 294
경남 합천 삼가 | 한국전쟁의 상흔을 깊이 간직한 고을 · 306

전라북도

전북 고창 무장 | 손화중의 비결 탈취 사건 · 318
전북 김제 만경 | 부잣집 손주며느리와 이랴소리 이야기 · 330
전북 완주 고산 | 조용히 와서 하룻밤 자니 세상 생각을 잊다 · 340

전라남도

전남 나주 남평 | 정여립 역모 사건의 최고 희생자 이발의 고향 · 352
전남 화순 능주 | 운주사 부부 미륵불의 전설 · 364

제주도

제주 남제주 대정 | 아름다운 백록담을 품은 한 많은 유배지 · 376

찾아보기 · 388 | 참고문헌 · 405

1권

경기도
경기 김포 통진 | 경기 안성 죽산 | 경기 양평 지제 | 경기 용인 양지 | 경기 평택 진위

충청남도
충남 금산 진산 | 충남 논산 연산 | 충남 논산 은진 | 충남 보령 남포 | 충남 부여 석성 | 충남 부여 임천 | 충남 서천 한산 | 충남 아산 신창 | 충남 천안 직산

경상북도
경북 상주 함창 | 경북 영덕 영해 | 경북 영주 순흥 | 경북 영주 풍기 | 경북 청송 진보 | 경북 포항 흥해

경상남도
경남 사천 곤양 | 경남 창녕 영산 | 경남 합천 초계

전라북도
전북 군산 임피 | 전북 익산 여산 | 전북 익산 용안 | 전북 익산 함열 | 전북 정읍 고부 | 전북 정읍 태인

전라남도
전남 순천 낙안

2권

강원도
강원 고성 간성

경기도 · 인천광역시
경기 포천 영평 | 인천 강화 교동

충청북도
충북 단양 영춘 | 충북 영동 황간 | 충북 옥천 청산 | 충북 제천 청풍 | 충북 청원 문의

충청남도
충남 서산 해미 | 충남 서천 비인 | 충남 아산 온양 | 충남 예산 대흥

경상북도 · 대구광역시
경북 김천 개령 | 경북 김천 지례 | 경북 안동 예안 | 경북 예천 용궁 | 경북 울진 평해 | 경북 의성
비안 | 경북 포항 장기 | 대구 달성 현풍

경상남도 · 울산광역시
울산 울주 언양 | 경남 함안 칠원

전라북도
전북 고창 흥덕 | 전북 김제 금구 | 전북 남원 운봉 | 전북 진안 용담

전라남도
전남 곡성 옥과 | 전남 담양 창평 | 전남 화순 동복

제주도
제주 남제주 정의

경기 안성 양성 - 천주교 성지가 숨어든 외로운 새 발골

경기 연천 마전 - 숭의전이 있어 군으로 승격된 곳

경기 이천 음죽 - 해월 최시형의 이야기가 살아있는 고장

경기 파주 교하 - 북도평사 최경창과 홍랑의 사연이 깃든 곳

경기 파주 적성 - 감악산의 영험함이 전해오는 고을

1부

경기도

陽城

천주교 성지가 숨어든 외로운 새밝골

고려 때의 문장가인 강호문康好文의 시에, "용성 깊은 지역에 외로운 성 있는데, 고을 이름은 간의諫議의 명名자와 같다. 옛 시를 뒤쫓아 화답하며 오래 앉았으니, 숲을 격한 주막에 낮닭이 운다"고 하였던 양성현은 경기도 안성시 양성면에 있던 조선시대의 현이었다.

양성현은 원래 고구려의 사복홀沙伏忽이었는데, 신라 경덕왕이 적성赤城이라 고쳐서 백성군白城郡의 속현으로 만들었다. 고려 초기에 지금 명칭으로 고쳤고, 현종 9년에는 수주에 예속시켰다. 명종이 감무를 두었는데, 조선 태종 13년에 현감으로 만들고 충청도에서 경기도로 이속시켰다. 1895년(고종 32) 지방관제 개정에 의하여 소고니所古尼, 율북, 감미동, 승량동의 4개 면을 진위군振威郡에 넘겨주고, 1914년 군면 통폐합에 따라 안성군에 편입되어 현재 안성시의 양성면, 공도읍, 원곡면의 세 곳

양성향교 오래된 느티나무가 우거진 진입로 안쪽으로 아늑한 향교 건물들이 보인다.

과 평택시의 청북면, 포승면, 현덕면 세 곳의 일부 지역이 되었다.

양성이라는 지명은 사복홀의 차음借音이 '새밝' 이어서 새밝골 또는 새밝성으로 부르다가 이것이 한자로 바뀌면서 양곡陽谷 또는 양성이라 한 것에서 유래했다. 적성의 '적赤' 이라는 글자도 '밝음' 과 관계가 있다. 조선시대에는 치소治所가 진산이며, 천덕산과 남쪽의 백운산 사이에 자리 잡고 있어 외부와는 선원천을 건너 안성과 연결되었다. 서해안에 괴태길곶槐台吉串이 있었으므로 양성에서 거두어들인 세곡은 이곳을 통하여 경창으로 운송되었다.

동항리東恒里는 본래 양성현 읍내면의 지역으로 양성 읍내, 구읍내라 하였다. 이곳에 동헌이 있던 관사 터가 있었다기에 양성면사무소에 가서 양성현창 자리가 어디이고, 객사는 어디에 있었는지 물어보았지만 잘 모르겠다는 맥 빠진 대답만 돌아왔다.

현감과 현령을 지낸 사람들의 송덕비들이 면사무소 좌우에 줄지어 서 있는데 바로 그 옆에 서 있는 작은 문인석의 슬픈 얼굴은 금방이라도 눈물을 뚝뚝 떨어뜨릴 것만 같다.

여러 가지 정황으로 보아 양성면사무소나 양성초등학교가 옛 시절 양성 관아가 들어서 있던 곳이라 추정하며 양성향교로 향했다.

경기도 안성시 양성면 동항리에 있는 양성향교는 여느 지역의 향교와 달리 우뚝 솟은 등성이에 자리 잡고 있는데, 계단을 따라 올라가면 오래 묵은 느티나무들이 도열하듯 서 있고, 그곳에서 보이는 향교 건물은 아늑하기 이를 데 없다. 경기도 문화재자료 제28호로 지정되어 있는 양성향교의 정확한 창건 연대는 알려져 있지 않지만 조선 숙종 때 지은 것으로 추정되며, 현존하는 건물은 대성전, 명륜당, 내삼문, 외삼문 등이다.

문인석 양성면사무소 좌우
에 줄지어 서 있는 송덕비들
옆에는 왠지 슬퍼 보이는 문
인석이 있다.

양성의 경계는 『신증동국여지승람』에 의하면 동쪽으로 안성군 경계까지 3리, 남쪽으로 충청도 직산稷山현 경계까지 27리, 서쪽으로 진위현 경계까지 19리, 북쪽으로 용인현 경계까지 15리이며, 서울과의 거리는 112리이다.

만정리의 만가대萬家垈는 만수터 남쪽에 있는 마을로 장자가 살았다 한다. 양성면 난실리의 쟁골(재인동)은 난동 동북쪽에 있는 마을로 재인이 살았다고 하며, 피란골은 난실리에 있는 골짜기로 옛날 난리 때에 피난을 하였다는 곳이다. 구장리舊場里는 본래 양성현 읍내면의 지역으로 양성장이 서던 곳이므로 구장터 또는 구장기, 구장이라 하였다.

덕봉리는 원래 고성산 밑에 있어서 덕모 또는 덕미라 하였는데, 덕미 앞에 있는 덕봉서원은 1695년(숙종 21)에 양곡陽谷 오두인吳斗寅을 모시기 위해 지은 서원이다.

덕봉리에는 장사레고개가 있고 그 아래쪽에는 아랫장사레고개가, 위쪽에는 윗장사레고개가 있다. 지도상으로 양성에서 가장 위쪽에 자리잡은 미산리의 달도지고개(쌍용고개)는 미산리에서 고삼면 쌍지리 쌍용으로 넘어가는 고개이고, 상나무고개는 동항리에 있는 고개로 향나무가 있었으며, 약산골은 아랫미리내 남동쪽 골짜기에 있는 마을로 약수터가 있다.

미산리 미리내마을은 그 지형이 서울을 등지고 말굽처럼 앉아 있는 듯이 보이는데 이곳이 바로 천주교의 성지 미리내마을이다. 원래 이곳은 경기도에서 광주, 시흥, 용인, 양평, 화성, 안성 일대에 고리모양으로 이어졌던 초기 천주교 전파 지역의 한 곳이었다.

1846년 9월에 서울의 새남터에서 김대건이 참수형을 받고 죽임을 당하였지만 아무도 그의 시신을 거둘 사람이 없어 형장 주변에 버려지듯이 묻혔다. 그 사실을 알고 있던 신도 이민식이라는 사람이 몰래 그 무덤을 파헤쳐 그 주검을 꺼낸 뒤 그의 시신을 안고 150여 리 길을 밤에만 달려왔다. 이레 만에 이곳 미리내에 도착한 이민식은 김대건의 무덤을 만들었고, 그 뒤에 김대건의 무덤 곁에는 프랑스 선교사였던 주교 페레올과 김대건의 어머니인 고 우르술라 그리고 이 성지가 있게 한 당사자 이민식이 차례로 묻혔다. 그 뒤 1972년에 한국 천주교는 우리나라 초기 천주교 역사를 증언해주는 이곳을 성역화해서 천주교 신자들의 순례지로 만들었다.

산정리는 본래 뒷산에 찬 우물이 있으므로 산우물 또는 산정이라고 하였는데, 산우물 서쪽에 있는 신선골은 옛 시절 신선이 살았다는 곳이고, 배티재 밑이라 배티 또는 이현이라고 부른 이현리 서쪽에 있는 마을을 뱃고개라고 부른다.

방신리의 운수암雲水庵은 영조 때 장반야명이라는 부인이 창건한 절로 성하동 서쪽에 있으며 고종 때 흥선대원군이 중건하면서 운수암이란 친필을 하사했다 한다.

가래나무가 많아서 추곡리라고 부르는 추곡리 가래울에서 방축리로 넘어가는 고개를 등골고개라 부르고, 추곡리에서 조일리로 넘어가는 고개를 영시미고개라고 한다.

필산리筆山里는 양성현 송오면의 지역으로 붓미, 불미 또는 필산으로 부르고 있다. 필산 마을 뒷산에는 부缶(아악기의 한 가지)처럼 생긴 붓미가 있고, 원곡면의 반제리盤諸里는 본래 양성현 도일면의 지역으로 소반처럼 생긴 백운산 밑에 있어 반제율(반재, 반제)이라 하였다. 성은리聖恩

里(성은)는 본래 양성현 승량원면의 지역으로 조선 인조가 이괄의 난을 당하여 천덕산에서 피난할 때 지방민에게 은혜를 베풀었다 하여 성은이라 불렀다. 성은 고개는 구 읍내 서북쪽에 있으며 원곡면 성은리로 넘어가는 고개이고, 성주리고개는 성은리에서 성주리로 넘어가는 고개이다.

성은리의 조고리골은 모양이 저고리처럼 생겼다고 해서 지어진 이름이고, 주막거리는 성은리에 있는 마을로 주막이 있었다고 한다.

지문리에 있는 골짜기가 동막굴이며, 지문리에서 반제리로 넘어가는 고개를 반제울고개라고 부른다. 상원고개는 지문리에서 성은리로 넘어가는 고개이다. 목정이 남동쪽에는 원당이 있어 원댕이 마을이라고 부르고, 용소는 용수말 동쪽에 있는 소로 용이 하늘로 올라갔다는 곳이다.

천덕산天德山은 현 서쪽 2리 지점에 있는 산으로 양성현의 진산이며, 백운산白雲山은 현 남쪽 12리 지점에 있었다. 가천역加川驛은 현의 서쪽 15리 지점에 있었고, 선원禪院은 현의 동쪽 5리 지점에 있었으며, 소초원所草院은 현 남쪽 30리 지점에 있었고, 역시 이 현에 딸린 원이었다.

무란성舞鸞城은 양성면, 공도읍, 원곡면 경계에 있는 높이 208미터의 산으로 산 위에 성터가 있는데, 삼국시대에 여장군 무란이 쌓았다고 하며, 베락수는 용정 앞에 있는 마을로 병술년이던 1886년 장마가 졌을 때 빗물이 벼락처럼 달려들었다고 해서 지어진 이름이다.

현재 경기도 평택시 포승면 원정리는 먼우물(머물, 원정)이라고 부르는데, 본래 양성현 승량면의 지역으로 나라의 말을

양성마을 양성현 천덕산아래 소박하게 자리 잡고 있다.

먹이는 목장이 있었던 곳이다. 여술 남쪽에 있는 고분다리 마을은 굽은 다리가 있었다고 하여 지어진 이름이고, 서해 바다는 괴태길곶 서쪽 100리 지점에 있는데, 『신증동국여지승람』에 "괴태길곶은 현의 서쪽 100리 지점에 있다. 줄 같은 한 가닥 길이 진위현의 송장, 수원 양간을 지나서 바다에 불쑥 들어갔는데, 무릇 75리에 이르렀고 그곳에 목장이 있었다"는 기록으로 미루어 그곳이 목장이었음을 짐작할 수 있다.

그곳에 있던 괴태길곶 봉수는 봉우재라고 부르는데, 봉우재는 비룡산 서북쪽에 있는 산으로 조선시대에 괴태길곶 봉수가 있어서 남쪽으로 충청도 면천의 창택산 봉수에 응하였고, 직산의 망해산, 북쪽으로 수원의 흥천산 봉수에 응하였다. 괴태장은 괴태고지 밑에 있는 마을로 말을 먹이는 목장이 있어서 홍원목장과 함께 홍원감목관洪源監牧官이 있었던 곳이다.

비룡산은 당산 서남쪽에 있는 산으로 용이 하늘로 승천하는 비룡상천의 명당자리가 있다고 하는데, 이곳에 삼수처사인 유봉석柳鳳錫(유처사)이라는 사람의 묘가 있다.

이곳 원정리의 봉우재에 수도사修道寺라는 절이 있다. 창건 연대는 확실하지 않으나, 신라 제28대 진덕여왕 4년에 원효와 의상 두 스님이 불교를 연구하기 위해 당나라로 가던 길의 일화가 서려 있다.

신라 진덕여왕 4년인 650년에 원효와 의상 두 스님이 불교를 공부하기 위해 당나라 유학길에 올라 배를 기다리면서 이 절에서 묵고 있었다. 그러던 어느 날 원효 스님이 밤중에 목이 말라서 절 뒤로 돌아가 어떤 그릇에 담겨 있는 물을 마셨더니 물맛이 달고 시원하기가 이루 말할 수 없었다. 그런데 아침에 깨어 그 물이 담겨있던 그릇을 찾아보니 그것은

수도사 원정리 봉우재에 자리 잡은 이 절에는 원효스님과 의상스님의 유명한 '해골물 일화'가 서려 있다.

그릇이 아니라 해골바가지였다. 원효 스님은 속이 메스꺼워 토하다가 문득 모든 이치가 마음에 있음을 깨닫고 당나라로 가던 발길을 돌려 고향으로 돌아가고, 의상 스님만 당나라로 떠나갔다.

이곳 멍거니에서 충남 당진군 송악면 한진리로 건너가는 아산만의 나루터를 한나루 또는 대진이라고 부른다. 평택시 청북면 고잔리는 본래 양성현 감미면 지역이고, 개섬은 고잔 북쪽에 있는 마을로 옛날에 섬이었는데 개처럼 생겼다고 하며, 뒤뜰 북쪽에 있는 마을을 서대울이라고 부른다.

고잔 남쪽에 있는 마을을 농골 또는 혁명촌이라고 부르는데, 1961년 5·16이 일어난 뒤에 난민이 정착해 살면서 지어진 이름이다. 세 개울

이 있어서 삼계리라고 이름 지어진 삼계리 성골 북쪽에 있는 마을은 월
곡 또는 달마곡이라고 부르며, 새말 서쪽에 있는 성골마을 뒷산에는 성
터가 있어서 성골이라고 불렀다.

청북면 율북리는 양성현 율북면 지역으로 밤뒤(밤디)라고 부르며, 뽕
나무쟁이는 밤뒤 북쪽에 있는 마을로 큰 뽕나무 정자가 있어서 지어진
이름이고, 뽕나무쟁이 서쪽에 있는 마을은 절이 있어서 부첫말이라고
부른다.

청원사靑原寺는 천덕산에 있었다는 절이고, 수정사修淨寺와 덕적사德
積寺는 백운산에 있었다는데 지금은 그 이름만 겨우 남아 있다.

이곳 양성에 적을 두고 이름을 날린 사람 중에 이승소李承召란 인물이
있다. 이승소는 조선 초기의 문신으로 1438(세종 20)년 열일곱의 나이에
진사시에 합격하고 1447년 식년문과에 장원으로 급제하여 집현전에 들
어갔으며, 이조, 병조의 정랑을 역임하였다. 그후 1456년에 경기도 관찰
사가 되었고, 1457년에는 예조판서와 호조판서를 지냈다. 성종조에 좌
리공신에 참여하여 양성군으로 봉함을 받았던 그는 문장으로써 세상에
이름을 빛냈다.

유정현柳廷顯이 지은 시에, "노목이 하늘을 찌를 듯 적성을 둘렀는데,
문앞 작은 길이 우정에 잇달았다. 송사 다투는 뜰에 해는 길고, 일은 없
어 한가로이 꾀꼬리 우는 소리 듣네"라고 묘사되었던 양성은 현재 안성
시에서 평택시로 가는 길목에 자리 잡아 또 다른 비상을 준비하고 있다.

麻田

경기 연천 마전 _{二장}

승의전이 있어 군으로 승격된 곳

화석정에서 바라본 임진
강 강원도 법동군 용포리의
두류산에서 발원하여 개성
과 파주 사이에서 한강으로
흘러든다.

　자유로를 따라가다 임진강에 접어들어 문산 적성을 지나면 임진강변
의 마전麻田에 다다른다. 행정구역상 경기도 연천군 미산면 마전리인 마
전은 한 세대 전만 해도 마전군이었다. 고구려 때의 이름은 마전천현麻
田淺縣인데, 신라 때 임단臨湍으로 고쳐서 우봉군의 속현이 되었다. 그후
고려 초에 지금의 이름인 마전으로 고쳤고, 1413년(태종 13)에 현감을 두
었다. 1452년(문종 2)에 군으로 승격되었는데 1914년 군면 통폐합에 따
라 연천군에 편입되었다. 조선시대에 마전이 인접한 연천과 삭녕현보다
더 큰 군으로 승격된 것은 그곳에 숭의전崇義殿이 있었기 때문이었다.

　『신증동국여지승람』에 실린 홍귀달洪貴達의 「객관중수기」를 보면 "마
전은 본래 작은 현인데, 군으로 승격한 것은 무엇 때문인가. 우리 태조
가 하늘 뜻에 순응하여, 혁명革命하고 왕씨王氏의 제사가 아주 없어질까

염려하여, 여기다 사당을 짓고 왕씨 시조 이하 몇 대의 제사를 지내게 한 덕이다. 문종조에 와서 왕씨의 후손을 찾아 제사를 주관하게 하였고, 사당 이름을 숭의전이라 했으며, 이로 인해 그 고을을 군으로 승격시켰다"고 기록되어 있다.

그러나 군으로 승격되었다고 해서 땅이 더 넓어진 것도 아니어서 마전군의 살림살이는 빠듯했던 모양이다. 그래서 명을 받들고 오는 관리들이 침식할 곳도 없었고, 이졸吏卒이 평상시에도 바람과 비를 가리지 못했으며, 학사가 허물어져서 선생과 제자가 머물 곳이 없었다고 한다. 심지어 군수와 아문조차도 초가집에 나무 울타리를 둘러서 만들어 전혀 관가 같지 않았다고 한다. 지붕을 이는 가을에는 사람들이 매우 귀찮아 했는데, 오죽했으면 지역 사람들이 "이 고을은 없애는 것이 편한데, 그래도 없애지 못하는 것은 숭의전이 있기 때문이다"라고 하였을까?

그 뒤 30여 년 동안 마전은 버려진 듯 있다가 성종 때 군수로 온 정연경이 객사와 향교, 관청을 새로 지으면서 면모를 일신했다고 하는데, 지금은 당시의 어떤 흔적도 남아 있지 않다.

『세종실록지리지』의 기록에 따르면, 당시 마전에는 146호가 살았고, 인구는 484명, 군정軍丁은 시위군侍衛軍이 13명, 선군船軍이 26명이었다고 한다.

이러한 사연을 지닌 마전군은 1914년에 연천군에 편입된 뒤 마전리라는 쓸쓸한 마을로 남아 길손들을 맞고 있다.

마전리는 본래 마전면 군내면의 지역으로 읍내 또는 마전으로 불렸다. 군청이 있었던 군청 터와 마전향교가 있었다고 전해지지만 언제 그런 곳이 있었느냐는 듯 그 지점을 정확하게 아는 사람이 없고 저마다 다

른 곳을 얘기한다. 그나마 남아 있던 마전향교마저 한국전쟁 때 없어진
탓에 향교를 아는 사람은 더더구나 없고 향교산이라는 이름은 금시초문
이라고 하니 세월이라는 것이 이처럼 무상한 것인가?

마전리에 남아 있는 유적은 목은 이색의 영정을 모신 목은 영당影堂뿐
이다. 고려 후기의 문장가이자 정치가인 이색은 이성계의 고려 찬탈을
저지하려다 조선이 건국되면서 탄핵을 받아 여러 해 동안 나라 곳곳을
떠돌며 유배생활을 했다. 이색의 후손으로 청주목사를 지낸 이명근李命
根이 그의 위업을 기리고자 이곳에 영당을 세웠다.

늦은 가을 마전리라고 새겨진 표지석 곁에 가만히 서서 바라보니 이
곳이 군청의 중심지였다는 사실이 믿기지 않을 만큼 인가들이 띄엄띄엄
있고 마을 한가운데로 자동차들만 쌩쌩 지나간다. 당시에는 유연진楡淵
津을 통해 연천, 후연진朽淵津으로 연결되었고, 양주, 적성과 연결되었
으며, 북쪽으로는 봉현烽峴을 넘어 삭녕에 이르는 도로가 발달해서 인적이
끊이질 않았다는데 사람들은 만날 수 없고 어쩌다 자동차들만 지나고
있을 뿐이다.

외딴 마을에 있는 비석거리에는 비석들이 많았다는데 그 역시 한국전
쟁 때 폭격을 맞아 사라지고 없다. 당개 북쪽에는 가재가 많아서 가재골
이라는 이름이 붙여졌다지만 흘러간 세월 속에 가재가 남아 있는지 모
를 일이다.

한편 이곳 마전리의 임진강변에 연천의 당포성이 있다. 당포성은 당
포나루로 흘러들어오는 당개 샛강과 임진강 본류 사이에 형성된 삼각형
절벽의 대지에 동쪽 입구를 가로막아 쌓은 석성인데 지금은 일부분만
남아 옛날의 위용을 짐작케 할 뿐이다. 사라진 것이 어디 한둘이랴. 한

국전쟁이 일어나기 전만 해도 울창한 나무숲에는 도토리가 많아 이 지역의 특산물이 도토리묵이었고 꿩이 지천으로 깔려 있어 꿩만두가 유명했다고 한다. 하지만 음식점은 그때보다 많아졌어도 도토리묵이나 꿩만두를 파는 식당은 찾아볼 길이 없다.

마전리를 지나 숭의전으로 향했다. 숭의전으로 가는 길은 언제나 조용하고 나뭇잎 떨어지는 소리만이 적막을 깨우고 있다.

미산면 아미리 잠두봉(아미산이라고도 부른다) 위 임진강가에 숭의전이 있다. 정전正殿, 후신청, 전사청, 남문, 협문, 곳간, 수복사 등의 건물이 있었던 숭의전은 1397년(태조 6) 조선 태조의 명으로 묘廟를 세우고 1399년(정종 1) 고려 태조, 혜종, 정종, 광종, 경종, 성종, 목종, 현종 임금을 제사 지내던 곳이다. 1423년(세종 5)과 1452년(문종 2)에 중건하고 숭의전이라 이름 지은 뒤, 고려 말의 충신인 포은 정몽주와 복지겸, 홍유, 신숭겸, 유금필, 배현경, 서희, 강감찬, 윤관, 김부식, 김취려, 김방경, 안우, 이방실, 김득배, 열다섯 사람의 제사를 지내도록 하였으며, 고려 왕족의 후손들로 하여금 이곳을 관리하게 하였다.

중종은 1512년 여름에 작은 소를 잡아 제사를 지내도록 하였고, 선조 때에는 고려 왕씨의 후예를 참봉으로 제수한 뒤 전각을 지키게 하고 향사享祀를 지내게 하였다. 영조는 1731년(영조 7)에 승지를 보내 제사를 지냈으며, 정조는 1789년(정조 13)에 이 숭의전을 고쳐 지었다. 숭의전에는 사使(종3품), 수守(종4품), 영令(종5품), 여릉참봉麗陵參奉(종9품)의 관리를 한 명씩 두었다가 조선 후기에는 사와 수를 없앴다. 일제강점기까지만 해도 조선총독부가 이 제사를 계승하였으나 1950년 한국전쟁 때 전각들이 불타버리고 말았다. 1973년에야 왕씨 후손들이 정전을 복구하였고 1975년에 다시 지은 뒤 사적 제223호로 지정되었다.

숭의전에는 전해오는 이야기가 있다. 조선 태조가 고려 왕조를 몰아내고 왕씨를 모조리 죽이면서 고려 종묘의 위패를 모두 거두어 강물에 띄웠는데 이상하게도 위패들이 강물 위에서 맴돌았다. 살아남은 한 왕씨가 그 모습을 보고 그것을 몰래 거두어 이곳에 사당을 짓고 위패를 봉안하였다고 한다.

이처럼 숭의전에서 고려의 임금과 충신들의 제사를 지내게 된 연유가 이중환이 지은 『택리지』에는 다음과 같이 실려 있다.

더욱 괘씸한 것은 정도전이 목은 이색의 문인門人으로서, 고려 말기에 재상 반열에 있으면서 왕검王儉과 저연褚淵이 하던 짓을 따른 일이다. 나라를 팔아서 제 자신의 사리를 채우고 스승을 해하며 벗을 죽였다. 뿐만 아니라 고려가 망하자 또 왕씨의 종친을 없애는 꾀를 내었다. 즉 자연도紫燕島에 귀양 보낸다는 말로 속이고는, 큰 배 한 척에다 왕씨들을 가득 태워 바다에 띄운 다음, 비밀리에 배 밑에 구멍을 파서 가라앉게 한 것이다. 그 당시 왕씨와 친하게 지내던 스님 하나가 언덕에서 내려다보았는데 왕씨 중의 한 사람이 시 한 구를 읊었다.

천천히 젓는 노 소리 푸른 물결 위인데,
비록 산승이 있다 하나 네 어이하리.

그 자신도 조선 왕조에 희생되어 집도 절도 없이 떠돌았던 이중환은 정도전을 역적으로 보면서 왕씨들을 죽게 한 그를 괘씸하다는 말까지 숭의전 조선 태조의 명으로 고려 태조와 혜종, 목종 등 여덟 임금을 모시고 제사를 지내던 곳으로 세종조에 이르러서는 고려 말의 충신들까지 함께 배향했다.

동원하여 비판하고 있다. 그러나 고려 임금이던 공양왕이나 왕씨들이 그렇게 비참한 최후를 맞게 된 것은 결국 이성계의 위화도 회군에서 비롯된 것이다. 위화도 회군으로 실권을 잡은 이성계는 우왕과 그의 아들 창왕이 모두 왕씨의 후손이 아니라는 이유를 들어 내쫓고, 조선이 개국하기 전까지 허수아비를 세울 목적으로 고려 신종의 7세손인 왕요(공양왕)를 골랐다. 결국 이성계에게 이용당할 뿐이라는 것을 간파한 왕요가 여러 번 고사했으나 왕요는 왕위에 올랐다. 공양왕을 통해 우왕과 창왕을 죽인 이성계는 공양왕을 일컬어 덕이 없다고 하며 왕위를 폐위시키고 스스로 왕위에 올라 조선의 태조가 되었다. 공양왕은 왕비, 세자와 함께 원주로 쫓겨났으며, 간성으로 옮겨진 뒤 공양군에 봉해졌다. 그 뒤 1394년 공양왕은 삼척으로 옮겨져 귀양을 산 지 한 달 만에 태조가 보낸 정남진 등에 의해 삼척에서 사사되었고 두 아들도 함께 죽임을 당했다. 그때 공양왕의 나이 50세였는데, 태종 16년인 1416년에야 공양왕으로 다시 복위되었다. 비극은 또 다른 비극을 낳는다는 말처럼 공양왕의 죽음 후에도 수많은 왕씨들이 죽어갔다.

그러던 어느 날 이성계가 꿈을 꾸었는데 그 꿈에 분노에 가득한 왕건이 나타나 말하기를 "내가 삼한을 통합하여 백성들에게 공을 세웠거늘 네가 내 자손을 모조리 죽였으니 오래지 않아 보복이 있을 것이다. 너는 이 사실을 분명히 알아두어라"고 하였다. 그 말에 깜짝 놀라 꿈에서 깬 태조는 왕씨의 선원보璿源譜(왕실의 족보)를 찾아 그 중 한 장에 적혀 있는 왕씨들을 사면해주었는데 당시의 일이 『태조실록』에는 다음과 같이 기록되어 있다.

4월 15일, "윤방경 등이 왕씨들을 강화나루에 던져서 죽였다." 4월 20일, "손홍종 등이 왕씨들을 거제도 앞바다에 던져서 죽였다." 5월 26일, "먼저 왕조에서 왕씨 성을 받은 사람들은 다 본래의 성으로 고치도록 하고, 이밖의 왕씨는 먼저 왕조의 후손이 아니더라도 어머니의 성을 따르도록 하였다." 7월 16일, "임금이 죽은 왕씨들의 명복을 빌기 위해 『법화경法華經』 네 벌을 금문자로 써서 각 절에 나눠주고 수시로 읽게 하였다."

그런 와중에 성이 바뀐 사람들이 많았다. 왕씨 성을 가진 사람으로 벼슬을 하였던 사람들은 모두 도망쳐 숨어서 성명을 바꾸고 살아남았다. 마馬씨로, 전田씨로, 혹은 옥玉씨로 바꾸어 모두 '왕' 자를 글자 속에 숨겼던 것이다. 그로부터 세월이 한참 지난 뒤인 세종 때 와서야 비로소 왕순례王循禮라는 왕씨 성을 가진 사람을 찾아냈다. 선우鮮于씨를 기자전箕子殿의 전감으로 삼던 예에 의거하여 전답과 노복을 주고 전참봉殿參奉을 세습하여 그 제사를 받게 하면서 말하기를 "왕씨를 없앤 것은 태조의 의사가 아니고 공신들의 모략으로부터 나온 것"이라고 말했다고 한다.

숭의전은 이렇게나마 남아 있는데 마전이라는 고을은 흔적조차 없이 모조리 소멸되다니, 나는 울울창창하게 우거진 활엽수 사이로 소리 없이 흐르는 임진강을 바라보며 만감에 젖는다. 돌아보면 사라지는 것이 어디 고을뿐일까? 이곳 숭의전 부근에는 아미에서 삼회리로 건너는 아미나루가 있었다지만 지금은 그마저 사라지고 없다.

숭의전에서 멀지 않은 백석리에는 임진왜란 때 부산진첨사로 왜장 고니시 유키나가小西行長와 싸우다 장렬하게 전사한 정발 장군의 무덤이

징파도 지금은 휴전선 아래의 한적한 곳이지만 조선시대에는 경성 사대부들의 정자와 누각이 많았고, 상선들이 모여들어 활발한 물자교역이 이루어지던 중요한 나루터였다.

있다. 정발 장군이 죽은 뒤 그의 말이 투구와 갑옷을 물고 와서 이곳에 장사지냈다는 이야기가 전해온다.

　한편 『신증동국여지승람』의 「산천조」에는 마전에 대해 설명하면서 "징파도澄波渡와 후근도朽斤渡가 있는데 징파도와 양주의 한탄물이 후근도에서 합류한다"고 기록되어 있으며 "동지원은 임진강변인 징파도 언덕에 있다"고 되어 있다.

　또한 『택리지』에는 왕징면 북삼리의 징파나루에 대한 설명이 다음과 같이 남아 있다.

　광복촌의 물이 이천 앞에 와서는 더욱 커져서 강이 된다. 매양 봄·여름에 물이 불어나면 세곡 실은 배를 바로 띄워서 서울로 실어나른다. 강물이 안협에 이르러 고미탄 물과 합치고, 토산을 지나 삭녕의 징파도(지금의 연천군 왕징면 북삼리)에 이르면 강이 맑고 산이 멀며, 경성 사대부 집의 정자와 누각이 있다.

위의 징파나루에 얽힌 얘기가 이수광이 지은 『지봉유설』에는 다음과 같이 기록되어 있다.

임진왜란 때의 일이다. 양반집 귀부인들이 난을 피하려 징파도에 이르러 배를 먼저 타려고 두 손으로 뱃전을 잡았다. 그때 어떤 부인이 여종을 데리고 왔는데 배에 빨리 오르지 못하자, 뱃사공이 그 부인의 손을 잡아당겨서 올리려고 하였다. 부인이 크게 통곡하면서 "내 손이 네 놈의 손에 욕을 당하였으니 내가 어찌 살겠는가?" 하고 곧 물에 빠져 죽었다. 그의 여종도 통곡하며 "내 상전이 이미 빠져 죽었으니 어떻게 차마 홀로 살겠는가?" 하고 역시 물에 빠져 죽었다.

손을 잡힌 것이 치욕이라고 여겼던 것이 그 당시 조선 아낙네들의 풍속이었음을 알 수 있다.

한편 전곡읍 신답리에는 영평천과 한탄강이 만나서 물이 아우러진다고 해서 '아우라지' 라는 지명이 붙은 아우라지 나루가 있다. 한탄강漢灘江은 강원도 평강군과 철원군, 경기도 연천군을 지나 임진강에서 합류하는 136킬로미터의 강으로 평강군의 추가령 동쪽 골짜기에서 발원한다.

연천군 왕징면 강서리에는 미수 허목許穆이 벼슬을 그만두고 내려와 살았던 은거당恩居堂이라는 마을이 있다. 허목은 조선 후기의 문신으로 1595년(선조 28)부터 1682년(숙종 8)까지 살았던 사람이다. 그림과 글씨 그리고 문장에 능했던 허목은 특히 전서에 뛰어나 동방의 제1인자라는 찬사를 받았는데, 대표적인 작품이 삼척에 있는 「척주동해비」이고 그림으로는 「묵죽도」가 있다. 「척주동해비」는 허목이 삼척부사로 재임하고 있던 당시 심한 폭풍이 일어 바닷물이 삼척 고을까지 들어와 난리가 나자 허목이 동해를 예찬하는 노래를 지어 비를 세웠더니, 물난리가 잠잠해지고 아무리 바닷물이 심술을 부리더라도 비를 세운 지점을 넘지 않았다고 한다. 그래서 조수를 물리치는 영험한 비라는 뜻으로 퇴조비退潮碑라고도 부른다. 허목은 예순이 넘은 나이에 지평이라는 언관 벼슬에 올랐으나 학식과 덕망이 뛰어나 일찍부터 남인의 영수가 되었다. 그러나 뜻하지 않게 효종이 죽자 '살아 있는 효종의 계모인 조대비가 과연 얼마나 상복을 입어야 하는가' 하는 문제로 남인과 서인의 대립이 시작되었다. 서인 계열인 송시열 등은 1년복을 주장하였고, 남인 계열인 허목 등은 3년복을 주장하였다. 하지만 효종은 맏아들이 아니고 죽은 소현세자의 동생으로 소현세자가 죽자 왕위에 올랐다. 서인은 계모라도 맏아들이 죽으면 3년 동안 상복을 입어야 하지만 맏아들이 아니니 1년 동안 상복을 입어야 한다고 주장하였고 남인은 맏아들이 아니라도 어엿한 종통을 이었으니 효종을 맏아들로 여겨서 3년 상복을 입어야 한다고 생각하였다. 결국 송시열의 주장대로 조대비는 1년 동안 상복을 입었고 허목은 삼척부사로 좌천되었다. 그 무렵 바다에서 풍랑이 일어났던 것이다. 하지만 예송논쟁은 막을 내리지 않았다. 효종의 아내이자 현종의 어머니인 인선왕후가 죽자 또다시 문제가 일어났다. 남인들은 지난번의 경우와 맞지 않는다고 들고 일어났고, 현종은 남인들의 주장을 받아들여 1년복으로 결정하였다. 삼척부사로 좌천되어 왔던 허목은 다시 조정에 나가 대사헌과 이조판서에 올랐고 송시열은 유배생활을 시작하게 되는데 이것을 제2차 예송논쟁이라고 부른다. 결국 서인은 노론과 소론으로 나뉘고, 남인과 소론은 허목과 송시열이 죽고 난 뒤에도 서로 상종은커녕 적대관계를 유지한 채 조선 후기까지 이어진 것이 조선의 당쟁이었다. 허목은 1678년 관직을 사직하고 고향으로 돌아왔다.

당시 판중추부사를 사퇴하고 귀향하여 지내고 있던 중 경연관 이항李沆의 진언으로 숙종이 그의 충절과 덕망을 기려 사우祠宇를 하사하였다. 처음에 사양했던 허목은 뒤에 명예롭게 받아들여 성은을 입은 거소라 하여 은거당이라 이름 지었다. 지금 그곳에는 허목의 사당과 그의 무덤이 있다.

자유로를 따라가는 임진강변에는 가볼 만한 역사유물이 많다. 황희 정승이 말년을 보낸 반구정과 이이의 자취가 어린 화석정 및 자운서원이 있고, 신라의 마지막 임금인 경순왕릉이 장남면에 있다. 철마가 멈추어 있는 임진각과 특색 있는 음식점들도 많다.

이원李原이 시에서 "문 밖에 뽕나무 심고 또 삼 심으니, 관가는 쓸쓸하여 촌집 같구나. 객중客中에 흥이 생겨 시詩 생각하는 곳에, 비 뒤에 장미꽃 피었네"라고 노래하였던 마전의 옛 정취는 어딘가로 사라지고 길 떠난 나그네의 마음은 이렇듯 쓸쓸함으로 물들어간다.

경기 이천 음죽 三장

해월 최시형의 이야기가 살아있는 고장

정이오鄭以吾는 음죽현의 「향교기」에서 "산천이 융합하고 맺혔다"라고 했는데, 이 음죽현에는 성산城山과 백족산白足山이란 산이 있다.

음죽은 경기도 이천 지역에 있던 조선시대의 현으로 본래 고구려에는 노음죽현奴音竹縣이었다. 신라 경덕왕 때 지금의 이름으로 고쳐서 개산군介山郡의 영현으로 삼았다. 고려시대에 들어와 1018년(고려 현종 9)에 충주로 이관하고, 뒤에 감무를 두었다. 조선시대인 1413년(태종 13)에 음죽현으로 고치고 현감을 두어 충청도에서 경기도로 이관하였으며, 선조 때 죽산현竹山縣에 편입하였다가 다시 복구하였고, 1895년에 이천군에 속하게 하였다가 곧 군이 되었다. 1914년에 군을 폐하면서 이천군에 편입시켰다.

조선시대에 이곳은 경기도 내륙지방의 교통요지로서 남쪽으로는 충

청미천 경기도 용인시 원삼면에서 발원하여 동쪽으로 흐르다 안성시 일죽면과 이천시 장호원읍을 거쳐, 여주군 점동면에서 북한강으로 흘러든다.

주, 괴산, 음성에 이르는 도로가 발달하였고, 북쪽으로는 양지, 여주, 이천 등과 연결되었다. 이 지역을 흐르던 청미천 유역의 기름진 평야와 특히 추택 부근은 질 좋은 쌀들이 많이 생산되던 곳이다. 역참으로는 유춘역留春驛과 무극역無極驛이 있었다.

『신증동국여지승람』에 의하면 음죽의 경계는 여주까지 16리, 충청도 충주까지 15리, 죽산현까지 26리 그리고 북쪽으로 이천까지의 경계가 29리이며, 서울까지 195리이다.

이천군 설성면은 본래 음죽군의 서면이었는데, 설성면 소재지인 금당리 금성 남쪽에 있는 마을인 당앞은 전촌 혹은 당전, 송삼으로도 불리며 뒷산에 당집과 주막이 있었다.

이곳 설성면 장천리와 장호원읍 선읍리에 걸쳐 있는 설성산은 높이가 290미터로, 이곳에는 신라 제17대 내물왕이 왜적의 침입을 막기 위하여 쌓았다는 설성지가 있다. 당시 일꾼들이 성을 쌓으려 하자, 눈이 성 둘레를 이룬 것처럼 내려서 그 눈이 왔던 자리에 성을 쌓았다고 한다.

대죽리는 대산동과 효죽현을 병합하면서 생긴 이름인데 대죽리에서 모가면 송곡리 소리울로 넘어가는 고개가 소리울고개이고, 무릉촌에서 일죽면 화곡리로 넘어가는 고개가 턱골고개이다. 대죽리에 있는 들판인 제투골은 고려 때 제촌부곡蹄村部曲이 있던 곳이며, 무릉촌 북쪽에 있는 마을인 황새말은 '황학이 알을 품고 있는 형국'이라는 황학포란형黃鶴抱卵形의 명당이 있다는 마을이다.

상팔계와 고봉의 이름을 따서 지은 상봉리에 위치한 물방아거리는 물레방아가 있었다는 곳이고, 상봉리에 있는 천냥짜리논은 천 냥을 주고 샀다는 논이다.

송계리에 있는 골짜기인 상낭구배기는 향나무가 있었다는 곳이고, 송계리에 있는 장나들이고개는 이천장으로 넘어가는 고개였으며, 송계리에 있는 헌다리들은 거머리가 많아서 일할 때 다리가 헌다고 해서 생겨난 이름이다. 수산리樹産里는 수곡리와 앵산동을 합해서 만든 지명으로 수산리의 들에는 광대가 살았다는 광대평들이 있으며, 수산리에서 가장 큰 마을인 우무실은 큰 우물이 있어서 지어진 이름이다.

수산리에 있는 월산月山은 산 모양이 달처럼 생겨서 그렇게 부르며, 수산리에 있는 골짜기인 초병골은 초빈草殯을 해두던 곳이라고 한다.

이곳 음죽 땅인 설성면 수산리에 해월 최시형이 잠입해 들어온 때는 1896년이었다. 농민혁명은 갑오년(1894년)에 종지부를 찍었고 해월은 다시 잠행길에 접어들었다. 관군의 추적이 부쩍 심해지자 해월은 며칠, 길게는 두 달 이상을 한 곳에서 머문 적이 없었다. 끊임없이 이 집에서 저 집으로 옮겨 다녀야 했다. 그는 새끼를 꼬거나 짚신을 삼으며 지냈는데, 새끼를 꼴 짚이 남아 있지 않을 때는 모두 풀어서 몇 번이나 다시 삼았다고 한다. 제자들이 "좀 쉬시지 않고 무엇 때문에 그렇게 몸을 움직이십니까" 물으면 "한울님도 쉬지 않는데 사람이 한울님이 주는 밥을 먹으면서 손을 놀린다면 한울님이 노하신다"고 대답했다고 한다. 그는 어느 동학교도의 며느리가 베 짜는 것을 보고 "베 짜는 그 어려운 일을 당해내고 있는 며느리를 일 속에서 어려움을 당하고 계신 한울님으로 알고 한울님같이 섬기라"고 교도에게 말했으며, 밥 한 그릇이 만고의 진리라고 설파했다. 1897년 4월 5일에는 경기도 이천군 앵산동 마을에서 밥 그릇을 벽 쪽에 두지 않고 자기 앞에 놓고 제사를 지내는 향아설위向我設位를 가르쳤다.

물론 부모의 귀신이 자손에게 전하여 왔으며 선생님의 귀신이 제자들에게 내려왔을 것으로 믿는 것은 이치에 합당하다. 그러면 내 부모를 위하거나 선생님을 위하여 제사를 지낼 때, 그 위패를 반드시 제사를 지내는 나를 향해서 놓는 것이 가한 일이 아니냐. 아무리 생각해보아도 또 누가 생각한다 하더라도 죽은 뒤에 귀신이 살아 있다는 것을 믿는다면, 그 귀신은 훗날 사람의 마음과 정신을 버리고 어디에 의지하고 어디에서 배회하겠는가? 그러므로 제사 지내는 나, 즉 상제 앞으로 위패나 메밥 그릇을 돌려 갖다놓는 것은 곧 직접적으로 한울님과 사람이 하나임을 표시하는 것이며 천지만물이 내 몸에 갖추어져 있는 그 이치를 밝히는 것이다.

『천도교 창건사』 제6장의 기록에 따르면, 해월은 새로 이사 간 집에 가서는 반드시 능금나무나 과일나무를 심었고 겨울이면 멍석을 만들었다. 가인과 제자들이 "내일이라도 다른 곳으로 이사를 갈 터인데 그것은 하여 무얼하겠습니까?" 하고 물으면 최시형은 "이 집에 오는 사람이 과실을 먹고 이 물건을 쓴들 안 될 일이 뭐 있겠느냐. 만약 세상 사람이 다 나와 같으면 매사 다닐 때에 어떠한 물건을 가지고 다닐 필요가 없느니라"라고 대답하였다.

사십 평생을 보따리 하나 둘러메고 도망만 다닌 최시형은 1898년 치악산 근처 원주군 서면 송동에서 붙잡혔다. 동학교도들이 그를 따르며 울음을 삼키자 군사들이 그들을 때리고 발로 찼다. 그때 해월은 "죄 없는 사람을 때리면 도리어 그 죄를 받게 된다. 너희들은 하늘이 두렵지 않느냐"고 군사들을 나무랐다고 한다. 최시형은 그해 6월 2일 교수형을 당했는데, 다행히 역모의 죄명은 추가되지 않았다. 그때 그의 나이 일흔

두 살이었다.

신필리의 새가래울에서 장호원읍 대서리로 넘어가는 고개가 할바고 개이고, 설성면 암산리에서 자석리 자은동으로 넘어가는 고개가 자은동 고개이다. 암산리에서 장호원읍 선읍리로 넘어가는 고개가 보재 또는 봇재고개이고, 자석리 미력골에는 경기도 문화재자료 제41호로 지정된 자석리석불입상이 있는데 이 석불입상에는 다음과 같은 이야기가 전해 내려온다.

높이가 2.5미터인 이 석불입상은 원래 땅에 묻혀 있었는데 어느 날 음 죽현감이 병을 앓고 있던 중에 꿈에 이 부처가 나타나 "땅에 묻힌 나를 파내어 다시 세우고, 당을 지은 뒤 정성으로 기도를 하면 이 고을이 평 안하게 될 것이다"라고 말했다. 현감은 그 말에 따라 이곳에 당을 짓고 정성껏 모셨다고 한다.

정수고개는 자석리에서 장호원으로 넘어가는 고개이고, 설성면 자석 리에 있는 문드러니고개(문득현)는 여주군 가남면 은봉리와 이황리 갈 월 서쪽으로 넘어가는 고개이다. 설성면 장능리에서 안성시 일죽면 당 촌리로 넘어가는 고개가 삼실고개이고, 능골에서 행죽리로 넘어가는 고 개는 개고지고개이다.

제요리의 미나꼴은 여뀌울 남쪽에 있는 마을로 면화가 잘 되는 곳이 라서 면화골 또는 면화곡으로도 불리고, 제갈 동쪽에 있는 종태봉宗台峯 (94미터)은 옛날 어느 임금의 태를 묻었다는 산이다.

행죽리 분디기 북쪽에 있는 산인 달봉재는 봉화재라고도 불리는데, 달맞이를 하던 곳이라 하고 봉화를 들었다고도 한다.

음죽군 상율면이던 율면栗面의 밤골은 본죽리에서 가장 큰 마을로 밤나무가 많았다고 하고, 음달말 서쪽에 있는 점말에는 질그릇을 구었던 곳이 있었다고 한다. 북두리의 서답보는 지시랑이 앞에 있는 보로 빨래를 많이 했던 곳이고, 샘말 남쪽에 있는 지시랑이마을(지애촌)은 앞산이 나비처럼 생겼다고 해서 지어진 이름이다.

산성리 정문말 동쪽에 있는 바위인 어래바위는 조선 태조가 조선 초기의 학자인 양촌 권근權近이 이곳에 있을 때 찾아와서 국정을 논했던 바위라고 하고, 정문말에는 신미양요 때 공을 세운 어중군魚中軍의 생가가 있다. 신추리 조계 남쪽에 있는 부로동은 비누구미라고 부르는데 갈매기가 날아가는 형국이라고 하고, 신추리에서 가장 큰 마을인 원터는 행인의 숙소를 제공해주던 원院집이 있었던 곳이다.

오성리에서 충북 음성군 생극면 임곡리로 넘어가는 고개는 매우 가팔라서 된고개라고 부르고, 오성리에 있는 골짜기인 송아지골은 금송아지가 묻혀 있다는 얘기가 전해지는 곳이다.

월포리에서 충북 음성군 생극면 임곡리로 넘어가는 고개가 노단태고개이고, 장고개는 월포리에서 장호원으로 넘어가는 고개 이름이다. 포기실에 있는 들판은 물레방아가 있었으므로 물방아거리라고 부르며, 포기실의 양수합게비는 웅천과 청미천이 합쳐지는 구간이다.

음죽군의 동면 지역이었던 장호원의 나래리는 지형이 나래(날개)처럼 생겼다고 해서 지어진 이름이고, 나래골 앞에 있는 들인 궁논은 조선시대에 궁중에 딸렸던 논이다. 나래리에 있는 북바위는 두드리면 북소리가 난다고 해서 붙여진 이름이고, 대서리 한우물 동남쪽에 있는 살개골은 살구나무가 많아서 생겨난 이름이다.

노탑리 탑거리 서북쪽에 새로 들어선 마을은 샘재 밑이 되므로 샘재라고 부르며, 방추리의 숫돌모랭이 서북쪽에 있는 마을은 가래가 많아 가래울이라고 부른다.

방추리 방가골에서 선읍리로 넘어가는 고개가 방가골고개이고, 선읍리는 음죽군 군내면의 읍내가 되어 읍선이라고 불렀다.

선읍리에 음죽군의 향교가 있었던 터가 남아 있고, 대골 동남쪽에 있는 원하 또는 원하리는 조선시대에 부민원富民院이 있었던 곳이다.

장호원읍 어석리마을 한가운데에 마을 사람들이 '석당 미륵'이라고 부르는 높이 5미터, 폭 1.08미터의 비교적 큰 석불입상이 있다. 경기도 유형문화재 제107호로 지정된 이 석불입상은 머리 위에 팔각형의 판석을 얹어 보개를 쓴 형상으로, 눈은 가늘고 길며 미소를 띠고 있는 모습이다. 괴산 미륵리 석불입상과 여러 면에서 비슷한 점으로 보아 고려 초기에 만들어진 것으로 추정한다. 오남리의 새장터는 오창말 북쪽에 있는 마을로 장호원리에 있던 시장을 이곳으로 옮겼다.

장호원읍에는 어석리, 오남리, 진암리에 걸쳐 있는 백족산白足山이라는 산이 있다. 높이가 402.5미터인 이 산에는 굴바위가 있고 그 부근에 절이 있는데, 이 절에는 남이南怡 장군의 탄생에 얽힌 이야기가 전해내려온다. 그는 조선시대 용맹한 무장으로 여진족을 토벌한 공을 세웠지만 역모를 꾀했다는 억울한 누명을 쓰고 비운의 생을 마감했다.

옛날에 이 절에서 수십 명이 수도를 하고 있었다. 그런데 이상하게도 안개가 자욱하게 끼는 밤이면 스님이 한 사람씩 없어지는 일이 생겼다. 이를 이상하게 생각한 탑골 사는 강생원이라는 사람은 마지막 남은 스님이자 자신의 친구에게 옻칠한 의복을 주면서 늘 입고 있으라고 당부했다. 며칠 뒤 강생원이 뇌성벽력 소리를 듣고 절에 가보니 큰 지네가

어석리석불입상 머리 위에 팔각형 판석을 얹고 미소를 띤 모습의 이 석불은 네 개의 석주가 있는 것으로 보아 보호각 안에서 보존되었음을 짐작할 수 있다.

죽어 있고 그 입에는 자기가 스님에게 준 의복이 걸려 있었다. 그가 놀라 하늘을 쳐다보니 백족산 위로 오색구름이 감돌았고 이상한 기운이 뻗치어 충청북도 음성군 감곡면 사곡리 개미실 남씨의 집으로 간 뒤에 사라지고 말았다. 그 뒤 남씨의 아내가 아들을 낳으니 그 사람이 바로 남이 장군이라고 한다.

남천 남쪽에 길이 500미터에 너비 2.6미터의 자점보라는 보洑가 있다. 인조 때 반정공신 김자점金自點이 자기 아버지의 무덤을 백족산에 있는 '황금으로 만든 쟁반'의 형국이라는 금반형金盤形에 썼는데, 물이 부족하다고 하여 청미천을 막아 호수로 만들고서 그 물로 장호원들의 봇물로 사용했다. 그후 김자점이 청나라와 내통했다는 죄목으로 처형을 당하자 그 묘를 팠지만 이 보는 그대로 두어서 지금도 장호원 일대의 농사에 도움이 되고 있다. 오창말은 오남리에서 가장 큰 마을로 국가의 창고가 있던 곳이고, 국말 남쪽에는 입암이라고 부르는 선바위가 있다.

장호원리는 음죽군 남면 지역으로 조선시대에 유춘역에 딸린 장해원長海院 또는 장호원長湖院이라는 역원이 있던 곳이며, 비석거리는 이곳을 거쳐간 현감 및 학자들의 비석들을 모아놓은 곳이다. 장호원에서 풍계리로 넘어가는 고개는 샘이 있다고 해서 샘째고개라고 부른다.

진암리의 궁골은 땅이 메말라서 곡식이 잘 안 된다는 들이며, 진말에 있는 느티나무는 땅 위로 3미터쯤 되는 곳에 구멍이 뚫려 있는데 이 나무의 죽은 가지를 삶아서 피부병에 바르면 효험이 있다고 한다.

交河

경기 파주 교하 四장

북도평사 최경창과 홍랑의 사연이 깃든 곳

파주시 교하읍이 '교하'라는 지명을 얻게 된 것은 임진강 사이에 끼어 있기 때문이다. 『택리지』를 지은 이중환이 "땅이 메마르고 백성이 가난하여 살 만한 곳이 못 된다"고 했던 것처럼 파주는 황폐하여 본래 사람이 살지 못하는 땅이었다. 하지만 파주 출신으로 『용재총화慵齋叢話』를 쓴 성현成俔의 기록에 따르면, 고려 공민왕 때 안목安牧이 개간한 뒤부터 이곳에 사람이 살게 되었다.

이곳 파주시 교하읍이 천도 물망에 오른 것은 광해군 때였다. 『파주군사坡州郡史』에는 1612년(광해군 4) 9월 2일에 지리학을 공부하는 이신李信이 상소를 올려 천도하기를 청했다고 기록되어 있다. 그는 임진왜란과 역적들의 변란이 잇달아 꼬리를 물고 일어나며 조정의 신하들이 당을 가르고 사방의 산들이 벌겋게 벗어진 것은 모두 한양의 지기가 쇠했

오두산에서 바라본 임진강 오두산은 예로부터 서울과 개성을 지키는 군사적 요충지로 한강과 임진강이 만나는 곳에 있다.

경기 파주 교하   57

기 때문이므로 교하로 천도해야 한다고 주장했다. 이때 광해군의 마음이 움직였지만 실현되지 않았는데, 교하가 통일 수도의 최적지라는 말이 다시 나오기 시작한 것은 풍수지리학자인 최창조崔昌祚 씨에 의해서였다.

최경창의 묘 북도평사 최경창과 기생이자 여류 시인인 홍랑의 아름답고 슬픈 사랑 이야기를 증명이라도 하듯 최경창과 홍랑의 묘는 위·아래로 나란히 있다.

이곳 교하의 오도리 청석 초등학교 근처 뒷산에는 아름다운 사랑을 나눴던 최경창崔慶昌과 홍랑洪娘의 묘가 있다. 최경창은 조선 중기 때 사람으로 백광훈과 허균의 스승이었던 손곡 이달과 함께 삼당 시인으로 알려졌으며, 율곡 이이와 송익필 및 이산해 등과 함께 팔문장으로 불렸다. 서화에 뛰어났고 피리도 잘 불었던 최경창은 당시 사회의 이념이었던 주자학의 규범에 얽매이기를 거부했던 사람이다. 홍랑은 함경도 출신으로 시문에 능했고 시조와 한시 몇 편을 남겼다. 그녀는 지조가 곧고 불타오르는 정열을 지녔으되 두려운 것이 없었다고 한다. 최경창이 북도평사北道評事로 함경도에 있을 때 막중에 머물며 홍랑과 정이 들었다. 최경창이 1574년에 서울로 귀환하자 홍랑은 함관령(함경도의 옛 고개 이름)까지 따라와 작별을 고하고 돌아가다가 쌍성에 이를 즈음 날이 저물었다. 마침 봄비가 하염없이 내리고 있었는데, 비를 바라보며 치밀어 오르는 사모의 정을 참을 길 없던 홍랑은 시조 한 수를 읊었다.

묏버들 갈해 것거 보내노라, 님의 손듸

자시는 창 밧긔 심거두고 보쇼셔.

밤비예 새닙 곳 나거든 날인가도 너기쇼셔.

　그녀는 이 시조를 버들가지와 함께 이별의 선물로 최경창에게 보냈
다. 그런데 최경창은 한양으로 돌아와 1575년(선조 8) 봄부터 겨울까지
병을 앓았고 그 소식을 전해들은 홍랑은 7일 밤낮이 걸려 한양에 당도
했지만, 함경도 사람들은 서울에 들어오지 못한다는 법에 따라 최경창
을 만나지도 못했다. 게다가 많은 사람들이 둘의 사이를 얘기하는 바람
에 그것이 문제가 되어 최경창은 면직되고 말았다. 그후 최경창이 세상
을 떠나자 홍랑은 그의 묘소가 있는 파주로 찾아와 3년간 시묘살이를
마치고 평생을 수절하다가 죽었으며, 그녀의 시신도 결국은 최경창의
묘 아래에 묻혔다고 한다.

　최경창과 홍랑의 가슴 절절한 사연이 깃들어 있는 교하는 본래 고구
려의 천정구현泉井口縣이었다. 일명 굴화군屈火郡이라고 불리던 교하를
신라 경덕왕이 지금의 명칭으로 고쳐서 군으로 만들었다. 1018년(고려
현종 9)에 양주에 귀속시켰고, 1394년(조선 태조 3)에 비로소 감무를 두었
으며, 한양 속현이었던 심악과 부평 속향이었던 석천을 내속시켰다.
1413년(태종 14)에 석천은 원평부原平府에 예속시키고 심악은 고양현에
예속시켰는데, 1418년(태종 18)에 다시 환원하여 예에 따라 현감으로 고
쳤다. 1687년(숙종 14)에 나라의 죄인이 난 고을이라고 하여 현을 혁파하
여 파주에 붙였다가 1690년에 다시 복구되었으며, 1731년(영조 7)에 인
조의 능인 장릉長陵을 고을 터 뒤로 옮김에 따라 고을을 아동면 금성리

로 옮겼다가 다시 교하로 옮겼다. 1914년에 군면 통폐합 때 파주군 교하면으로 재편되었다. 교하현의 관아 터에는 교하읍사무소가 들어서 있고 교하읍의 현재 가구수는 1,600세대에 4만 7,000여 명이 거주하고 있다.

『신증동국여지승람』에 의하면 교하의 경계는 동쪽으로 파주 경계까지 16리, 고양군 경계까지는 26리, 남쪽으로 같은 군 경계까지 22리, 서쪽으로 풍덕군 경계까지는 9리, 북쪽으로 장단부 경계까지 25리이며 서울과의 거리는 90리이다.

교하라는 명칭은 교하의 서쪽에서 흐르는 한강과 북동쪽에서 흐르는 임진강이 합류하여 서해로 들어가는 데에서 유래했다.

『신증동국여지승람』「산천조」에 "금단산은 현 서쪽 5리 지점에 있다. 심악산深岳山은 현 남쪽 21리 지점에 있고 심악현이다. 와동산瓦洞山은 현 동남쪽 15리이다. 오도성산烏島城山은 현 서쪽 7리 지점에 있다. 한록산漢麓山은 현 서쪽 7리 지점에 있다. 옛 석성 터가 있는데, 둘레가 1리쯤이다"라고 기록되어 있으며, 임진강의 하류에 낙하도洛下渡가 있었다. 또한 이 지역의 강가에서는 숭어, 붕어, 웅어가 많이 잡혔다고 한다.

이곳 교하에는 이름난 사람들이 말년을 보내다 묻힌 곳이 많은데, 윤번尹璠 묘는 현의 남쪽 15리 지점에 있고 탄현면 금승리에는 조선 초기의 명재상인 황희黃喜와 그 아들 황수신黃守身의 묘가 있다.

교하현의 제영을 두고 박연朴堧은 "창해 남은 물결은 고을 문에 닿았고, 화봉 푸르름은 붉은 구름에 비친다. 온 마을이 뽕밭이라, 땅 일이 없어 우리 님께 푸른 비단 드리고자 하네"라는 시를 남겼다. 또한 이적李迹은 그의 시에서, "화악 세 봉우리는 고을 문과 마주쳤는데, 무심하게 하얀 것 멈춘 구름일세. 3년 동안 나그네 길 짧고, 긴 한은 어버이 생각 아니면 님 생각이었다"라고 묘사하였다.

이곳 교하의 마을 이름에는 아름답고 재미있는 것들이 많다. 밤이 많이 나는 다율리는 한바미, 한밤, 일야미, 다율이라고 불렸고, 한바미 남쪽에 있는 수무골 마을 앞에는 순채가 있는 못이 있었다. 동패리의 배다리들은 옛날에 배다리가 있었던 곳이고, 쇠고개는 동패리에서 문발리로 넘어가는 고개이다. 두일 동북쪽에 있는 점말마을은 예전에 옹기점이 있었던 곳이고, 돌로 된 곳이어서 돌고지 또는 돌곶이라고 부른 서패리의 돌고지나루는 김포 하성면 마곡리로 건너가는 나루였다. 송촌리 소라지 서쪽에 있는 새창이마을은 국가의 창고가 있었던 곳이고, 큰말에서 새창이로 넘어가는 고개를 구렁목고개라고 부른다.

들 가운데 못이 있었으므로 들모시 또는 야당이라고 불린 야당리의 구름머리에서 번대기로 넘어가는 하오고개는 소나무가 무성하여 학이 많이 깃들었다는 곳이고, 연다산은 작은 산이 연달아 있으므로 연달매 또는 연다매, 연담매라고 부른다. 교하군 현내면 지역이었던 금촌읍의 검산리는 신령하다는 원릉산 밑이므로 검산이라고 하였는데, 불한당골 서쪽에 있는 검추뭇골은 벌채를 금하(금초)는 곳이라 검추뭇골이 되었다. 조음말 북쪽에 있는 불한당골은 골짜기가 매우 으슥해서 불한당들이 숨어 있었다는 곳이고, 조음말 동쪽에 있는 죽논은 1901년 흉년이 들었던 해에 죽 한 동이와 바꿨다는 논이다. 찬 우물에서 아동리로 넘어가는 고개는 황토가 많은 곳이라 해서 황톳고개이고, 찬 우물 동쪽에 있는 용천이는 용이 승천했다는 샘이다.

금릉리에는 영조 때 장릉을 옮기느라 이곳으로 옮겼던 교하군의 터가 남아 있고, 서원말 서쪽에는 쇠재에서 교하면으로 건너갔다는 쇠재나루터(금성진터, 금척진터라고도 부른다)가 있다. 서원말 서북쪽 동산에 미촌 윤선거와 명재 윤증을 배향한 신곡서원 터가 남아 있고, 서원말 동북쪽에는 옛날 교하군의 감옥이 있었다.

금촌리의 고자새말은 내시內侍가 살았던 곳이어서 붙여진 지명인데, 사실 내시는 대궐 안에서 임금을 모시는 벼슬이라는 뜻이다. 민간에서 남성 성불구자를 일컫는 '고자'라는 말은 원래 인도의 이슬람교도들이 성적 불구자를 가리키는 '고자'에서 유래했다고 한다. 명나라를 건국한 명태조는 환관宦官의 폐단을 없애기 위해 민간에서 사사로이 거세하여 환관을 만드는 것을 금지시켰다. 여기서 환관을 화자火者라고 불렀는데, 그 뒤 우리나라에서는 말로는 고자라고 하였고 글로 쓸 때에는 중국식으로 화자라고 하였다. 내시가 가장 많이 살았던 곳은 경복궁이 가까운 효자동이었으며, 그들은 벼슬에서 은퇴한 후 교하처럼 서울에서 가까운 경기도 북부에 자리를 잡아 말년을 보냈다고 한다.

고자새말 서쪽인 금촌리 394번지에는 내시가 살았던 집터가 있다. 고자새말 북쪽 양동리로 넘어가는 고개를 답박고개 또는 답답고개라고 부르는데 그렇게 불리게 된 사연이 재미있다.

고자새말에서 내시가 권세를 부리고 살면서 행인들을 괴롭힌 탓에 사람들은 이 고개를 넘어 그 집 앞을 지날 것을 생각하면 미리부터 가슴이 답답하였다고 한다. 그러다가 무사히 다리를 건너면 그때부터는 마음 놓고 소리치면서 갔다고 하여 고개 이름을 답답고개, 다리 이름을 소리치다리라 불렀다고 한다.

밤나뭇골 등성이는 사람들이 많이 모여 놀아서 자가사리 끓듯 했다고 해서 자가사리등이라 부르고, 가나뭇골 서쪽에 있는 들은 교하장을 보러 다니는 길목이라 장나드리라고 부른다. 금촌과 수용소 사이에는 무네밋고개가 있는데, 홍수 때 바닷물이 넘어 들어왔다는 곳이다. 맥금리의 박싯고개는 박석고개라고도 불리는데, 중동 남쪽에 있는 고개로서 장릉으로 통하는 땅이 질어서 박석을 깔았다고 한다. 튼다리는 중북동쪽에 있는 마을로 큰 다리가 있으며, 튼다리 남쪽에 있는 장터고개는 탄현면 갈현리 옛 교하장으로 가는 고개이다. 아동리의 마무동은 마무리라고도 불리는데, 아동리와 금촌리에 접해 있는 마을로 행인들이 말을 매고 쉬던 곳이었다고 한다.

배릿고개는 보천말 동남쪽 조리면 동원리 경계에 있는 고개로 큰 홍수 때 배가 바닷물에 밀려 무네밋고개를 넘어 이곳까지 왔다고 한다. 앗골 동쪽에 있는 밭은 옛날 교하군의 감옥이 있었던 곳이고, 앗골 동쪽에 있는 삭녕 최씨의 산에는 선조 때 영의정을 지낸 최흥원崔興源의 묘가 있다.

장릉은 조선 인조대왕의 능으로 인열왕후 한씨를 합장하였는데, 처음에는 파주 북운천리에 있던 것을 1731년(영조 7)에 이곳 탄현면 갈현리로 옮겼다.

탄현면 갈현리의 가루고개 동쪽 삼거리에 있는 갈현삼거리마을은 예전에 이곳까지 배가 드나들어서 돛대를 내리고 올리던 곳이라 하고, 삼거리 남쪽에 있는 번개논은 물이 부족해 번개가 치고 장마가 져야 모를 심을 수 있다고 하여 지어진 이름이다. 탄현면 낙하리는 임진강 가에 낙하원이 있었던 곳이고, 낙하 서북쪽 임진강 가에 있는 낙하나루는 장단면 석곡리로 건너가는 나루인데 서울에서 개성으로 가는 큰 길목이어서 예전에는 도승渡丞(조선시대 나루터를 관리하던 종9품 관직)을 두어 관리하였지만 현재는 휴전선이 가로막혀 나루의 기능을 상실하고 말았다.

대동리의 큰골 서북쪽 임진강 가에 있는 섬인 일미도 부근에서는 고기가 많이 잡혔는데, 특히 난새는 옛 교하현의 특산물로 궁궐의 진상품이었다고 한다.

탄현면 금승리 비선거리에는 선조 때 호조판서를 지낸 황정욱黃廷彧의 묘소가 있으며, 무덩골 북쪽에 있는 애잣들(애짯평)은 천자문의 한자로 번지를 매길 때 '애愛' 자가 되어 붙은 이름이다. 임진강 가 산줄기에 있으므로 문줄(문질)이라고도 불리는 문지리의 최출은 서북쪽에 있는 골짜기로 천자문으로 번지를 매길 때 '최最' 자가 되었다 하고, 최출 동남쪽에 있는 들은 한량들이 활을 쏘던 곳이라 한량터라는 이름이 붙었다. 법흥리는 큰 절이 있어서 법회를 자주 열어 불법을 홍하게 하였으므로 법홍이라고 하였고, 가시내 남쪽에 있으며 법홍리에서 갈현리로 넘어가는 고개는 지형이 길마처럼 생겼다 해서 길마잿고개이다.

법흥리에 인조 때의 학자인 윤선거와 부제학을 지낸 이명숭李命崇 그리고 승지를 지낸 이의흡李宜洽의 무덤이 있다. 약상골에서 지전대로 넘어가는 고개를 소리전고개라고 부르는데, 취타고개에서 취타를 하면 이 고개에선 노래를 부르는 소리가 들렸다고 한다.

양상골 동북쪽에 있는 골짜기인 외톳골은 인조 능(장릉)의 봉분을 만들 때 흙이 모자라 이곳의 흙을 가져다 썼다는 데서 외톳골이라고 하였고, 지진개 남쪽 약산 뒤에 있는 바위는 마치 윷판처럼 생겼는데, 신선이 하늘에서 내려와 윷을 놀고 간다는 이야기가 전한다.

약상골 동쪽에는 판서를 지낸 정연鄭淵의 무덤이 있다. 인조의 능을 쓸 때 능산에 있는 모든 분묘들을 옮기게 되어 이 무덤도 옮기려 하자 갑자기 뇌성벽력이 치고 큰비가 쏟아져 이장을 못하였다. 결국 나라에서 이 묘만은 파지 말고 그대로 두라고 해서 이 자리에 남게 되었다고 한다.

성동리 능밀 서쪽에 오두산이 있다. 이 산에 석성이 있는데 둘레가 627미터이며, 그 밑에서 한강과 임진강이 합류해 숭어와 웅어 및 게와 새우 등이 많이 잡혔다. 현재는 이곳에 오두산 통일전망대가 설치되어 남과 북의 분단의 상처를 보듬으며 한강과 임진강 그리고 북녘의 산하를 바라보고 있다.

오금리의 간넷고개는 질오목고개와 빈지고개 사이에 있는 고개로 오금에서 줄오목으로 건너가는 고개이다. 신선봉 서쪽에 굴미산이 있는데 임진왜란 때 이 산 위에 마름을 많이 쌓아놓아 적으로 하여금 군량이 많은 것처럼 보이게 했다고 한다. 이곳 오금리에 풍수와 관련된 이야기가 남아 있는 곳이 밀산군密山君 묘인데, 세조 때의 공신 묵재默齋 박중손朴仲孫의 무덤이다. 지관이 명당을 잡으려고 낙하리의 낙하나루를 건너서 그 혈穴을 찾아 신선봉까지 와보았으나 바닷가에 다다라 더 이상 갈 데가 없었다. 그는 자신이 혈을 잘못 짚은 줄 알고 한탄하며 되돌아가려 했다. 그러자 갑자기 이곳에서 까마귀 우는 소리가 세 번 들렸다. 하도 괴이하여 자세히 살펴보니, 그곳이 바로 그가 찾았던 명당이 틀림없었다. 그래서 이곳 마을을 오고미烏告美, 서서 명당 자리를 바라본 곳을 선모루, 혈을 찾으려고 나침반을 놓고 대중해본 들판을 대중잇들, 그가 잘못 보았다고 자신을 꾸짖었다는 마을을 질오목叱吾目이라고 했다.

질오목에서 장단군 장단면 강정리로 넘어가는 나루를 질오목나루라고 하는데, 그 역시 뱃길이 끊어진 지 제법 오래되었다. 축현리에 있는

싸리고개는 축현과 덕술 사이에 있는 고개이고, 헌텃골과 술청거리 사이에 있는 서울고개는 솔대를 세우고 활쏘기를 했던 곳이다.

탄현면 금승리 진때울에 있는 옛 무덤은 진때울에서 진을 치고 싸울 때 죽은 말들을 묻었다고 하며, 쇠파리에서 문산읍 내포리로 넘어가는 고개에는 서낭당이 있어서 서낭당고개라고 부른다. 이곳 금승리 절골에 청백리로 널리 알려진 황희와 그의 아들로 영의정을 지낸 황수신의 무덤이 있는데, 황희가 죽은 뒤 문종은 친히 이 무덤을 살펴보고 국내를 지정한 뒤 관찰사에게 명을 내려 나무를 심어 수호하도록 하였다.

청백리의 표상이자 조선 정승의 모범인 황희 정승에 얽힌 얘기들이 많이 남아 있는데, 『동문선』「송와잡설」에는 다음과 같은 글이 실려 있다.

황희 정승이 세종의 영을 받아 예법을 마련하고 악樂을 지으며, 큰일을 논하고 결단하였다. 날마다 임금을 돕는 것만 생각하니, 집안의 대소사는 염두에 둘 수가 없었다. 하루는 계집종들이 서로 싸워서 집안이 떠들썩하였다. 그러다가 한 계집종이 황희 정승 앞에 와서 "아무 계집이 나와 서로 다투어 잘못한 것이 이와 같으니 나쁘기가 이와 같사옵니다" 하고 아뢰자, "네 말이 옳다" 하였다. 조금 있다가 다른 계집종이 찾아와서 자리를 두드리며 다시 하소연을 하였다. 그 말을 들은 황희 정승은 "네 말이 옳다" 하였다. 그때 옆에서 듣고 있던 조카가 화를 내면서 하는 말이 "아저씨는 너무 흐리멍텅하십니다. 아무는 저렇고 아무는 이와 같으니, 이것은 옳고 저것은 그르다 해주어야 하지 않습니까?" 하자, 황희는 다시 "너의 말도 옳다" 하면서 글 읽기를 그치지 않아 끝내 옳고 그름을 판가름해주지 않았다.

혹이 아니면 백이 너무도 분명해서 말도 많고 탈도 많은 이 시대에 중용의 도를 실천한 황희 정승과 같은 사람이 그리워지는 것은 나만의 생각은 아닐 것이다.

관직에서 물러난 황희 정승이 임진강 변에 반구정伴鷗亭이라는 정자를 짓고 갈매기를 벗삼아 만년의 여생을 보냈는데, 임진강 변의 어부들 중 아무도 그가 황희 정승이라는 것을 몰랐다고 한다.

반구정에서 바라본 임진강 위로 수많은 철새들이 남북을 자유롭게 오가는데, 우리는 언제쯤이면 개성과 평양을 오가는 사람들에게 가벼운 마음으로 반가운 손짓을 할 수 있을까?

경기 파주 적성 _{五章}

감악산의 영험함이 전해오는 고을

적성현積城縣의 고구려 때 이름은 칠중현七重縣이었다. 신라 경덕왕이 중성重城으로 고쳐서 지금의 양주인 내소군의 속현으로 만들었고, 고려 초기에 지금의 이름으로 고쳤다. 1063년(문종 17)에 개성부에 예속시켰고, 예종이 비로소 감무를 두었으며, 조선 태종 때인 1413년에 현을 두었다. 그 뒤 1895년(고종 32)에 군으로 승격하여 한성부에 속하게 하였고, 1914년에 연천군 적성면이 되었다가 1945년 파주군에 병합되었다.

삼국시대에 이곳은 임진강을 끼고 있어 국경지대의 요지였으므로 토탄성, 아미성, 육계성, 수철성 등의 많은 성들이 있었다. 이곳 칠중성은 나당연합군과 고구려군과의 격전이 있었던 곳이며, 파주·장단·마전·연천·삭녕 등지를 연결하는 교통의 요지였다.

『신증동국여지승람』 중 김반金泮이 지은 「형승조」에 "서울에서 동북

멀리 보이는 감악산 예로부터 바위 사이로 검은빛과 푸른빛이 동시에 흘러나온다 하여 감색바위, 즉 감악紺嶽이라 하였다.

쪽으로 설마현雪馬峴을 넘어 수십 리 지점에 적성현이 있는데, 동쪽으로 높은 감악산을 기댔고, 서쪽으로 장단부 큰 강을 눌렀다. 지역이 가장 궁벽하고 좁아서 백성의 삶이 빈잔貧殘하다"고 하였다.

감악산紺岳山은 현의 동쪽 20리에 있다고 하는데, 고려 때 사람인 임춘 林椿은 이 산을 두고 이렇게 읊었다.

조물은 아이 같아라. 참으로 희롱하기를 좋아하네. 노래를 모아 많은 봉우리를 만들었구나. 이 산은 머리에서 끝까지 여러 주를 걸터앉아 하늘 밖에 날 듯한 것이 춤추는 봉새 같은데, 내 일찍이 산하 연분 없음의 한탄이여. 지팡이를 버티고 유람하는 것 오래 못하였다.

용지는 감악산 상봉에 있는데 가물어도 장마가 져도 물이 불거나 줄지 않고, 비를 빌면 감응이 있다고 한다. 감악산에는 감악사라는 사당이 있는데, 항간에 전해 내려오기는 "신라에서 당나라 장수 설인귀薛仁貴를 산신山神으로 삼았다"고 하며 그 전말은 이렇다.

설인귀는 육계성 주월리에서 태어나 감악산에서 말을 달려 훈련하고 당나라에 나아가 장수가 되었는데, 모국인 고구려를 친 죄를 자책하여 죽은 뒤 감악산의 산신이 되어 이 나라를 도왔다고 한다. 한번은 1010년 (고려 현종 1) 11월에 거란군이 침입하여 왕이 피난을 가서 그 다음 해 정월에 나주까지 갔다가 돌아오는데, 감찰어사 안홍운安鴻運이 아뢰기를 "거란 왕이 군사를 이끌고 장단에 이르자 비바람이 몰아치며 감악산에서 기치창검이 휘날리고 천병만마가 날뛰므로 크게 놀라 달아났습니다"라고 하였다. 그 뒤 1289년(충렬왕 15) 7월에 원나라에서 내완왕의 반란을 치기 위하여 원군을 요청했는데, 이곳에서 제사를 지내자 원군 요청이 정지되었다. 그로부터 누구든 이곳 감악산에 지성으로 빌면 소원을 들어준다고 하여 인근에 사는 사람들이 이 감악산을 정성으로 모셨다. 그런데 한국전쟁이 끝나고 영국의 통신대가 진지를 만들면서 감악사를 무너뜨리자 그 부대장이 별다른 까닭 없이 갑자기 죽었다. 그후 사람들은 감악산의 영험함을 기려 다시 사당을 세우고 제사를 지냈다. 중국은 현재 고구려를 멸망시키고 감숙성과 신강성 일대를 공격해 큰 공을 세운 설인귀의 동상을 감숙성의 가욕관嘉峪關에서 돈황敦煌 가는 실크로드에 세우고 그 업적을 기리는데, 고구려의 옛 땅인 적성의 감악산에도 그를 기리는 사당이 세워져 지금껏 이어지고 있다.

조선에서는 명산으로 중사中祀에 기재하고 봄가을에 향축을 내려서 제사를 지냈으며, 이 산에 있는 빗돌대왕비는 감악사비 혹은 감악산신비, 설인귀비, 몰자비, 봉전몰자비라는 이름으로 불리고 있으나 희한하게도 비석에 새겨진 글씨가 전혀 없다. 이 비로부터 4.5미터쯤 떨어진 곳에 칠중성이 있는데, 칠중성의 안산案山이 되는 감악산에 고려시대부터 군신을 제사 지내는 사당이 세워진 것은 이 산이 군사적인 요충지였기 때문이며, 이 비를 당나라 명장인 설인귀의 사적에 연결시킨 속설도 그 때문이라고 볼 수 있다. 이 감악산이 한반도 전체에서 지니고 있는 전략적인 위치와 이 산을 중심으로 일어났던 역사상의 여러 사건들에 비추어볼 때, 이 비가 북한산에 세워진 진흥왕순수비와 거의 같은 의미를 지니므로 학계에서는 이 비를 또 하나의 진흥왕순수비로 추정하는 사람도 있다. 그러나 비문의 내용이 가는 세월 속에 지워져버려 풀리지 않는 수수께끼로 남아 있을 뿐이다.

적성면 구읍리의 읍내 동쪽에는 고려 목종의 능인 공릉恭陵이 있었다. 목종은 그의 나이 18세에 왕위에 올랐으나 나이가 어린 까닭에 천추태후千秋太后가 섭정하였다. 천추태후는 친척인 김치양金致陽과 간통하여 낳은 아들을 다음 임금으로 삼기 위해 후계자인 목종의 당숙인 대량군大良君(현종)을 중으로 만들어 절로 보내고 몰래 죽이려는 음모를 꾸몄다. 이를 알아차린 목종이 서경 도순검사인 강조康兆에게 그 호위를 명했는데, 강조는 임금이 사망하여 태후의 일파가 음모를 꾸미고 있다고 믿고는 군사 5,000명을 이끌고 개성으로 가서 대량군을 왕위에 오르도록 꾀하다가 임금이 살아 있다는 사실을 알고 낙담하였다. 그러나 내친 걸음이라 그대로 밀고 나아가자는 막료들의 권유를 받아들여 궁궐로 들어가 대량군을 임금으로 모시고, 목종을 폐위시키고 말았다.

김치양 일파를 죽인 강조는 목종을 충주로 내쫓았다. 목종과 태후가 그곳으로 가는 길에 그래도 마음이 놓이지 않은 강조는 그들이 적성고을에 이르렀을 때 사람을 시켜서 목종을 죽이고, 우선 문짝으로 관을 만들어 적성 관청에 두었다가 다음 달에 화장하여 이곳에 묻고서 공릉이라 하였는데, 현종 3년인 1012년에 개성으로 옮겼다.

구읍리는 관골이라고도 하는데 조선 광해군 때 경유후慶有後가 폐모론을 반대하다 벼슬을 버리고 이곳으로 내려와 농사를 지으며 남은 나날을 보냈던 곳이다. 구읍리에는 적성군의 사직단이 있었고, 읍내 서쪽 중성산 서북쪽에 있는 골짜기인 새남터는 중죄인을 사형하던 곳이다. 구읍 동쪽에는 적성군의 관아인 숙혜당肅惠堂 터가 있고, 관골 동쪽에는 적성군의 객사 터가 남아 있다.

현재의 마지리에 있는 적성객사는 고려 말 이곳에 살았던 죄인 임치林

緻의 집을 몰수한 것으로, 관아로 쓰다가 현감 한옹韓雍이 새로 짓기 시작해 완성한 뒤에 여러 차례 중수했으나 1914년에 폐군이 되며 헐리고 말았다. 적성무청이나 적성사창, 적성여단과 옥사도 터만 남고 사라져버렸으니 역사는 이렇듯 돌고 도는 것이란 말인가. 이곳 구읍리에 적성향교가 있으며 임진강 변에는 선비들이 시를 읊으며 보낸 원사정 터가 있다.

서거정의 「기記」에 "적성도 작은 고을이니, 예전 명칭은 내송고, 고려 적에 여러 번이나 개성 양주 양부의 속읍이 되었다가 뒤에 현이 되었는데, 관아는 본디 산성 남쪽에 있었다. 토지가 편벽되고 민물이 잔약하여 요역을 능히 바치지 못하니, 수령된 자가 죄다 걱정하였다. 고려 말에 죄를 진 임치의 집을 몰수하여 고을로 만들어 옮겼다"고 기록되어 있다.

답곡리의 도장국고개는 오릿골에서 파평면 장파리의 도장굴로 넘어가는 고개이고, 한우물자리 위쪽에 있는 얼개자리는 지형이 얼레빗처럼 생겼다는 논이며, 인사텃골에서 지장리로 넘어가는 장고개는 백학면의 고랑포리로 통한다. 두지리에는 연천군 백학면 원당리로 건너가는 두지나루가 있고, 마지리의 나븐들고개는 숏디에서 식현리로 넘어가는 고개로 넓은 들이 있다. 새로 조성한 적성 장터에는 적성군의 행정관서들이 들어서 있다. 퇴골 동남쪽에 있는 청학동은 수정봉 밑에 있는 매우 깊숙한 골짜기로 흰 돌 위에 맑은 물이 흘러내려 위아래에 폭포를 이루고 소나무가 울창한 곳이다. 큰골 남쪽에는 할미당이라는 신당이 있고, 숏디 남쪽에는 지형이 잘록하여 넘어가기가 쉽다는 홀짝고개가 있다.

무건리의 아랫무건이 동쪽에는 주막이 있어 주막거리라고 불리며, 웃무건이에서 천현면 직천리로 질러 넘어가는 고개를 찔렁고개라고 부른다. 황현黃玹의 『매천야록』에도 "전설에 의하면 적성현 설마치는 설인귀

두지나루 임진강 변에 자리 잡은 두지나루에서는 황포돛배를 복원하여 띄우는 등
옛 정취를 살리기 위한 다양한 시도가 이루어지고 있다.

가 말을 달리던 곳이다."라고 실려 있는 설마리는 당나라 장수 설인귀가 칠중성에서 말을 달려 훈련을 했다는 곳이다. 설마리 안골 서남쪽 골짜기에 다람절이라는 절이 있고, 설마리에서 양주 남면 신암리로 넘어가는 고개를 설마치고개라고 부른다. 감악산 밑에 있는 좁고 긴 골짜기는 열두굽이로 굽이마다 다리가 놓여 있고, 곳곳에 층암절벽과 기암괴석이 아름다운 풍경을 자아내는 설마릿골 근처에는 1951년 한국전쟁 당시 큰 공을 세우고 전멸한 영국군을 추모하는 영국군충혼탑이 서 있다.

식현리의 염안이마을에는 조선시대의 역인 단조역이 있었는데, 도원도桃源道에 속해 남자 종 20명과 여자 종 6명에 말 5마리가 딸려 있던 곳이다. 어유지리 태봉 서쪽에 있는 달봉은 정월 보름날 달맞이를 하는 곳으로 달이 봉우리 북쪽 가까이 뜨면 북쪽 지방에 풍년이 들고, 남쪽 가까이 뜨면 남쪽 지방에 풍년이 든다고 하여 그해 농사의 풍흉을 점쳤다.

태일 남쪽에 있는 산부리의 배맷꽁지는 배를 매두던 곳이었다고 하고, 뒷굴 남쪽에 있는 봉화촌은 한국전쟁 후 새로 조성한 마을로 봉홧불처럼 잘 일어나라는 뜻에서 지은 이름이다.

밤나무가 많아서 밤개(뱀개) 또는 율포라고 불린 율포리의 동나드리 마을은 새우젓 독을 실은 배가 자주 드나들었다는 마을이고, 모태이 서북쪽 임진강 가에 있는 염창鹽倉은 소금을 굽던 염창이 있던 곳이다. 자장리의 기문잇고개는 자장리에서 장조리의 기문이로 넘어가는 고개이고, 샘말 동쪽에 있는 골짜기인 피머리는 큰 명당이 있다고 하여 그 혈맥을 끊기 위해 땅을 파자 피가 나왔다는 이야기가 전해지는 곳이다.

장좌리 임진강 가에 있는 계암바위에는 괘암掛嵒이라는 글씨가 새겨져 있는데 이 글씨는 숙종 때의 명신인 미수 허목許穆이 썼다고 하며, 안굴 북쪽 임진강 가에 있는 섬고랭이 마을은 섬처럼 되어 있고, 강 건너편이 연천군 백학면 반정리인 고랑포이다.

임진강은 함경남도 마식령에서 발원하여 서남쪽으로 흘러 파주 탄현면 성동리와 개풍군 임한면 정관리 사이에서 한강에 합류하는 강으로 길이는 254킬로미터이다. 임진강에서 이름을 딴 임진현은 본래 고구려의 임진성臨津城 또는 오사홀烏斯忽로 불렸는데, 신라 경덕왕景德王 때 임진으로 고쳐서 개성군의 영현이 되었다. 그 뒤 강을 건너는 나루를 임진도, 이 강을 임진강이라 부르게 된 듯하다. 또한 이 강은 물줄기가 워낙 꾸불꾸불 돌면서 흐르기 때문에 표주박 같다는 뜻의 호로하 또는 일곱번 휘감아돈다는 의미로 칠중하七重河라고도 불렸는데, 칠중하는 이 강이 칠중성七重城(지금의 적성) 앞을 흐르기 때문에 붙여진 이름이다.

이 적성에는 삼국시대에 쌓은 성이 여러 개 있는데, 그 중 하나가 사적제437호로 지정된 칠중성이다. 백제 때의 이름은 난은별難隱別이었고 고구려 때의 이름이 낭벽성娘臂城이던 것을 신라는 칠중성이라고 고쳤다. 이 지역은 임진강 중류의 남쪽 연안에 있어 삼국시대에 많은 전투가 벌어졌던 곳이다. 기원전 1년(백제 온조왕 18년) 겨울에 "말갈이 몰래 쳐들어와서 왕이 친히 군사를 이끌고 칠중하에 나아가 싸워 추장 소모를 잡아 마한으로 압송하고 그 나머지 적병은 모두 땅에 묻었다"라고 기록되어 있다. 신라가 이 지역을 점령하고 있던 선덕여왕 때에도 고구려군이 쳐들어오자 주민들이 산속으로 피난을 하였고, 왕이 알천閼川을 보내 칠중성 밖에서 싸워 적군을 물리쳤다는 기록도 보인다. 무열왕 때는 고구려군이 쳐들어와 군주 필부가 전사하였고, 문무왕 때의 나당연합군이 고구려를 칠 때 신라군이 칠중성을 쳐서 진격로를 확보했던 곳이다.

적암리 붉바위 북쪽 오목내에 있는 매지소에는 예전에 붉바위에서 장사가 될 아이가 났는데 장차 역적이 될까 두려워 죽이자 이 소에서 용마가 나와 울다가 사라졌다는 이야기가 서려 있다.

주월리의 백옥봉 아래에 조선 인조 때의 풍수가인 이의신李義信이 살았다는 집터가 있다. 그가 지은 「답산부踏山賦」에는 "땅을 파다가 한비를 얻으니, 곧 설가의 옛터"라는 글이 실려 있다. 또한 육계성은 백옥봉에 있는 토성 터로 둘레가 2,330미터이고 안에 주춧돌이 있는데, 예전에 대굴터라고 불렀으며 고구려 때 당나라 장수 설인귀가 나고 자란 터라고 한다. 북쪽 임진강 가에 있는 북다루니라는 옛 종대는 육계성에 궁궐이 있을 때 이곳에 쇠북을 달았다고 한다. 강정 남쪽 두지리 경계에는 물살이 센 어신여울이 있고, 육계성 북쪽에는 새미내가 임진강에 합류하면서 물살이 소용돌이치며 흐르는 용디여울이 있다.

이곳 적성에는 두지진과 이포진 그리고 구연강이 있는데 권우는 "앞에는 맑은 강 뒤에는 산, 한 구역 형승形勝을 하늘이 숨겨뒀던 곳, 꼬불꼬불 작은 길 밭고랑 복판, 보일락 말락 빈 다락 수목 사이네. 동산에 가득한 토란·밤 맛이 멋지고, 곳곳마다 풍경은 볼 만도 하다. 진세에 끌렸던 일 한스러워라. 어찌하면 이 지역에서 한가히 놀까"라고 노래했다.

적성면 가월리의 금성골은 판고개 남쪽에 있는 마을로 검상檢詳 벼슬을 지낸 강씨가 살았다고 하고, 숙종 때 판서를 지낸 박태상朴泰尙이 살았던 곳이다. 능어리에서 구읍리의 신짓개로 넘어가는 고개가 방죽고개이고, 백고개 서쪽에 있는 여울고개는 예전에 임진강 물이 밀려와서 여울이 졌다고 해서 생긴 이름이다. 금성골 북쪽에 있는 장자못에는 다음과 같은 사연이 서려 있다.

옛날 큰 부자가 이곳에 살고 있었는데, 욕심이 너무 많고 인색하여 탁발승에게 시주를 주기는커녕 호령만 하여 내쫓기 일쑤였다. 이 광경을 지켜보던 부인이 남편 몰래 쌀 한 바가지를 가지고 와서 시주하며 남편의 잘못을 빌자 스님은 쌀을 공손히 받으며 "당신 남편은 소문에 듣던 것처럼 지독하므로 내일 큰 벌을 받을 것이니 부인은 빨리 친정으로 돌아가서 피하십시오"라고 이른 뒤에 온 데 간 데 없이 사라지고 말았다. 스님의 말대로 부인이 친정에 갔다가 궁금하여 그 다음 날 돌아와보니, 집은 간 곳 없고 못으로 변해 있었다고 한다.

아랫배우니 동북쪽에는 무당처럼 생긴 무당바위가 있고, 굴바위 아래에 있는 아들바위는 영검靈劍하여 아들이 없는 사람이 지성으로 빌면 아들을 낳는다고 한다. 선고개에서 설마리 또는 마지리로 넘어가는 고개를 자작고개라고 부르는데, 적성고을에서 마전고을로 가는 관행길이었다.

연천군 백학면 고랑포리에는 신라 마지막 임금인 경순왕의 능이 있고 임진강 변 돌거리마을 앞에는 돌거리여울이 있다.

적성면 무건리와 마지리 경계에 있는 갓모봉은 관모봉으로 불리는데, 높이가 357미터로 모양이 갓모처럼 생겼다. 적성면 율포리와 정현리 경계에 있는 노적봉은 높이가 180미터로 노적가리를 닮았다.

여말선초의 문신 함부림은 시에서 "감악이 반공에 떴고, 암성巖城은 물가에 임했다"고 하였고, 조선 전기에 1등 정난공신이던 권람權擥은 "여러 산은 작은 읍을 둘렀고, 구부러진 길은 강가를 굽었다"라고 하였으며, 조선 전기 문신이자 학자인 권제權踶는 "산이 높으니 구름이 멧부리에서 나오고, 들이 끝난 곳이 물가가 되었다"라고 하였던 적성 땅. 그곳의 임진강은 오늘도 유장하게 흐르고 있다.

충북 괴산 연풍 - 연풍현감 김홍도의 일화가 남아 있는 곳

충북 괴산 청안 - 말세우물 전설로 신비로운 고을

충북 보은 회인 - 최영 장군이 쌓은 좌월대가 있는 고을

2부

충청북도

延豐

연풍현감 김홍도의 일화가 남아 있는 곳

이화령을 넘기 전에 만나는 괴산군 연풍면은 조선시대에 하나의 현이었다. 서거정이 "시내 소리가 땅을 다한다"고 하였고, 조선 영조 때의 이름난 시인 이병연李秉淵이 "푸른 산은 역마을과 잇닿았는데, 절반은 흰 구름 속에 들어 있구나"라고 노래했던 연풍의 경계는 『신증동국여지승람』에 의하면 동쪽으로 경상도 문경현 경계까지 11리, 남쪽으로 같은 현 경계까지 13리, 서쪽으로 괴산군 경계까지 33리, 북으로 충주忠州 경계까지 50리이고 서울까지의 거리는 362리이다.

옛날 원님들이 부임할 때 첩첩산중이라 하여 울고 왔다가 살아보니 인심이 순박하고 백성들이 어질어서 떠나는 것이 아쉬워 또 울고 갔다는 연풍. 이곳의 고구려 때 이름은 상모현上芼縣이었다. 1018년(고려 현종 9)에 장연長延으로 고쳐 장풍현長豐縣과 함께 충주에 붙였다. 1394년(조선

계림령 가는 길 우리나라에서 백두대간상에 제일 먼저 개설된 령이었지만 문경 새재가 개설되면서 사람들의 발길이 뜸해졌다.

태조 3)에 두 현을 합하여 감무를 두고 장풍현이라 일컬었으며, 1403년 (태종 3)에 지금 이름으로 고치고, 1413년(태종 13)에 예에 따라 현감을 두었다. 1429년(세종 11)에 충주의 동촌東村을 붙이고, 1476년(성종 7)에 또 충주의 수회촌水回村을 붙였다.

『신증동국여지승람』에는 "계립령鷄立嶺은 시속에서 마골재麻骨岾라 하며 현 북쪽 43리에 있다. 고구려의 온달이 '계립현 죽령 서쪽이 우리에게로 돌아오지 않으면 나도 돌아오지 않겠다'고 말한 것이 바로 이 땅이다. 조령鳥嶺은 초점草岾이라고도 하며, 현 동북쪽 15리 경상도 문경현 경계에 있는데, 험하고 막힌 요충지이다. 이화현伊火縣은 현 동쪽 7리 문경현 경계에 있다"고 기록되어 있다.

백두대간에 자리 잡은 이 일대의 고개들은 높기 때문에 이화령을 오르려면 연풍에서 구불구불한 길을 한없이 올라야 닿을 수 있었다. 그러나 현재 이화령 아래에 터널이 뚫리고 중부고속도로가 개통되면서 역사와 유서 깊은 고개의 기능이 사라져버리고 말았다.

연풍은 백두대간을 사이에 두고 산간분지에 자리 잡고 있어 조선시대에는 군사 및 교통상 중요한 요충지였다. 연풍은 남쪽으로 이화령을 넘어 문경으로 연결되었고, 북쪽으로는 신풍역과 단월역을 거쳐 충주와 연결되었으며, 계립령과 모녀령毛女嶺을 거쳐 청풍과, 서쪽으로는 장풍을 지나 괴산과 연결되었다. 당시는 남한강의 지류인 달천 연안의 수회창水回倉에서 이 지역의 세곡을 모아 경강으로 보냈다.

이곳 연풍에 조선 후기의 빼어난 화가인 김홍도가 현감으로 임명되어 부임해온 때는 정조 15년인 1791년 12월이었다. 그는 만 3년 동안 연풍 현감으로 재직했는데, 그가 이곳에서 어떤 활약을 했는지 자세한 기록

은 남아 있지 않다. 그러나 그가 부임해오면서부터 연풍을 포함한 삼남
지방에 내린 3년 동안 가뭄이 극에 달해 기근이 심했다. 정조 17년인
1793년에 충청 감사 이형원이 충청도 일대의 기근 상황을 돌아본 뒤 올
린 장계에는 다음과 같은 글이 실려 있다. "연풍은 두 번째로 피해가 심
한 지역에 속하는데, 수령이 나라의 곡식에 의지하지 않고 나름대로 곡
식을 나눠주어 죽이라도 끓여먹어 굶주린 백성들이 살아났습니다." 그
렇기 때문에 다른 지역과 비교할 때 현감에게 상을 줄 정도는 아니라고
했다. 그 뒤 1795년(정조 19) 정월에 정조가 충청 위유사慰諭使 홍대협에
게 연풍 사정을 묻자, "들건대 김홍도는 한 고을의 수장으로서 잘한 일
이 없고, 중매나 일삼으며, (중략) 사냥을 한다고 장정들을 동원하고, 빠

이화령 예로부터 조령이
중부지방과 영남지방을 잇
는 주요교통로로 이용되었
지만 고개가 높고 험하여 조
령 바로 밑에 만들어진 고개
가 이화령이다.

진 사람에게는 벌로 세미를 거두어들여 고을이 소란하고 원망이 높으니 무거운 벌을 내려야 합니다"라고 대답하였다. 정조는 그 청을 받아들여 김홍도를 현감직에서 물러나게 하였다.

위의 두 이야기로 보아 김홍도는 유능한 관리자라기보다는 신선과 같은 삶을 살고자 했던 전형적인 예술가였던 것으로 짐작된다. 다음에 나오는 김홍도의 삶을 들여다보면 그의 성품을 짐작할 수 있다.

그는 때로 끼니를 잇지 못하는 생활 속에서도 그림 값 삼천을 받아 이천으로 매화를 사고, 팔백으로 술을 사 친구들과 매화를 감상하며, 나머지 이백으로 쌀과 나무를 샀으니 하루치도 못 되었다.

김홍도를 평한 글을 보면, 그는 풍채와 태도가 좋았으며 도량이 넓고 구애받는 것이 없어서 마치 신선과도 같았다. 정조는 김홍도를 현감으로 천거할 만큼 무척이나 아꼈는데, 정조가 지은 『홍재전서』에는 다음과 같은 글이 실려 있다.

김홍도는 그림에 능한 자로 그 이름을 안 지 오래다. 30년 전 초상을 그렸는데, 이로부터 무릇 회사繪事에 속한 일은 모두 김홍도가 주장하게 하였다.

김홍도의 자취가 서린 연풍향교는 조선 중종 때인 1515년(중종 10)에 창건되었고, 연풍 객사는 현재 연풍초등학교의 민속유물관인 영흥관英興館으로 변하였다. 이 객사는 인조 6년에 관사를 지은 뒤 1663년(현종 4) 관찰사의 보조와 민간인들이 낸 기금으로 완성된 건물이다.

학교 건너편의 천주교회가 들어선 곳은 예전에 죄인들과 천주교도들을 박해하는 데 앞장섰던 연풍의 포도청이 있던 자리다. 1963년 천주교회가 죄인들을 문초하던 포도청 자리를 매입하고 그 일대의 논을 사들여 천주교 성지를 조성했는데, 연풍 순교지는 1976년부터 성역화 조성 사업이 시작돼 대형십자가, 순교현양비, 성모상, 노기남 대주교상, 황석두 동상 등을 만들어 순교정신을 기리는 곳이다.

연풍에 있는 중앙교회 옆 양어장은 동헌 연지蓮池로 이 연못에 얽힌 일화가 있다. 옛날에 연풍 원님이 사무를 보는 동헌을 지을 때 한 도사가 이곳을 지나다가 "청파산青坡山(갈마산) 화기火氣가 관청에 비치고 있구나"라고 말했다. 이 말을 들은 원님이 해결책을 묻자 "동헌에 화기가 비치니 예방을 해야 한다"고 일러주었다. 그래서 곧 성지城池를 파고 갈마산 중턱에 인공 제방을 만들어 막았다고 한다.

연풍에 있는 마골점 봉수는 동쪽으로 문경현 탄항산炭項山에 응했고, 서쪽으로 주정산에 응했으며, 주정산 봉수는 북쪽으로 충주의 대림산大林山에 응했고, 동쪽으로 마골점에 응했다. 연풍현 북쪽 28리에 있던 안부역安富驛이나 현의 북쪽 9리에 있던 신풍역新豊驛 그리고 현 북쪽 20리에 있던 신혜원新惠院과 온정 곁에 있던 온정원溫井院 및 연경원延慶院 역시 그 기능이 사라진 지 이미 오래다.

김분金汾이 지은 시에, "물소리는 수풀 밖에서 급하고, 산 빛은 난간 앞에 많다"고 노래하였던 연풍현 정자산亭子山에 각연사覺淵寺가 있다고 하였는데, 현재 각연사가 있는 산 이름은 칠보산이다. '칠보산 778미터'라고 씌어진 표지석에 서면 각연사 뒤쪽으로 보개산(780미터)이 보이며, 모양이 단정하고 수려해서 마치 군자와 같은 자태를 지녔다는 군자산君子山(948미터)도 한눈에 들어온다.

군자산은 일명 군대산軍垈山이라고도 부르는데, 칠성면 도정리에서 사평리까지 펼쳐져 있는 칠성평야의 남쪽을 가로막고 있다. 군자산은 예로부터 영산靈山으로 알려져 있어 이 산에서 기도를 하면 귀한 자식을 얻는다는 전설이 깃들어 있다. 산 중턱에는 신라 때의 고승 원효元曉가 불도를 닦았다는 원효굴이 있는데, 이곳에서 기도를 드리고 약수를 마시면 소원이 이루어진다고 한다. 조선 중기에 발간된 『괴산군읍지』에 따르면 이 산에는 백화성白和城이라는 성이 있었다. 그러나 그 당시에도 허물어지고 있었다는 것으로 보아 성터가 사라진 것은 이미 오래전인 듯하다.

보개산을 돌아 솟아오른 산이 덕가산(557미터)이고, 쌍곡계곡 너머로 단풍에 붉게 물든 산이 장성봉(915.3미터)이다.

일곱 개의 보물이 묻혀 있다는 칠보산 자락에 자리 잡은 각연사는 신라에 불교가 처음 공인되었던 515년(법흥왕 2)에 유일스님이 창건했다고 한다. 이 절에는 재미있는 창건설화가 전해 내려온다.

유일스님이 원래는 칠보산 너머 칠성면 쌍곡리 사동(절골) 근처에 절을 지으려고 공사를 시작했는데, 자고 일어나면 목재를 다듬을 때 나오는 대패밥이 하나도 남아 있지 않았다. 이상하게 생각한 스님이 밤에 잠을 자지 않고 지켜보았는데 까치들이 대패밥을 하나씩 물고 어디론가 날아가는 것이 아닌가. 스님이 따라가보니 현재 각연사 자리에 있는 웅덩이에 대패밥을 떨어뜨려 연못을 만들고 있었다. 스님이 놀라서 연못을 바라보자 그곳에서 광채가 솟아나고 석불 한 기가 보였다.

유일스님은 쌍곡에 짓고 있던 절을 못이 있는 곳으로 옮긴 뒤에 "깨달음이 연못 속에서 비롯되었다"라는 뜻으로 절 이름을 각연사라 지었다. 그때 연못에서 나온 불상이 각연사 비로전에 있는 석조비로자나불좌상 이라는 설이 있다.

그 뒤 각연사는 고려 초 통일대사가 중창하였고, 고려 혜종 때 새로 중수하였다. 또한 조선시대에도 1648년(인조 26)과 1655년(효종 6)에 중수하였으며, 1899년에는 비로자나불 개금 불사가 이루어졌다. 1965년과 1975년에도 여러 차례 중수를 하였지만 절 규모가 크지 않아서 현존하는 당우로는 비로전, 대웅전, 칠성각, 산신각과 요사채 2동이 있을 뿐이다. 이 절의 대웅전은 충청북도 유형문화재 제126호로서 조선시대 후기에 세워졌으며, 정면 3칸과 측면 2칸의 맞배지붕 다포집으로 법당 동쪽

각연사 까치와 연못에 관한 전설을 간직하고 있는 각연사는 주변 산세가 수려한 것으로도 유명하다.

에 흙으로 만든 스님상 한 기가 있다. 높이가 1.3미터인 스님상은 이 절을 창건한 유일스님이라고도 하고 달마상이라고도 한다. 대웅전 바로 위쪽에 서 있는 건물이 충청북도 유형문화재 제125호로 지정되어 있는 비로전이고, 그 안에 보물 제433호인 석조비로자나불좌상이 있다.

화강암으로 조성된 이 불상은 비로전 내에 봉안되어 있는 주존불로서 광배와 좌대가 하나도 손상되지 않은 채 완전한 형태를 갖추고 있다. 이 불상에 지성으로 기도하면 영험이 크다고 하여 참배객들이 줄을 잇고 있는데, 이 불상의 조각 기법과 양식으로 보아 신라 후기인 9세기에 조성된 것으로 추정한다.

각연사 석조비로자나불 불상이 앉아 있는 대좌와 몸 전체에서 나오는 빛을 형상화한 광배光背가 모두 갖춰진 완전한 형태의 불상으로, 진리의 세계를 두루 통솔한다는 의미를 지닌 비로자나불의 모습이다.

괴산군 연풍면 주진리周榛里 은티마을에서 문경시 가은읍 원북리 오봉정마을로 넘어가는 고개가 오봉정고개이고, 은티고개는 갬벌 남동쪽에 있는 큰 고개로 문경시 가은읍으로 넘어간다. 매바우 동남쪽에 있는 이화령을 이곳에선 이유릿재라고 부르는데, 고개가 가파르고 험하여 산짐승의 피해가 심하므로 늘 여러 사람들이 어울려서 넘어갔다고 하여 붙여진 이름이다.

유하리 아랫버들미 서남쪽에 있는 오수물은 예전에 마을 중간에 흐르던 개울 양쪽에 오리나무가 있었다고 해서 지어진 이름이고, 오수물 옆에 있는 작은 섬인 유도柳島는 옛날에 유배지였다고 한다. 유하리 동쪽에서 행촌으로 넘어가는 고개인 응고개는 응현 또는 영고개,

영현으로도 불리는데, 지형이 잘록하여 매처럼 생겼고, 옛날 유도에 귀양 오는 사람이 이 고개를 한번 넘으면 영원히 돌아가지 못한다는 말이 전해 내려온다. 그 고개들 중 기름재 또는 지름티라고 불리는 고개는 은티 남쪽에서 문경시로 질러가는 고개이다. 은티마을 초입의 가게 앞에는 남근석이 세워져 있다. 이곳의 지형이 여자의 성기에서 흐르는 오줌 줄기를 닮아 큰비가 오면 물난리가 나기 때문에 그 기를 죽이기 위해 남근석을 세워놓았다고 한다.

남근석 앞을 지나 남쪽으로 다리를 건너면 희양산과 구왕봉 그리고 그 사이로 병풍을 친 듯한 지름티재가 한눈에 들어온다.

연풍면 원풍리에 있는 괴산원풍리마애불좌상은 높이 6미터로 고려 중기 이후에 조성한 것으로 보이며, 보물 제97호로 지정되어 있다. 이는 충주에서 상주로 가는 국도 변 산마루턱에 높이 30미터 가량의 큰 암벽을 파서 감실을 마련하고 그 안에 결가부좌한 두 분의 여래상을 새기고 머리를 둘러 부처의 삼신三身의 하나인 화불化佛을 다섯 구씩 새겼는데 군데 군데 채색한 흔적이 남아 있다. 이것은 우리나라 '이불병좌상二佛並座像' 중에서 대표적인 작품이다. 이 마애불은 전체적으로 많은 손상을 입었다.

임진왜란 때 구원군 대장으로 왔던 이여송이 이 불상을 보고는 모양이 장사처럼 생겨서 앞으로 이 근처에 장사가 많이 나겠다며 부처 뒤에 혈을 지르고 코를 베어갔다는데, 1948년 상암사 주지 최태순이 양회로 코를 만들어 채색을 하였다고 한다.

이 불상은 그후에도 하부에 많은 손상을 입었는데, 한국전쟁 때 심하게 손상된 것을 1964년에 상당 부분 복구하였다.

이 외에도 연풍에는 이여송과 관련된 장소가 또 있다. 길금리 군대래미 남쪽 산에 있는 바위인 말뚱바위는 임진왜란 때 이여송이 혈을 질렀다는 곳으로 지금도 말 발자국이 그대로 남아 있다. 연풍면 삼풍리에서 가장 큰 마을인 홍문紅門에는 연풍동헌이 있다. 옛날에 연풍현청 앞에 붉은 삼문이 서 있어서 홍문이라고 불렸던 이곳의 자취라고는 이제 풍악헌風樂軒이라는 이름의 동헌만 남아 있고, 그 자리에는 연풍초등학교가 들어섰다. 2일과 7일에 장이 서는 연풍장엔 쓸쓸한 가을 바람만 불고, 사거리에서 바라본 연풍향교는 오후의 가을 햇살 속에 곱게 물들어가고 있다.

삼풍삼거리에서 적석리로 가는 빙고재는 연풍현의 얼음창고가 있었던 곳이며, 조선시대 영풍현을 지나는 길손들의 편의를 봐주던 신혜원新惠院이 있고 수옥정漱玉亭 근처에는 수옥정폭포가 있다. 높이 20미터, 너비 3미터에 이르는 이 폭포는 조령에서 흐르는 물이 이곳에서 용추를 이루며, 주변 숲이 울창하고 경치가 아름다워 봄부터 가을까지 전국에서 많은 사람들이 찾는다. 수옥정과 수옥정폭포는 이 근처에 살던 부자 유씨가 지었다는 설이 있고 고려 말에 공민왕이 홍건적의 난을 피하여 남천하다가 이곳에 정자를 짓고 머물렀다는 이야기도 전해지는데, 현재 이곳에 남아 있는 어류동御留洞이라는 이름이 그 사실을 뒷받침해주고 있다. 그러나 절벽에 새긴 글씨를 조사해보면 1711년에 이 정자를 지었던 것으로 보이며, 이 폭포의 이름을 지은 사람은 약 220여 년 전에 충청감사를 지낸 조정철趙貞喆이라고 하나, 『연풍군읍지』의 내용과는 일치하지 않는다.

작은새재는 대불광산 서쪽에 있는 재로 큰새재 서쪽에 있으며, 제3관문이라고 불리는 조령관문은 경상도에서 서울로 통하는 큰 길목으로 조선 태종 때 이 길을 처음 열었다고 한다. 그러나 임진왜란 당시 조선군 총사령관이던 신립이 이 문경새재에 병력을 배치하지 않고 충주의 탄금대에다 진을 설치하였다가 대패해서 두고두고 이야깃거리를 만들어낸 곳이기도 하다. 조령은 숙종 34년에 관문과 산성을 쌓고, 영조 때인 1752년에 조령관문을 설치하였다.

　장연면 방곡리 서쪽에 감물면으로 넘어가는 말구리재는 말이 뒹굴 정도로 고개가 몹시 가팔랐다고 하며, 느릅재는 방곡리에서 감물면 소정리로 넘어가는 고개로 느릅나무가 많다. 방곡리 서북쪽에서 감물면으로 넘어가는 배너미재는 병자호란 때 감물강에서 적을 추적할 배를 만들어 짊어지고 이 고개로 넘어갔다 해서 지어진 이름이다. 방곡리에서 가장 중심이 되는 마을인 병방곡은 병자호란 때 이곳에서 청나라 군사를 막았다고 하며, 병방골 남쪽 골짜기에 있는 운곡동雲谷洞은 박달산 밑에 있어 늘 안개가 끼기 때문에 지어진 이름이다. 장연면의 오가리五佳里는 산과 물이 좋고 땅이 좋아서 곡식이 잘 되고 인심이 좋으므로 오가리라고 하였으며, 수청거리 앞에 있는 들은 물이 맑아서 오가리에서 제일 좋은 들이고, 추점리의 추점삼거리는 감물면·수안보·오가리로 가는 세 갈래 길이다.

　연풍은 지금도 그 옛날과 다름없이 가을 햇살 속에 환하게 빛나고 있지만, 거리는 옛 명성을 잃은 채 나이든 몇 사람만이 어슬렁거리고 있을 뿐이다.

사진 | 사람과 산 제공

충북 괴산 청안 二장

말세우물 전설로 신비로운 고을

　이승소李承召는 청안을 두고, "청안淸安 땅 다다르니 날이 저무는데, 관청이 쓸쓸하기 종의 집과 비슷하네. 돌밭 메말라 사람 사는 집 적고, 모점 집 거친데 풀과 나무가 많네"라고 묘사하였다. 충청북도 괴산군 청안면은 조선시대의 현이었다.

　고려 때에 청당현淸塘縣과 도안현道安縣을 합하여 청안이 되었는데, 청당은 일명 청연淸淵으로, 고려 초년에 청주에 소속시켰고 뒤에 감무를 두어 도안을 합하여 겸임하게 하였다. 도안현은 본래 고구려의 도서현道西縣인데, 신라 때 도서都西로 고쳐서 현종 9년에 청주에 소속시켰으며 조선 태종 5년에 두 고을의 백성이 적고 땅이 좁다 해서 합치고 지금 이름으로 고쳐서 감무를 두었다가 1413년에 예에 따라 현감을 두었다. 1895년(고종 32)에 군으로 승격하였고, 1914년에 괴산군에 편입되었는

청안동헌　일반적인 조선 후기의 동헌 건물과 달리 민도리집에 홑처마로 격식을 낮춘 것은 청안현이 상대적으로 큰고을이 아니었음을 반영하는 것이다.

데 괴산군 청안면, 증평군 증평읍, 도안면 3곳과 청원군 북이면, 오창면 일부가 관할 지역이었다.

조선시대에는 이곳의 지형이 북쪽에 두타산, 눌문산, 동쪽에 봉학산, 남쪽에 좌구산 등이 둘러싸고 있으며, 서쪽으로 금강의 지류인 반탄천이 남에서 북으로 흘러 전체적으로 산간분지의 유형을 이루었다. 시화역時和驛을 통하여 경기도 내륙지방인 양지, 죽산 등과 충청도의 내륙지방인 보은, 청산 등지로 연결되었다.

두타산은 고을 서쪽 20리에, 좌구산은 고을 남쪽 10리에, 칠보산은 고을 동쪽 6리에 있다.

청안면 금신리의 구장터 마을은 옛날 장이 섰던 마을이고, 구장터 서쪽에 있는 금계동은 '금닭이 알을 품고 있는 형국' 이라는 금계포란형金鷄抱卵形 명당이라고 한다. 사직골에는 조선시대에 청안현의 사직단이 있었으며, 구 장터 북쪽에서 증평군 증평읍 남차리로 넘어가는 해받이 고개는 해가 제일 먼저 비치는 곳이라 해서 생긴 이름이다.

청안면 문당리의 오리목 동쪽에 있는 마근대미 마을은 '매화가 땅에 떨어진 형국' 이라는 매화낙지형梅花落地形의 명당이 있다는 곳이다. 굴억실 서쪽에서 효근리로 넘어가는 고개가 높이 346미터인 칠보재이며 부흥리의 부귀실富宲 마을은 부자와 귀인이 많이 살았다고 해서 생긴 이름이다.

청안면 읍내리에 조선시대 청안현의 객사가 있던 객사 터가 있는데 현재는 그 자리에 청안초등학교가 들어서 있다. 청안객사 터 마당에는 둘레 11.8미터, 높이 16.6미터인 은행나무가 서 있는데, 천연기념물 제165호로 지정되어 보호받고 있으며, 이 나무에는 귀가 두 개 달린 뱀이

살고 있다는 전설이
서려 있다. 공손수
라고 불리는 이 나
무는 고려 성종의
덕을 기리기 위해
심은 것으로 그 앞
에 못도 팠다고 하
지만 못은 자취도
없이 사라지고 운동
장이 되고 말았다.

청안초등학교 은행나무
청안현의 객사가 있던 자리
에 들어선 청안초등학교에는
천연기념물 제165호로 지정
된 오래된 은행나무가 있다.

청안면 읍내리에는 청안향교가 있다. 언제 창건되었는지는 알 수 없지
만, 현재 충청북도 유형문화재 제40호로 지정되었다.

읍내 서북쪽에 있는 돌문거리 마을은 돌로 만든 비석이 많아서 생긴
이름이고, 교촌에 있는 사마소는 생원과 진사들이 모여 시와 글을 강론
하던 곳으로 1966년 그들의 후손이 합의하여 생원과 진사 마흔두 명의
위패를 봉안하고 매년 10월 보름에 제사를 지냈던 곳이다.

청안 장터의 쪽박샘은 물이 넘쳐 흘러서 쪽박으로 물을 품었기 때문
에 지은 이름이고, 장대배미 옆에 있는 최장군배미는 옛날에 힘이 세어
서 최장군이란 별명으로 불린 최장현崔長賢이란 사람이 머슴살이를 한
돈으로 이 논을 사서 붙여진 이름이다.

읍내리에 있는 청안동헌은 조선시대의 관아 건물로 정면 6칸, 측면 3
칸의 홑처마 단층 팔작지붕의 민도리집으로 충청북도 유형문화재 제93
호로 지정되어 있다. 이 동헌은 태종 5년인 1405년에 청안현에 도안현

이 합병될 때 건립된 것으로 보이는데, 여러 차례의 중수를 거쳐 마지막으로 중수한 것은 1915년이었다. 한때 청안지서로 사용되어 건물을 개조하였다가 1981년 원형에 가깝게 복원했다. 일반적으로 조선 후기의 동헌 건물이 익공집에 겹처마 건물인데 비해 이 건물은 민도리집에 홑처마로 하여 격식을 낮추었다. 이것은 상대적으로 청안현이 큰 고을이 아니었음을 반영하는 것이다.

증평읍曾坪邑은 원래 청안군淸安郡의 지역으로 청안 읍내 서쪽 가까이 있으므로 근서면近西面이라 하였는데, 괴산군 증평읍이 되었고 증평출장소가 개설되었다가 몇 년 전에 나라 안에서 가장 작은 군으로 승격된 곳이다.

증평에는 '말세우물 전설'이 전해온다. 옛날에 이 마을에 가뭄이 들어 먹을 물조차 없어 마을 사람들이 전전긍긍하고 있었다. 그 무렵 마을을 지나가던 스님이 마을 옆에 있는 느티나무를 베어내고 그 자리에 우물을 파면 물 걱정이 없을 것이라고 하여 그대로 따랐더니 과연 물이 솟아올랐다. 스님이 말하기를 "이 우물은 가물거나 장마가 져도 물이 줄거나 늘지 않지만, 만일 이 우물이 세 번 넘치면 말세가 된다"고 하였다. 그 이후 이 우물은 임진왜란 때 한 번 넘쳤고, 한국전쟁 때도 넘쳤기 때문에 한 번만 더 넘치면 말세가 될 것이라고 해서 사람들이 항상 우물 물에 관심을 갖고 살펴본다고 한다.

이곳 증평의 명물로 알려진 것이 증평 약수다. 증평읍에서 청안으로 가는 길을 따라가다 보면 한천寒川 마을에 이르는데, 이곳에 있는 약수를 찬내라고 부른다. 조선시대부터 알려진 약수로 물이 차갑고 톡 쏘는 맛이 있다고 하여 붙여진 이름이다.

남차리의 새터(동점, 퉁기미)는 숯고개 북쪽에 새로 조성된 마을로 옛날에 놋그릇점이 있었다고 하며, 숯고개(탄티)는 숯고개 동북쪽에서 봉천이로 가는 고개로 옛날에 숯을 구웠다고 한다.

남하리의 글염실(염곡, 염실)은 남하리에서 으뜸 되는 마을로 옛날에 청렴하기로 소문이 자자했던 주周씨라는 학자學者가 살면서 후진들을 교육하여 선비들을 많이 배출했다고 한다.

미암리 미륵댕이는 미륵댕이 서쪽 산 밑에 있는 미륵으로 높이가 3미터쯤 되는데 신라 때에 조성한 것이라고 하며, 송산리에서 연탄리로 넘어가는 고개는 소나무가 많아서 솔고개(송티)라고 부른다.

안자산顏子山은 안자뫼 뒤에 있는 산으로 산세가 곱고 약하여 공자孔子의 제자 안자顏子와 닮았다고 하여 지어진 이름이고, 증자천曾子川은 안자산 동쪽에 있는 내로 공자의 또 다른 제자 증자의 이름을 따서 지어진 것이다.

용강리의 돌고개는 용문이에서 청안면으로 가는 고개로 돌이 많아서 지어진 이름이고, 용강리에서 으뜸 되는 마을인 용문리는 지형이 용문처럼 생겼다는데, 바깥용문이와 안용문이로 나뉘어 있다.

율리 삼거리는 밤티 서남쪽에 있는 마을로 미원, 청천, 증평으로 가는 세 갈래 길이 있으며, 증평읍의 국조단군전國祖檀君殿은 중동리 산 3번지에 있는 사당으로 나라를 열었던 단군을 모시는 사당이다.

장뜰(장동, 장평)은 증평리에서 으뜸 되는 마을로 예전에 나무꾼들이 장을 치던 곳이었으며, 청안면 금신리의 구장터(금암)는 사직골 북쪽에 있는 마을로 예전에 시장이 서던 곳이다.

거리고개(거리현)는 네거리에서 청원군 미원면 기암리로 넘어가는 고개이다. 만수대는 매티미 앞 물가에 외따로 있는 돈대로 조선시대에 죄

국조단군전 증평읍 중동
리에 있는 사당으로 단군을
모시고 있다.

를 지은 사람들의 귀양지였고, 부귀실富貴室은 귀인들이 많이 살았던 곳이며, 장터 앞에 있는 활장터는 옛날에 활을 쏘던 곳이다.

이곳 청안에 귀석사龜石寺라는 절이 있다. 청안이 고려 초기에 청안현으로 건읍建邑될 때 그 남동에 솟아 있는 속리산이 지나치게 높은 것을 꺼려 읍의 남쪽 산상山上에 귀석사를 창건하고 그 산을 좌구산이라고 불렀다. 귀석이란 물에서 용왕 다음으로 영험이 있다고 알려진 거북이를 뜻하는데, 그 신명神名으로 속리산을 누르고자 했던 것이다.

조선 태종 때 청안현에 병합된 도안은 그때까지 현이었다. 도안면 노암리 황포동에 기자조선을 세운 기자箕子의 묘가 있다. 이 묘와 사당은 1862년 5월에 한응곤韓應坤이라는 사람이 평양 기자묘에 있는 기자의 초상을 받들고 와서 사재를 들여 사당을 짓고 매년 봄 가을에 제사를 지냈던 곳이다.

노암리에서 남쪽 증평으로 넘어가는 고개는 등성이가 뱀처럼 길게 뻗어 있으므로 뱀고개라고 부르고, 뇌실 남쪽 산에는 '긴 뱀이 개구리를 쫓아가는 형국'이라는 장사축와형長蛇逐蛙形의 무덤이 있다.

도당리에 있는 금당서원은 정조 13년인 1789년에 창건하여 연사종延祠宗, 연충수, 연세홍, 연죄적을 배향하였는데, 고종 때 헐렸다가 1933년에 연씨 문중에서 다시 세웠다.

석곡리의 양지말 남쪽에는 바람골이라는 마을이 있는데, 북쪽에 자리 잡고 있어서 바람이 세고 지형이 용이 똬리를 틀고 앉은 형국이라고 한다. 화성리의 성도리는 윗작다리 북쪽에 있는 마을로 옛날 이 성산에 성을 쌓고 이곳에서 군사훈련을 했다고 하며, 우뢰바우는 명암마을 남쪽에 있는 바위로 굴이 있어서 바람이 불면 소리가 난다고 한다.

미호천 음성군 부용산에서 발원하여 백곡천, 보광천, 무심천, 천수천, 조천 등 지류를 합쳐 금강에 합류한다.

청원군 오창면 여천리는 본래 청안군 서면 지역으로 미호천과 보광천이 어우러져 여울을 이루었으므로 여우내 또는 여내 여천이라고 하였다. 구정벼루는 여내에서 진천군 초평면 진암리로 가는 도중에 있는 벼랑이고 그 도중에 있는 들이 빗돌배기이다.

은재고개는 상리에서 진천군 문백면 은탄리로 넘어가는 고개이고, 주막거리는 상리 남쪽에 있는 마을로 예전에 주막이 있었던 곳이다.

청원군 북이면 석성리는 원래 청안군 서면 지역으로, 동골 북쪽에 있는 돌패기 마을은 돌이 많아서 지어진 이름이고, 쌍고개는 동골에서 용계리 담안으로 넘어가는 고개이다.

석성리 남쪽에 있는 토물은 신상이라고도 부르는데, 옛날 이 마을에서 우물을 팠을 때 흙탕물이 나왔다고 하며, 모정잔등은 동골 중간을 둥글게 감싸고 있는 능선을 일컫는 이름이다. 청원군 북이면 옥수리는 예전에 청안군 서면 지역으로 만술 서북쪽에 있는 새로 조성된 마을인데, 주막은 온 마을 사람들이 술장사를 했다고 해서 지어진 이름이고, 만술 동쪽에 있는 부동마을은 그 생김새가 가마처럼 생겼으며, 만술고개는 만술에서 동영이들로 넘어가는 고개이다.

장양리의 계골은 갱이 동북쪽에 있는 마을로 100여 년 전 마을 가운데에 있는 바위를 깨자 그 속에서 거위가 나왔다는 이야기가 전하고, 덕고개는 계골에서 추학리 모암으로 넘어가는 고개이다.

이렇듯 사연도 많고 전설도 많은 청안군을 두고 진의귀陳義貴는 사詞에서, "뭇 산은 평야를 둘러 있고, 외로운 성 산머리에 의지했네. 바람이 비를 불어 연기같이 흩어지네. 산 기운이 함께 유연하네. 무지개 끊어진 곳 어디인가. 갈가마귀 깃들이니 해 저물려 할 때로세. 한가한 사람 발 걷고 난간에 의지해 있으니, 가을 물이 앞 내에 가득하네"라고 기록하였다. 청안은 이리저리 달라는 대로 다 떼어주고도 서운하지 않은듯 홀가분하게 또 한 해의 가을을 보내고 있다.

懷仁

충북 보은 회인 三장

최영 장군이 쌓은 좌월대가 있는 고을

조선 전기 문신 이승소李承召가 그의 시에서 "거듭된 못부리와 겹겹의 고개 멀리 서로 연했고, 길은 양羊의 창자처럼 둘리었으니 말이 나아가지 못하네"라고 노래하였던 회인. 그곳의 진산은 하마산何麿山이고, 회남면·회북면·수한면 사이에 걸쳐 있는 국사봉(552미터) 정상에는 300여 년이 넘는 소나무가 있으며 좌월대坐月臺가 있다.

좌월대는 고려 때의 명장 최영 장군이 쌓았다고 하며, 회북면 부수리와 애곡리 사이에 있는 아미산蛾眉山은 모양이 마치 나비의 눈썹을 닮았다고 하는데, 그 산에 있는 석성은 둘레 349미터에 높이 2.4미터쯤 된다.

보은군 회북면은 원래 회인현이었다. 백제의 미곡현未谷縣이었던 회인은 신라 때 매곡昧谷으로 고쳐서 연산군의 영현으로 삼았고, 고려 초에 회인으로 고쳤다. 고려 현종 때 청주에 붙였다가 우왕 때 감무를 두

회인향교 충청북도 유형문화재 제96호로 지정되어 있으나, 화려했던 전성기를 과거에 묻은 지금은 고즈넉하기만 하다.

충북 보은 회인 105

었고, 1413년(태종 13)에 현으로 고쳤다. 그 뒤 1914년에 회인군은 회남, 회북 등으로 쪼개지면서 보은군에 딸린 하나의 면으로 전락하고 말았다. 회인은 조선시대에는 청주, 문의, 회덕 등지에서 속리산 법주사로 갈 때 지나기 때문에 도로가 발달하였는데, 회인의 관할은 회북, 회남의 2개 면과 내북면, 수한면의 일부 그리고 청원군 가덕면과 문의면의 일부 지역이었다.

호점산에는 옛 성이 남아 있다. 회남면 남대문리와 거교리 그리고 회북면 신대리와 용곡리에 걸쳐 있는 호점산은 높이가 339미터로 이 산에 호점산성虎岾山城이 있다. 최영 장군이 쌓았다고 전해지는 이 성은 가마성이라고도 부르는데, 『신증동국여지승람』에 "호점산성은 돌로 성을 쌓았는데, 둘레 약 5,148척, 높이는 8척에 우물이 3개가 있는데 지금은 폐해졌다"고 실려 있다.

이 고을에서 태어난 인물로 고려 때 사람인 공직龔直과 조선 전기 문신인 홍윤성洪允成을 들 수 있다. 공직은 신라 말년에 견훤의 휘하에 있던 회인의 장군으로 견훤이 후계자를 정하는 과정을 보고 자신의 아들 영서와 함께 고려 태조 왕건에게 갔던 사람이다. 태조 왕건은 그에게 대상大相을 제수했으며, 벼슬은 좌승左丞에 이르렀고 시호는 봉의奉義이다.

홍윤성은 젊어서 불평객不平客으로 행동을 구속받지 않았는데, 문종 즉위년인 1450년 식년 문과에 병과로 급제하여 승문원 부정자에 임명되었다. 문종의 명을 받아 『진서陣書』를 찬술할 때 좌랑으로 참여하면서 수양대군과 인연을 맺었다. 그 뒤 문종이 죽고 어린 단종이 임금으로 즉위하자, 수양대군에게 임금이 어리고 나라가 위태로우니 정국을 바로잡을 큰 일을 모색해야 한다고 진언하고는 권람權擥을 모사謀士로 천거하였다. 1453년(단종 1) 수양대군이 단종의 보좌세력인 황보인皇甫仁, 김종서 金宗瑞 등 원로대신을 살해, 제거하는 계유정난을 일으킬 때 적극적으로 가담하여 홍윤성은 정난공신 2등에 책록되었다. 1455년(단종 3) 세조가 임금에 오르자 그는 예조참의에 임명되고, 세조의 즉위를 보좌한 공로를 인정받아 좌익공신 3등에 책록되었다. 1467년(세조 13)에는 우의정, 1469년(예종 1)에는 좌의정이 되었고, 다음 해 사은사로 명나라를 다녀온 뒤 영의정에 올랐으며, 인산부원군仁山府院君에 진봉되었다. 1471년(성종 2)에는 성종의 즉위를 보좌한 공으로 좌리공신 1등에 책록되었다. 홍윤성은 성질이 사나워 권세를 얻은 뒤에는 행의行誼를 돌아보지 않고 오로지 기세氣勢로써 다른 사람을 죽이는 일을 서슴지 않았으나, 세조는 그가 정난공신이라는 이유로 단지 책망만 할 뿐 벌을 주지는 않았다.

고려 때 문장가인 조운흘趙云仡은 이곳 회인현의 객관에 와서 "저문 고개에 구름 기운 흐르고, 새벽 처마에 빗소리 연했네. 고을이 오래니 느티나무 뿌리 늙었고, 뜰이 비었으니 풀빛만 깊었어라"라는 시를 남겼는데, 이 시의 배경이 되는 회인은 지금 다른 면 소재지와 다를 바 없이 한가하기 그지없다.

회인장터 회인장날임에도 몇 사람의 할머니들만 옹기종기 모여 앉아 있는 시장 풍경은 아직 오전인데도 파장이나 다름없어 보인다.

구일장과 사일장이 회인 장날인데도 복숭아 · 살구 · 토마토 몇 개에 마늘 몇 접이 장바닥에 널려 있을 뿐이고, 할머니들이 옹기종기 앉아 있는 시장 풍경은 아직 오전인데도 파장이나 다름없는 분위기를 자아냈다. 그나마 남아 있는 회인객사는 수리중이어서 기와를 올리는 인부들의 손길이 분주했다.

보은군 회북면 부수리에 있는 회인향교는 충청북도 유형문화재 제96호로 지정되어 있지만, 그 분위기는 쓸쓸하기 그지없다. 명륜당에서 건너다보이는 당진－상주 간 고속도로의 거대한 기둥을 보며 옛날 이곳 향교의 전성기를 떠올려보지만 그 또한 부질없는 일일 뿐이다.

이곳 회인에서 1862년 5월 22일 회인민란이 일어났다. 삼남지방에서 일어난 민란의 영향을 받은 이 난은 지방관리들의 불법수탈에 분개한 농민들이 김재천金在天을 중심으로 봉기한 것이었다. 가혹한 징세와 관리의 횡포에 분개한 농민군들은 관아를 습격하고 안가를 불태우는 전과를 올렸지만, 결국 충청도 관찰사인 유장환에 의해 진압되고 난의 주동자인 김재천과 난에 가담했던 박엇금朴㐅金, 최재규崔在奎, 정용숙鄭用淑 등이 처형되면서 막을 내렸다.

보은군 회북면은 원래 회인군청이 있어서 읍내면이라고 불렸으며, 회북면 건천리는 그 앞을 흐르는 내가 자갈이 많기 때문에 항상 물이 말라 있어서 붙여진 이름이다. 건천 동북쪽에 있는 아낭골은 약 170여 년 전에 아랑사라는 절이 있어서 그렇게 불렸다고 한다. 수한면과의 경계에 있는 수리티는 차령이라고도 부르는데, 지형이 수레바퀴처럼 생겼다고 한다. 마동리의 구만이고개는 지경골에서 두만이로 넘어가는 고개이고, 마장이 동쪽에 있는 동막東幕마을은 임진왜란 때 이곳 주민들이 막을 치고 피난을 했다는 곳이며, 마동리에서 가장 큰 마을인 마장이는 고려 때 최영 장군이 말을 타고 진군하다가 이곳에 말을 매어두고 잠시 쉬어 갔다는 곳이다. 먹티라 불리는 묵령은 마장이에서 중앙리 저잣거리로 넘어가는 고개이고, 마동리 먹티에서 발원하여 둔덕리에서 금강으로 들어가는 내를 청담또랑이라고 부른다. 또랑이라는 말은 작은 강이나 시냇물을 이르는 사투리로 지금도 시골에는 이렇게 부르는 사람들이 많다.

또랑뿐인가. 이 나라 곳곳의 지명들을 보면 5,000년 역사 속에 얼마나 오랫동안 신산했던 세월들을 겪었는지 짐작할 수 있다. 그 중에 보은군 내북면 노티리의 노티고개는 큰말에서 상궁리 궁뜰로 넘어가는 고개인데, 고개가 하도 길고 높아서 넘다가 세월이 다 흘러 늙는다는 뜻에서 노티고개라는 이름이 붙었단다. 선밧작 또랑에 있는 보지바위는 그 생김새가 여자의 생식기처럼 생겨서 지어진 이름이고, 그 바로 아래에 있는 약수터인 보지샘의 물은 피부병에 좋다고 한다.

보은군 내북면 신궁리는 본래 회인군 동면 지역인데, 그곳의 느리울골은 갈티골 북쪽에 있는 마을이며 느리울은 세촌리 입구에 있는 골짜기이다. 느리울골 동쪽에는 '아래안산'이 변해서 된 이름인 아란산이라는 산이 있고, 아란산 남쪽에는 아란산 청벽이라는 벼랑이 있다.

보은군 회북면 부수리의 교동에 회인향교가 있는데, 보고실재는 향교골에서 애곡리 보소실로 넘어가는 고개이고, 앞고개는 아래 숨거리에서 애곡리 쑥고개로 넘어가는 고개이다. 송평리의 바디울은 송평리에서 가장 으뜸 가는 마을로, 옛날 이곳에 주자서원이 있었다고 한다.

회북면 신문리에 청원군 가덕면과 보은군 회북면의 경계에 있는 큰 고개 피반령皮盤嶺이 자리 잡고 있다. 이 피반령이 『신증동국여지승람』에는 피반대령皮盤大嶺이라고 씌어 있는데, "고을 북쪽 15리에 있으며, 고갯길이 아홉 번 꺾여 가장 높고 위험한 곳이다"라고 실려 있다. 쌍암리 지바위에서 신문리로 넘어가는 고개가 덕고개(독고개라고도 부름)이고, 능암에서 세촌리 느리울로 넘어가는 고개가 보은장을 보러 다닐 때 넘었던 장고개이다. 용곡리 쇠푼이 서남쪽에 있는 우레실마을은 옛날 이곳의 뒷산에서 두견새가 잘 울었다고해서 붙여진 이름이며, 우레실에서 청원군 문의면 소전리로 넘어가는 고개 이름이 큰고개였다. 용촌리의 새터마을 서북쪽에 있는 개화동開花洞은 지형이 따뜻해서 꽃이 일찍 피는 곳이고, 중앙리 저잣거리 서쪽에 있는 사자골은 사직단이 있었던 곳이다.

보은군 회남면은 본래 회인군 서면 지역으로 염티산鹽峙山 밑에 있는 염티재는 염티 동남쪽에 있는데, 회인군 사람들이 소금을 가져올 때 이 고개에서 고충이 컸다고 해서 염티재 또는 염티리라고 한다. 회남면 은운리 서남쪽에 있는 지경말은 옥천군 안내면과 경계를 이루어 양쪽으로 마을이 갈라져 있고, 을미기 서쪽에는 똑같은 바위가 둘 있는데 이를 판개돌 성재바우라 하며, 을미기 서쪽에 있는 산인 판개봉에서 청일 장군은 판개돌을 이 산 너머로 던지려 했었다고 한다.

회남면 조곡리는 노성산老城山과 호접산성胡蝶山城 사이가 되므로 새실고개 또는 조곡鳥谷이라고 하였는데, 조곡리 동쪽에 있는 마전사麻田寺는 세종대왕이 이곳 절에 와서 비에 젖은 옷을 빨아 입었다는 곳이다. 지형이 널처럼 생겼다는 판장리板藏里의 늘티에서 옥천군 안내면 용천리로 넘어가는 고개가 늘티고개이고, 늘티 서남쪽에 있는 도덕골은 예전에 이곳에서 도덕군자가 많이 났다고 하며, 늘개미 동남쪽에 있는 도목道目은 예전에 이곳에서 도를 닦는 사람들이 많이 살았다고 해서 지어진 이름이다. 무당바위 남쪽에 있는 딸바위는 절벽같이 비스듬히 생긴 바위로 돌을 던져 얹히면 딸을 낳는다는 전설이 있고, 무당바위 북쪽에 있는 아들바위는 비스듬히 서 있는 바위 위에 돌을 던져 얹히면 아들을 낳는다는 전설이 있다.

회남면 금곡리 쇠실 동남쪽에 있는 매봉산은 이 산에서 매사냥을 많이 했다고 해서 지어진 이름이고, 금곡 서쪽에 있는 스승골에는 옛날 이곳에 중들이 많은 절이 있었다고 한다. 남대문리는 가마성(호점산성)의 남쪽 끝이 되므로 남문 밖 또는 남대문이라고 하였는데, 남대문 북쪽에 있는 거구리巨九里는 옛날 아홉 사람의 부자가 세력을 떨치며 살았다는 곳이다.

남대문리 호점산성 서북쪽의 아래 마을인 만마루는 한문으로 회남면 남대문리 만지동灣旨洞이라 하는데 고려 때 최영 장군이 이곳에 산성을 쌓을 때 만지장을 개설한 데서 유래했고, 말바탕이라는 버덩은 최영 장군이 말달리는 연습을 하던 곳이라고 한다. 먹뱅이골에서 청원군 문의면 소전리로 넘어가는 고개가 바사리고개이고, 만마루에서 회북면 문암리로 넘어가는 고개가 소의 목처럼 생겼다는 쇠목골고개이다. 법수리의 원법수에서 청원군 문의면 가호리 가여울로 건너가는 나루가 가여울나루인데 대청댐이 들어서면서 수몰되었고, 법수리 동남쪽에 있는 우무동牛舞洞은 지형이 소가 춤추는 형국이라고 한다.

산수리山水里는 뒤에 산이 있고 앞에 강이 있어서 산수가 매우 아름다워 산수리라고 하였고, 사탄리沙灘里는 금강의 여울이 살같이 흐르므로 살여울 또는 사여울로 부르다가 변하여 사자울 또는 사탄이라 불렀다. 사탄 위에는 웃여울께라는 여울이 더 있었지만 대청댐이 만들어지면서 그 여울들은 흔적조차 없이 사라지고 말았다.

서탄리는 서당평과 검탄儉灘의 이름을 따서 지은 이름인데, 검탄은 서

탄 서쪽에 있는 마을로 게멀 또는 게메울이라 불리며 앞에는 여울이 있고 뒤쪽에는 준령한 절벽으로 된 산이 가로막고 있다. 회남면 신곡리 양중지마을은 옛날 이곳에서 승지 벼슬을 한 사람이 많이 났다는 곳이고, 양중지 서쪽에 있는 메람부리산은 금강의 바람이 이곳으로 들어온다고 해서 지어진 이름이다. 회남면 어성리 승지골 동북쪽에는 대궐터라는 곳이 있는데 예전에 이곳에 대궐이 있었다고 하며, 대궐터 남쪽에 있는 성재산에는 성터가 남아 있다.

보은군 수한면 차정리는 수리티 또는 차령, 차정이라고 부르는데, 가래재는 상차정에서 회북면 건천리로 넘어가는 고개이다. 검사골은 중차정과 상차정 사이에 있는 골짜기로 고려장이 있어서 무섭다 하여 생긴 이름이라고 한다.

차정리 수리티재는 하차정에서 회북면 건천리로 넘어가는 고개인데, 임진왜란 때 중봉 조헌이 지휘하여 석전으로 왜군을 섬멸한 곳으로 경사가 하도 심해 수레가 다닐 수 없었다고 한다.

직골은 상차정 북쪽에 있는 골짜기로 예전에 집이 있었다고 하며, 후율사後栗祠는 차정리에 있는 사당으로 임진왜란 때 금산에서 장렬하게 전사한 조헌과 함께 순절한 20여 의병의 위패를 봉안한 곳이다. 조헌이 처음으로 왜군을 섬멸한 이곳에 사당을 건립하고, 그가 율곡 선생의 제자라는 데서 후율사라는 이름을 지었다.

청원군 가덕면 계산리는 본래 회인군 북면 지역으로 가정절이는 고려 때 가정사柯亭寺라는 절이 있어서 지어진 이름이며, 피반령은 가정절이 동북쪽에 있는 고개로 중국의 이여송 장군이 이 고개의 혈을 끊을 때 피가 나왔다는 이야기가 전해진다.

수곡리의 다리미샘은 충찬골 위에 있는 작은 샘으로 다리미처럼 생겼는데 샘은 작으나 수원이 좋고, 끝재마루 서쪽에 있는 모롱이는 나무꾼들이 담배를 피우면서 쉬어 갔다고 해서 담배참모롱이라고 불렀다.

이승소는 회인을 이렇게 묘사했다.

만고에 음침한 못엔 괴물을 감추었고, 백년 쇠잔한 성엔 거친 연기 감추었네. (중략) 작은 고을 깊숙한데 토지는 널찍하니, 고을 집[邑齋] 깨끗하게 시냇가에 서 있네. 남쪽 추녀에 한낮이 되니 따뜻한 기운 조금 생기고, 그늘진 구렁에 봄이 깊은데, 아직도 찬 기운 있네. 두메산골 백성들의 풍속은 검소하고 인색하며, 고갯마루 산사에 올라오는 이 적네. 돌밭에 해마다 서리조차 일러 조세租税 바치기에 간肝을 베어내는 듯하였다.

그의 시에서처럼 깊숙한 고을 널찍한 토지에서 어렵지만 소박하고 검소하게 살아가는 백성들의 터전이었던 회인은 그 이름마저도 회북으로 고쳐져 지금은 오직 학교나 마을 그리고 상점 이름으로만 남아 있다.

충남 논산 노성 — 백의정승 윤증의 옛집 마루에 걸러앉아
충남 당진 면천 — 아미산 용과 몽산 지네의 전설이 어린 곳
충남 부여 홍산 — 김시습의 혼이 서려 있는 청일서원과 무량사
충남 연기 전의 — 운주산 치마바위를 만들어 놓은 남매 장사의 전설
충남 예산 덕산 — 흥선대원군과 가야사의 기이한 인연이 전해지는 고장
충남 천안 목천 — 어사 박문수와 아우내 장의 이야기가 남아 있는 고을
충남 청양 정산 — 이몽학이 굶주린 농민들 수만 명을 규합하다
충남 홍성 결성 — 광천 새우젓으로 이름난 만해 한용운의 고향

3부

충청남도

충남 논산 노성 一 장

백의정승 윤증의 옛집 마루에 걸터앉아

시간이란 무엇일까?『마의 산』을 지은 소설가 토머스 만은 "시간이란 비밀이다. 실체가 없으면서도 전지전능하다"라고 말하는데, 내가 이렇게 차를 타고 어느 한 장소로 가는 것조차도 시간 속에서 또 다른 시간 속으로 가는 여정일지도 모른다. 하지만 시간은 어쩌면 존재하지 않는데 단지 우리가 정한 세상의 규칙처럼 '시간은 흐른다' 고 생각하는 것일 수도 있다. 가끔씩 변해가는 세상의 모든 이치와 사물들을 바라보며 느끼는 당혹감이나 연연해하는 내 마음은 아랑곳없이 시간은 어제 다르고 오늘 다르게 흘러간다.

계룡산鷄龍山이 눈앞에 바짝 다가드는 곳에 자리 잡은 논산시 노성면은 1914년 행정구역이 통폐합되기 전까지는 하나의 군이었다.『신증동국여지승람』에는 노성의 뒤편에 병풍처럼 드리운 노성의 진산 노산魯山

노산 옛날에는 성산이라 하여 노산성으로 더 유명했으나 오늘날에는 산성의 흔적을 찾기 어렵다.

에 대해 "노산은 현의 북쪽 5리에 있는 진산으로 일명 성산城山이라고 부른다. 노산성은 돌로 쌓았는데, 둘레가 1,950척이고 높이가 8척이며 그 안에 우물이 네 개가 있다"고 기록되어 있다. 그러나 노산성은 흐르는 세월에 묻혀 그 흔적을 별로 찾을 수 없고 노산에는 나무숲만 우거져 있다.

노성의 백제 때 이름은 열야산현熱也山縣이었다. 신라 때에 이산현으로 이름을 고쳐 웅주의 속현이 되었으며, 고려시대에는 1018년(현종 9)에 공주에 속했다가 그후에 감무를 두었다. 조선시대에는 1404년(태종 4)에 석성과 합쳐 이성이라고 불렀고, 1416년에 다시 나누어 현을 두었는데 '이산' 이 공자孔子가 탄생한 중국 노나라의 이구산의 지형과 비슷하다고 하여 노魯자를 따고 '언덕' 또는 '성城' 이라는 뜻을 가지고 있다고 하여 노성으로 고쳤다. 1646년(인조 24)에 연산, 은진을 합하여 은진으로 부르다가 1656년(효종 7)에 노성현으로 분리하였고 1895년(고종 32)에 군이 되어 11개 면을 관할하였다. 1914년 군면 통폐합에 따라 논산군에 속한 하나의 면이 되었는데 노성, 광석, 상월면과 부여군에 편입된 소사면이 노성군의 영역이었다.

『세종실록지리지』에는 이곳 노성을 두고 "땅은 기름지고 ·메마른 것이 반반이며, 기후가 차다"고 기록되어 있고, "호수는 384호요, 인구는 1,591명이며 군정은 시위군이 28명, 수호군이 19명, 선군이 190명" 이라고 적혀 있다. 그로부터 600여 년이 흐른 노성의 현재(2005년 10월) 호수는 1,674호이고, 인구는 4,375명이 살고 있으므로 석성이나 상월 그리고 부여에 편입된 지역까지 합하면 그때와 비교할 때 열 배쯤 늘었다고 볼 수 있다.

논산시 상월면 대촌리의 원골 앞들에 있는 돌다리는 석교라고 부르며 옛날에는 공주에서 풋개를 거쳐 전라도로 갈 때 건너야 하는 큰 다리였지만, 현재는 그 모습을 찾아볼 수 없다. 이곳에서 맛이 뛰어나다고 알려진 참게인 노성게가 많이 잡혔다. 노성게는 상월면 지경리로부터 노성에 이르는 하천에 서식하고 있는 게로 2월에서 4월 말까지 금강의 하류로 이동하여 5월 초에 산란하고, 9월 초에 다시 이곳으로 돌아와 하천이나 논에 굴을 파고 산다. 노성게는 다리털이 적고 무게가 많이 나가며 내장이 많아서 맛이 독특하여 옛날에 임금에게 진상하던 진상품이었다. 진상을 위한 준비가 대단히 까다로웠다고 알려져 있는데 먼저 노성 현감이 청년과 부녀자들에게 깨끗한 옷을 입게 한 뒤 동헌에 들어오게 하였다. 동헌에서 현감의 입회하에 어른 주먹만하고 흠이 없는 암컷만 골라, 목욕재계한 부녀자가 게의 장을 대나무 칼로 긁어 항아리에 채운 다음 현감이 봉인하여 궁중에 보냈다고 한다. 그래서 생긴 말이 노성의 게와 연산連山의 닭이라 하여 연계노해連鷄魯蟹라는 말이 만들어지기도 했다. 한편 옛날에 가난한 사람이 참게 맛이 너무 좋아 밥을 많이 먹자, 참게그릇을 버리게 하였다는 데서 연유한 '밥도둑 노성게' 라는 이야기도 전해오고 있다. 그러나 금강 어귀에 하구언이 만들어지고 각종 공업폐수와 농약의 공해가 심해지면서 노성게가 사라져 아쉬움을 전해주고 있을 뿐이다.

산성골과 노성 사이에 있는 일명 '보지바위' 는 그 모양이 여자의 성기와 닮았다고 하여 붙여진 이름인데, 그대로 두면 이 근처에 사는 여자들이 바람이 나고 청년들에게 변상變喪이 난다고 하여 흙으로 덮어놓았다고 한다. 중골안 뒤에 있는 옥녀봉은 옥녀탄금형玉女彈琴形의 명당이 있다고 하며, 신충리의 용수매기는 통미 북쪽에 있는 마을로 철종 때 찬

물이 많이 솟아서 찬물탕이라고 하였다. 여름에 많은 사람들이 이곳에 와서 천막을 치고 놀면서 마을이 형성되었다고 한다.

상월면 주곡리는 마을 앞으로 큰길이 있고, 술집이 많았기 때문에 술곡, 주곡酒谷 또는 주막거리라고 불렸다. 노성천 동쪽에 있던 동주막거리는 옛날에 연산읍, 노성읍, 신도안으로 가는 세 갈래의 큰길에 주막이 들어섰던 마을이고, 노성천 서쪽에 있던 서주막거리는 서주막리 또는 사거리라고 불렸는데, 공주, 노성, 연산, 은진 방면으로 가는 네 갈래의 큰길에 들어섰던 마을이다.

술곡에서 소울로 가는 고개는 개티, 구티, 솔개개 또는 우치라고 부르는데, 박정손朴長孫이라는 효자가 소울에서 살 때 좋은 물건을 만나면 개 등에 실어서 그 아버지가 사는 술골로 보냈다고 해서 붙여진 이름이다.

상월면 지경리는 노성군과 공주군의 지경地境에 있다고 해서 지어진 이름이다. 웃말 동쪽에 있는 왕우래 마을은 사냥을 나왔다가 이곳에 묵었던 문주왕이, 좌평佐平 해구解仇에 의해 살해되자 백성들이 원통히 여겨 왕이 다시 오기를 기원하여 지은 이름이라고 한다. 왕우래王又來에 있던 왕우물은 백제 문주왕이 477년 9월에 이곳으로 나와 묵으면서 이 우물을 마셨다고 하여 이름 붙여진 샘이다. 무동산舞童山 남동쪽에 있는 잠방蠶房 마을은 세종 때 누에치기를 장려하여 각 고을에 뽕나무를 심고 누에를 치는 잠방, 즉 잠실을 두었던 데서 유래했다.

중뜸 남동쪽에 있는 산정말은 언덕에 정자나무가 있어서 오가는 사람들의 쉼터가 되었다. 학당리의 당마루에 있는 매죽헌梅竹軒 사당 터는 사육신 중 한 사람인 매죽헌 성삼문成三問의 사당이 있었던 곳이다. 세조 때 성삼문의 외손外孫 박증朴增이 매죽헌 사당을 만든 뒤 이곳에 은거하며 제사를 받들어왔는데, 고종 때 나라에서 매죽헌의 봉사손奉祀孫을 그 방손으로 정한 뒤 사당을 그 봉사손이 사는 연기군 금남면 달전리로 옮겼다. 바우내 산부리 옆에 있는 조대구비는 노성천이 이곳에 이르러 굽이를 이루면서 소沼가 되었는데 박증이 이곳에서 고기를 낚았다고 한다. 조대 위쪽에 있는 청풍정淸風亭은 무안 박씨들이 단종 때의 처사 박증을 기려 지은 정자다.

논산시 노성면 교촌리에는 1878년에 창건된 노성향교(충청남도 문화재자료 제74호)가 있고, 바로 그 옆에 조선 숙종 때의 이름난 학자 윤증尹拯 선생의 고택(중요민속자료 제190호)이 있다.

논산이나 공주를 답사할 때마다 빼놓지 않고 들르는 이 집은 언제나 나를 반기는 듯해 마음이 편안해지는 옛집이다. 이 고택은 윤증尹拯이 지었다고 알려져 있지만 여러 번 개수와 보수를 한 듯하고 지금은 19세기의 건축양식을 보이고 있다. 이 집은 파평 윤씨들의 세거지(한 집안이나 씨족이 오랫동안 뿌리를 내리고 살던 고장 이름)인 옛 이산현에 있는 이산을 배산背山하여 인접한 노성향교와 나란히 남향으로 자리 잡고 있다. 집 앞에는 비교적 넓은 바깥마당이 펼쳐져 있고, 방형지와 조그만 석가산을 조성한 아름다운 정원의 뒤편에 돌출한 사랑채가 있다. 정면 4칸에 측면 2칸, 중앙에 진퇴를 둔 2칸의 사랑방, 그 오른쪽에 대청이 배치되어 있다. 사랑채의 마루에 걸터앉아 바라보면 시대를 거슬러 올라간 듯한 착각에 빠지기도 한다.

사랑채 왼쪽으로 난 중문을 통해 안채로 들어가게 되는데, 문에서 바로 안채가 보이지 않게 맞은편에 '내외벽'이라고 하는 널빤지 벽을 쳐서 돌아가게 하였다. 이 집의 안채는 정면 3칸, 측면 2칸의 넓은 대청과 그 왼쪽

융증 고택 18세기 건립된 것으로 추정되는 이 고택은 조선시대 중기의 전형적인 상류 주택으로 안채와 중문간채, 사랑채, 사당 등으로 이루어져 있다.

으로 2칸 윗방과 2칸 안방을 두고 오른쪽으로는 2칸의 건넌방이 있는데, 안채의 대청에 딸린 문을 열면 이 집의 또 하나의 자랑거리인 잘 정돈된 장독대가 보인다.

오래전 동학농민혁명 취재를 하러 이 집에 들른 적이 있었는데 그때 파평 윤씨 댁의 종부 양병호 님과 후덕해 보이는 며느리가 김치를 담그고 있었다. 이른 아침인데도 대가의 가풍답게 흔쾌히 손님을 맞아주었다.

어디서 오는 길이냐는 물음에 전주에서 '동학' 때문에 취재차 들렀다고 하자 그는 "동학?" 하며 말문을 열었다.

"돌아가신 어른들에게 들은 얘긴데, 동학군은 대적大敵이라고 하고 만주에서 독립 운동한 사람들은 혁명가들이라고 불렀다고 합니다. 동학은 전라도에서 생겨났는데 서울로 가는 길에 이리로 왔다던가, 그때가 한겨울이었다고 합니다. 우리 집 어른들은 많이 먹이고 많이 줘서 보내라고 했답니다. 그 사람들이 쓰던 나무 재떨이를 놓고 갔는데 그것이 지금도 우리 집에 있어요. 동학군들 중에 몇 사람이 가면서 대문간에다 불을 질렀다고 합디다. 그 불을 질렀던 데가 저기요."

그는 대문 위쪽의 검게 그을린 서까래를 가리켰다. 100여 년 전에 이 땅의 민중들이 남긴 흔적들이 지울 수 없는 역사로 고스란히 남아 있었던 것이다.

윤증은 조선 후기의 학자로 그가 여덟 살 때 병자호란이 일어나자 가족이 강화도로 피난을 떠났는데 그곳에서 어머니가 자결하는 것을 보고 "어머님 한 분도 지키지 못한 주제에 어떻게 나라를 지키겠는가" 하고 평생을 학문에만 열중하였다고 한다.

장독대 윤증 고택 안채의
대청에 딸린 문을 열면 마치
그림처럼 잘 정돈된 장독대
가 보인다.

그는 스승 김집金集이 주자학에
정통한 송시열宋時烈에게 배우라고
하자 29세가 되던 해에 당시 회천
에 살고 있던 우암 송시열에게 사
사하며 『주자대전』을 배웠다. 그때
아버지 윤선거尹宣擧는 윤증에게
다음과 같은 말을 남겼다고 한다.
"송시열의 우뚝한 기상은 따라가
기 힘드니, 그의 장점만 배우되 단
점도 알아두어라." 윤선거는 남의
말을 잘 듣지 않고 이기기를 좋아
하는 것을 송시열의 단점으로 보고
송시열에게 여러 번 편지를 보내어
그것을 깨우쳐주고자 하였다. 그
러나 윤휴와 송시열이 '예송논쟁'
으로 돌이킬 수 없는 원수지간이
되면서 송시열은 윤선거가 두 마음
을 가지고 있다고 의심하였다.

윤증은 아버지 윤선거가 죽자 송시열에게 아버지 묘지명을 써달라고
부탁하였다. 그러나 송시열은 윤선거가 병자호란을 당해 처자를 거느리
고 강화도로 피난갔을 때 청군이 입성하자 처자와 친구는 자결했는데
그만은 성을 탈출하여 살아남았다는 사실과, 윤휴와 절교하지 않았던
일을 들먹였다. 게다가 자기는 윤선거의 묘지명을 지을 만큼 그에 대해

서 잘 모르고, 오직 박세채朴世采(조선 중기의 학자이자 정치가)의 행장에 대해서만 말할 뿐이라며 소홀하게 대했다.

이에 분개한 윤증은 송시열과 맺은 사제지간의 의를 끊고 말았다. 스승과 의를 끊은 뒤부터 송시열을 지지하는 사람들이 노론이 되고, 윤증을 지지하는 사람들이 소론이 되었으며 여러 가지 일들이 꼬리에 꼬리를 물고 일어났다.

사간 정호 등이 상소하여 윤증이 스승을 배반하였다고 헐뜯자 숙종은 "아버지와 스승 중 어느 쪽이 더 중한가. 그 아버지의 욕됨을 받는 그 아들의 마음이 편하겠는가"라고 꾸짖었다. 윤증의 학문이 높고 깨끗하다는 사실이 온 나라에 퍼지자 숙종은 그에게 대사헌, 좌찬성 등의 벼슬을 내렸을 뿐만 아니라 1709년에는 우의정의 벼슬을 내리고 출사를 종용했지만 그는 나아가지 않았다. 한 번도 벼슬을 하지 않고 우의정에 올랐다고 해서 당시 사람들은 그를 백의정승白衣政丞이라 불렀다.

그는 85세에 학질을 앓아 그 이듬해 정월에 죽었는데, 죽기 직전에 당파싸움을 걱정하면서 자신은 벼슬길에 오르지 않았으니 묘비에 '착한 선비'라고만 쓰도록 일렀다. 숙종은 그의 부음을 듣고 개탄하며 이런 시를 지었다.

유림에서 그의 덕을 칭송하도다. 나 또한 그를 흠모하였지만 평생을 두고 그의 얼굴 보지 못하였네. 그가 떠났다 하니 내 마음 깊이 한이 쌓이네.

윤증 고택에서 산등성이 하나를 넘으면 교촌리에 공자의 영정을 봉안한 궐리사闕里祠라는 사당이 있다. 궐리사란 이름은 공자가 나고 자란 궐리촌에서 유래한 것으로 1716년(숙종 42)에 건립하여 공자의 영정을 모시고, 봄·가을로 제사를 지낸다. 공자의 사당은 우리나라에 경기도 오산과 이곳 두 군데뿐이다. 궐리사 동쪽에는 무주고혼無主孤魂을 제사 지내는 여제단 터가 있으며 향교 마을 앞에는 윤증의 아내 권씨의 열녀 정문이 있다.

노성면 부근에는 명당 터가 많다. 향교 마을 동쪽에 있는 천아수골에 는 '갈가마귀가 시신을 쪼아 먹는 형국' 이라는 천아탁시형天鵝啄屍形의 명당이 있고, 읍내리의 고랑이 마을에는 옥녀탄금형의 명당이 있는데 그 옥녀가 거문고 타는 소리를 듣고 좋아서 춤을 춘다는 뜻으로 무정골 또는 무정리라고 부르며 등등골은 거문고 타는 소리를 상징하여 부르는

궐리사 노성면 교촌리의 궐리사는 공자를 제사 지내는 사당으로 숙종 때 건립되었다.

이름이다.

읍내 서남쪽에 있는 옥계리는 노성현의 옥獄이 있던 곳이고, 왕림리 위쪽에 있는 닷 마지기쯤 되는 논은 예전에 이성현의 장청이 있던 곳이다. 또한 왕숯골은 이성 현청이, 질청논은 노성현의 길청이 있던 곳이다. 지형이 장구를 닮았다는 장구리가 있고, 서쪽에 있는 삽다리는 섶다리 또는 사교리라고 부르는데, 섶으로 다리를 놓았던 곳이다.

향교 마을 남동쪽에 있는 구앞술막은 예전에 주막이 있어서 붙여진 이름이고, 노성면 두사리豆寺里는 작은 절이 있어서 팟절 또는 두사라고 불렀다. 두사리 동남쪽에 있는 물레고개는 대산에서 광석면 왕전으로 넘어가는 고개로 모양이 옥녀가 물레를 잣는 형국이라 하여 지어진 이름이다. 두사리에서 가장 큰 마을인 산정말은 윤증의 아내 권씨의 묘소가 있으므로 큰 산소라는 뜻으로 대산 또는 산직말, 산직촌이라고 불렀고, 두사리의 군량들은 고려의 왕건이 후백제의 견훤군을 칠 때 이곳에다 군량을 쌓아두었기 때문에 지어진 이름이다.

또한 『정감록』과 밀접한 관련이 있는 지역이 있는데, 예전에 노성 땅이었던 논산시 광석면 항월리의 노성천과 연산천이 합치는 곳에 자리 잡은 초포, 즉 풋개 부근이다. 『정감록』의 예언에 따르면, "이 풋개에 배가 다니고 계룡산의 돌이 희어지면 계룡에 도읍지가 될 것을 가히 알 때가 되리라"고 했다는데, 금강의 어귀인 군산과 서천 사이에 하구언이 생기면서 배가 들어올 날은 요원해져버리고 말았다. 그러나 계룡산 자락 신도안 일대에 군 사령부가 들어서고 이곳에서 멀지 않은 공주시 장기와 연기 일대에 행정복합도시가 들어선다고 온 나라가 떠들썩하니 『정감록』의 예언은 그냥 헛된 말은 아니었던 듯도 싶다.

넓은 돌이 있어서 너분돌, 더분돌, 더분들로 불리던 광석면光石面의 광리 통메산 밑에 있는 논은 찬물이 나오는 물 구멍이 있기 때문에 냉논이라고 하고, 득윤리得尹里 섬말 남동쪽에 있는 높은 정이고개는 이 부근에서 가장 높은 고개로 논산에서 부여로 가는 큰길이었다. 정이고개에는 옛날에 만들어진 큰 무덤 두 기가 있었는데, 하나는 신작로를 만들기 위해 파버려서 하나만 남아 있다. 석성천 가에 있는 섬말은 도리라고도 하는데 모양이 섬같이 생겼으며 섬말 뒤에는 높이 38미터의 화산花山이 있다. 산동리의 가름내는 노성천과 표진강이 합하는 북쪽에 있는 마을로, 두 내가 이곳에서 갈라졌다고 해서 지어진 이름이다.

덕포 북쪽에 있는 눈다리는 큰 돌을 뉘어놓은 다리이므로 눈다리 또는 돌다리, 석교라고 부른다. 광석면 소재지인 대당大堂 마을은 신당리에서 가장 큰 마을이고, 대당 북쪽에 있는 마을이 덕포 마을이다. 대당 남쪽 산마루에 있는 작은 마을인 똥깨말랭이는 전에 신당이 있다가 없어진 후 생겨난 작은 마을로 애들이 함부로 똥을 쌌기 때문에 지어진 이름이다. 똥깨말랭이 남쪽에 있는 시세배미라는 논은 두 마지기쯤 되는데, 지대가 높아서 이 논에 벼가 잘되고 안 되는 것에 따라서 그 해의 시세를 미리 알 수 있었다고 한다. 광석면 오강리五岡里는 마을 앞에서 다섯 강이 합한다고 해서 오강이라고 지었는데, 오강리 평전에 있는 노강서원魯岡書院에는 윤황, 윤문거, 윤선거, 윤증을 배향하였다.

광석면 왕전리는 왕밭 또는 왕전이라고 하는데 이곳에 태조 왕건에 얽힌 이야기가 남아 있다.

왕건이 후백제의 견훤을 칠 때 밤에 잠을 자면서 서까래 세 개를 짊어지고 철관鐵冠을 쓰고 바다로 들어가는 꿈을 꾸었다. 바다로 들어가자

요란하게 닭이 울고 수많은 집에서 방망이 소리가 울려대는 꿈을 꾸었다. 꿈에서 깨어난 왕건이 이곳에 사는 점쟁이에게 물었더니 "서까래 셋을 짊어진 것은 '왕王'이요, 철관을 쓰고 바다에 들어간 것은 용상龍床에 앉은 것이요, 닭의 울음소리는 고고위高高位로서 가장 높은 것이요, 수만 집의 방망이 소리는 어당御堂, 곧 임금으로 등극하는 날이 가까워졌다"는 뜻이라고 해몽해주었다. 과연 그의 말처럼 왕건이 고려의 임금에 오르게 되었다. 태조 왕건이 꿈 해몽을 정확하게 해준 무당에게 벼슬을 주고, 말 한 마리와 밭을 상으로 주었으므로 왕밭 또는 왕전이라고 하였다고 한다.

이처럼 수많은 사연과 역사를 지니고 있는 노성은 논산, 천안으로 오가는 23번 국도가 4차선이 되면서 변방으로 물러나 더더욱 한적한 면이 되어가고 있다.

충남 당진 면천 _{二장}

아미산 용과 몽산 지네의 전설이 어린 곳

『신증동국여지승람』「제영조」에 유원순이 면천을 다스리면서 지은 시 한 편이 실려 있다.

영탑사 칠층석탑 충청남도 문화재자료 제216호로, 이 탑이 있는 영탑사를 더욱 고적한 천년고찰로 느껴지게 한다.

재차 지나며 밤길을 번거롭게 하니, 관솔불 양쪽에 밝혀 길을 인도해 간다. 비창 든 저희들은 새로 생긴 익위翼衛인가. 요검 찬 병사들은 옛날의 안행들, 함께 추운 해의 솜을 얻은들, 누가 능히 흉년 곡식을 분양해주리. 민심을 수습할 조그마한 은택도 없으니, 매양 농사 힘쓰라 권장한 내가 부끄럽다.

흉년이 되어도 백성들에게 내어줄 곡식이 없는데, 백성들에게 농사를 잘 지으라고 권한 자신이 부끄럽다는 유원순. 오늘날 자치단체장들이 그들의 잘못으로 국가의 재정이 줄줄이 새어나가도 내 탓이 아니라고만

강변하는 모습과 얼마나 대조적인가 생각하며 면천 고을에 접어들었다.

면천은 당진군의 2읍 10면 중 하나로 본래 면천군의 읍내가 되었던 곳이다. 면천이라는 지명은 이 지역의 서북쪽에 있는 고산高山에서 많은 내[川], 즉 지류支流가 흘러내리고 있어 '내가 흘러 가득하다'는 뜻에서 유래했다.

본래 면천은 백제의 혜군槥郡이었는데, 신라 경덕왕이 혜성군槥城郡으로 고쳤고, 고려 현종이 운주運州에 붙였다가 뒤에 감무를 두었으며, 1290년(충렬왕 16)에 고을 사람 복규가 합단의 군병을 방어한 공로가 있어 지면주사로 승격시킨 것을 조선 태종 13년에 지금의 이름으로 고쳐 군으로 하였고, 1914년에 당진군에 편입되었다.

선조 때 면천군 일대에서 지각 변동이 일어나 5개 면에 걸친 면적이 바다로 변하여 주민들이 실의에 빠지자, 관에서 주민들을 위로하기 위하여 매 윤년閏年마다 기지시機池市에서 줄다리기를 실시하였다. 수상水上, 수하水下 두 팀으로 나누어 실시하는 이 행사는 중요무형문화재 제75호로 지정되어 있다.

면천군은 아산만에 인접해 있어서 조선시대에 군사 교통의 요충지였고, 당진, 신창, 덕산, 예산을 연결하는 교통망이 발달했던 곳이다. 진산인 몽산에는 언제 쌓았는지 모르는 성이 있고, 해안에는 창택산 봉수가 있었다. 면천면의 성상리에 고려 때 지군사知郡事인 곽충룡郭翀龍이 세운 강구정康衢亭과 구준정衢樽亭 터가 있다. 객사 터 동쪽에 반월루라는 정자가 있던 곳은 현재 면천초등학교의 교실이 되었고, 조선시대 면천군의 객사가 서 있던 곳은 면천초등학교가 들어섰다.

객사 터 앞에 군자지君子池라는 연못이 있는데 곽충룡이 이 못을 파서

그 가운데에 군자정이라는 정자를 지었다. 처음에는 팔각정을 지었는데, 1961년에 정자를 중수할 때 육각정으로 모양이 바뀌었다. 연못은 크지 않지만 군자정으로 들어가는 다리가 오래된 돌다리라 그 옛날의 정취를 느낄 수 있다. 이곳 군자정을 두고 고려의 문장가 이제현李齊賢이 찬讚하여 말하기를, "꽃과 열매가 한때 피고 맺되, 진흙에 오염되지 않아 군자와 같은지라, 염계에게 사랑 받았다"라고 하였다.

　객사 터 앞에 서 있는 홰나무(회화나무)는 고려의 개국공신 복지겸卜智謙의 딸 애랑이 심었다고 하며, 객사 터 뒤쪽에 있는 안샘은 내정(꽃샘, 화정)이라고 불리는데, 복지겸이 병이 들어 위독할 때 그의 아들이 현몽現夢을 받아 승가암에 핀 두견화를 따서 안샘 물로 술을 빚어 아버지에

군자정 고려 때 곽충룡이 군자라는 연못을 파고 그 가운데 세운 정자이다.

면천읍성 돌로 쌓은 면천 읍성은 망루가 7곳, 문이 3 곳, 옹성이 1곳 있었다고 하 지만 지금은 서쪽 성벽 일부 만 남아 있다.

게 드리고 몽산에서 백일기도를 드렸더니 회복되었다는 전설을 간직하 고 있는 샘이다. 복지겸은 배현경裴玄慶과 더불어 태조 왕건을 추대한 뒤 개국공신이 되어 면천군에 있는 토지 300경을 하사받아 그 자손들이 대대로 이것을 먹고 살았다.

서문 밖의 가자거리 마을은 조선시대에 시장이 서 있었던 곳인데 시 장이 면천초등학교 아래쪽으로 옮겨가는 바람에 마을만 남아 있다. 면 천읍성은 성 안의 마을을 둘러싸고 있는 석성石城으로 그 둘레가 986미 터이고 높이는 4.5미터이며, 그 안에 두 개의 우물이 있었는데, 현재 성 은 거의 사라지고 서쪽 성벽 일부만 남아 있다.

면천면 성하리의 옹산 자락에 천년고찰 영탑사가 있다. 신라 말엽인 9

세기에 풍수지리학의 원조인 도선국사가 창건하고 고려 중엽에 보조국사가 중수했다는 이야기가 남아 있는 이 절은 옛날의 정취가 남아 있는 건물들이 별로 없다. 하지만 영탑사금동삼존불(보물 제409호)과 약사전 안에 모셔진 영탑사약사여래상(충청남도 유형문화재 제111호) 그리고 충청남도 문화재자료 제216호인 칠층석탑이 있어 고적한 절의 면모를 보여주고 있다. 영탑사의 금동삼존불은 높이가 51센티미터로 그리 크지 않지만 세부조각이 섬세하고 아름답기 때문에 욕심을 내는 사람이 많았다. 1975년에 도난을 당했다가 일본으로 밀반출되기 직전에 발견되어 일 년이 지나서야 제자리로 되돌아와 면천지서에 보관되는 수난을 겪기도 했다.

면천면 송학리와 죽동리, 순성면 성북리 경계에 있는 아미산(349미터)은 당진군 내에서 가장 높은 산으로 일명 소이산所伊山이라고도 한다. 진달래꽃으로 빚은 두견주로 이름난 면천 땅에는 가파른 아미산과 마치 산봉우리가 잘려나간 것 같은 몽산이 서로 마주보고 있는데, 이 두 산에 다음과 같은 전설이 서려 있다.

아미산에는 용이 살고 있었고, 몽산에는 큰 지네가 살고 있었다. 아미산은 진달래와 온갖 화초가 만발하여 주위 사람들이 봄철이면 봄놀이를 즐기기 위해 몰려들었지만 몽산에는 성질이 난폭한 지네가 살아 황폐해지기만 하였다. 그러던 어느 날 지네의 행실을 지켜보던 산신령이 아미산에 살고 있는 용에게 지네를 죽일 것을 부탁하자 용은 주민들에게 바람 부는 날 쑥을 태우도록 하였고, 그 쑥 냄새를 맡은 지네가 죽자 용은 하늘로 승천하였다고 한다. 아미산 줄기에 있는 바위인 승가암에는 예전에 승가암이라는 절이 있었다.

몽산은 면천면 송학리와 순성면 성북리, 백석리에 걸쳐 있는 산으로 높이는 255미터이다. 이 산에는 돌로 쌓은 성이 안팎으로 있는데 안쪽 성은 꼭대기에, 바깥성은 약 300미터 지점에 있으며, 그 둘레가 약 398.2미터가 되고, 성안에 우물 둘이 있다. 몽산의 정상에는 조선시대 면천군의 성황당 터가 남아 있다.

매봉재는 신평면 거산리와 초대리 경계에 있는 산으로 매 사냥을 할 때 이곳에서 매를 날려 꿩을 잡았다고 한다. 신평면에 자리 잡은 손바라기산은 높이 68미터로 자그마한 산이지만, 토정 이지함과 율곡 이이, 그리고 천인賤人 김복선金福善이라는 사람에 얽힌 일화가 서려 있는 산이다.

김복선이 이 산에 숨어 살고 있을 때, 세상 사람들은 모두가 그를 업신여겼다. 하지만 이이와 이지함은 그에게 높은 학식과 숨은 재주가 있는 것을 알고 있었기에 먼 거리를 찾아와 그와 세상일을 상의하곤 했다. 하루는 두 사람이 앞으로 이 나라에 큰 변란이 일어날 것을 걱정하자 김복선이 두 사람을 번갈아보면서 "인신년상사寅申年喪事에 어찌하여 임진년壬辰年 일을 걱정하십니까" 하며 서로 한탄하다가 작별하였다. 그때 김복선이 이 산에 올라와서 두 사람이 돌아가는 것을 멀리 바라보았으므로 이 산을 손바라기산, 객망산客望山 또는 망객산望客山이라 하였다. 그런데 이지함이나 이이는 임진왜란이 일어나기 전에 죽어 김복선이 말했던 임진년의 일(임진왜란)을 목격하지 못했다.

신평면 매산리와 부수리 경계에 있는 석화봉石花峯은 돌이 많은 산으로 그 모양이 매화가 땅에 떨어진 형국이라고 한다. 오봉산은 면천면 율사리와 자개리 경계에 있는데 봉우리가 다섯으로 이루어졌고, 칼바위내는 면천면 송학리 아미산에서 발원하여 당진읍 구룡리 칼바위산을 돌아

역내로 들어간다.

면천군의 경계는 동쪽으로 홍주현洪州縣 경계까지 18리, 남쪽으로 덕산현德山縣 경계까지 12리, 서쪽으로 당진현唐津縣 경계까지 13리, 북쪽으로 같은 당진현 경계까지 15리이고, 서울과의 거리는 375리이다.

면천면 성상리에 있는 면천향교(충청남도 기념물 제141호)는 1392년인 태조 1년에 창건되었는데, 현재 남아 있는 건물은 대성전과 동재, 서재, 명륜당이다.

신암산申庵山은 군 북쪽 12리 지점에 있고, 다불산多佛山은 군 서쪽 10리 지점에 있다. 몽산蒙山은 군 북쪽 4리 지점에 있고, 봉서산鳳栖山은 군 동쪽 2리 지점에 있다. 마산馬山은 군 남쪽 8리 지점에 있다. 소이산所伊山은 군 북쪽 9리 지점에 있다. 창택산倉宅山은 일명 고산이라고도 하는데, 창택관에 있다. 바다는 군 북쪽 45리 지점에 있고, 범근내포犯斤乃浦는 군 동쪽 27리 지점에 있다. 이곳에 창고가 있어 공주, 홍주에서 관할하는 군현의 세미를 수납하였다가 서울로 조운해 갔는데, 1478년(성종 9) 봄에 물이 얕아져서 배가 땅바닥에 교차하므로 야산의 공세관으로 옮겼다.

당진군 송악면 석포리는 본래 면천군 중흥면 지역이었는데, 1914년 행정구역을 개편할 당시 석교리와 객포리를 합해서 석포리가 되었다. 석포리에서 가장 큰 마을인 객개(객포)는 1907년까지 이 마을에 바닷물이 들어와서 배가 드나들었다고 하고 객개 북동쪽에 있는 돌다리는 조선시대에 한나루(한진리)를 지나서 서울로 가던 큰 길목에 자리 잡고 있는데, 한나루는 아산만에 위치한 나루터로 면천, 당진, 서산, 태안, 해미, 홍주, 결성, 보령, 남포, 서천, 비인, 한산 등지에서 서울로 통하는 큰 길이 되었다.

청금리 청금 동쪽에 있는 면천 청금이라는 마을은 조선시대에 청금이 갈라져서 동쪽은 면천 땅이 되고 서쪽은 홍주 땅이 되었다고 한다. 중흥리의 절 아래 남쪽 모롱이에는 고이탑이란 폐탑이 하나 있고, 이곳에 지평持平 벼슬을 지낸 이완李莞과 그 부인인 고성固城 이씨李의 묘가 있는데, 그 모양이 노서하전형老鼠下田形(늙은 쥐가 먹이를 얻으러 밭에 내려오는 형상)이라 하여 고이(고양이) 모양의 탑을 만들어 세웠더니 그 자손들이 다 패망하고 말았다고 한다.

중흥리의 증말 서북쪽 송악산의 정상에는 옛날 어떤 힘센 장수가 들었다 놓았다는 장수바위가 있고, 새터 앞에 있는 샘은 오래 전 용이 나와서 하늘로 올라갔던 곳이라고 한다.

송산면 가곡리의 허기재는 가삿골 남쪽에 있는 고개로 송악면의 들머리에서 이곳까지 오면 허기가 진다고 해서 붙여진 이름이고, 시영개와 성구미 사이에 있는 모래톱인 시루지(신루지)는 날씨가 온화할 때 신기루가 자주 나타나는 곳이다.

금암리의 감나무골은 감나무가 많아서 지어진 이름인데, 감나무에도 칠절七絶이 있다고 한다. 그것은 나무가 오래 살고, 그늘이 많고, 새의 집이 없고, 벌레가 먹지 않고, 서리 맞은 잎이 보기 좋고, 아름다운 열매가 먹음직하고, 떨어진 잎이 커서 붓글씨 쓰기에 좋은 것을 말한다.

당산 밑이라서 이름 지어진 당산리 소뫼 동쪽에 있는 북창北倉은 조선시대 면천군의 북창이 있었던 곳이고, 도문리는 덕수 이씨가 살면서 과거에 많이 급제해서 도문到門 잔치가 계속되었으므로 도문골, 또는 도문이라고 하였다.

도문리 한터 동쪽에는 중종 때 좌의정을 지낸 용재容齋 이행李荇의 묘가 있다. 이행은 조선 중기의 문신으로 1495년 증광 문과에 병과로 급제하여 권지승문원부정자로 벼슬을 시작하였다. 여러 벼슬을 거쳐 1517년에 대사헌이 되었으나 중종의 전폭적인 신임을 받고 있던 신진사류인 조광조 일파로부터 배척을 받아 첨지중추부사로 좌천되자 사직하고 충청도의 면천으로 내려왔다. 그 이듬해에 병조참의, 호조참의를 제수받았으나 부임하지 않았다. 조광조 일파가 기묘사화로 실각하자 홍문관부제학이 되고 다음 해에 공조참판에 임명됨과 동시에 대사헌과 예문관대제학을 겸하였다. 1527년에는 우의정에 올라 홍문관대제학 등을 겸임하였다. 1530년『신증동국여지승람』의 신증新增을 책임 맡아 끝내고 좌의정이 되었는데, 김안로 일파의 전횡을 논박하다가 오히려 그 일파로부터 반격을 받아 판중추부사로 좌천되고, 이어 1532년 평안도 함종으로 유배되었다가 그곳에서 생을 마감하였다.

1537년 김안로 일파가 축출되면서 복권되었는데, 그는 문장에 뛰어나 많은 글을 남겼으며, 글씨와 그림에도 능하였다. 저서로는『용재집』이 있다.

동곡리 하동곡에 있는 당목산은 금계포란형의 명당이라고 하며, 하동곡 서쪽에 있는 뱃말은 예전에 배가 닿았다는 곳이다. 매곡리의 매리미 서쪽에 있는 수머굴 마을은 조선 선조 때 정여립 사건의 배후 조종자로 알려져 있는 구봉龜峰 송익필宋翼弼이 이곳에 사는 김진려金進礪의 집에서 은거하다가 죽었다고 한다.

토정 이지함은 중봉 조헌에게 보내는 편지에서 이 시대의 스승이자 우리가 따라야 할 사람으로 성혼, 이이와 더불어 송익필을 들었다. 구봉 송익필의 가르침을 평생 동안 따른 조헌은 송익필에 대해 이렇게 말했다.

공은 학문이 깊고 경서에 밝아서 족히 그 부친의 허물을 덮을 수 있었다. 그
러므로 성우계와 이율곡 양 현이 모두 의우로 삼았으며 구봉 선생의 친구였
던 서기도 그 문인들에게 "송익필은 살아 있는 제갈공명이며 오히려 공명 이
상이다"라고까지 평가하였다.

송익필은 경기도 고양의 구봉산 아래서 후학들을 가르쳤으므로 구봉
선생이라 불렸는데, 인간적 매력이 대단했기 때문에 그와 한 번 만나서
얘기하면 심취하지 않은 사람이 없었다고 한다. 하지만 그도 자기 집안
이 철저하게 몰락하고 당파싸움에서 서인측이 밀리게 되자, 일생을 건
한판 도박을 벌였다. 그 한판 승부가 기축옥사였다.

정여립이 모반을 꾀하고 있다는 고변이 있은 후 송익필은 성혼과 함
께 정철의 입궐을 권하면서, 위관으로 있는 우의정 정언신이 정여립과
동성동본이므로 위관으로서는 적임자가 아니라고 밀차를 올렸다. 그리
고 정철이 정언신을 대신해서 우의정이 되어 옥사를 전담할 당시 송익
필은 정철의 집에 숙식하면서 사건의 배후를 조종했다고 한다. 기축옥
사의 전개에 큰 영향을 끼친 생원 양천회의 상소나, 양사의 언론이 대부
분 송익필의 손에서 나왔을 것이라는 추측이다. 그래서 안윤은 분노에
찬 필치로 송익필을 '흉인종자凶人種子'라고 비난했고, 150여 년의 세월
이 지난 뒤 남하정은 『동소만록』에서 "기축옥은 송익필이 뒤에서 조종
하고 정철이 성사시켰다"고 밝혔다. 반대세력의 평가가 이러했으니 송
익필은 이곳에서 쓰라린 가슴을 움켜쥐고 얼마나 절치부심했을까?

무수리는 산 모양이 춤을 추는 형국이라고 하여 무수동舞袖洞이라고 하였다가 1914년에 무수동無愁洞이라고 이름이 바뀌었는데, 이곳의 안고잔 동북쪽에 있는 숙명염전은 숙명재단에서 경영하는 염전이고, 삼월리의 창택마을은 삼꽃 서남쪽에 있는 마을로 용재 이행이 살았던 마을이기도 하다.

상거리에 있는 보리고개는 별이고개 또는 별어티 또는 오산이라고 부르며, 송석리 바렷(바랏, 발전)은 세 못골 동쪽에 있는 마을로 밭이 많다는 곳이고, 그 서남쪽에 있는 구슬고개는 금암리와 매곡리로 넘어가는 고개이다.

송산면 유곡리의 원댕이는 두어기 서쪽에 있는 마을로 옛날에 당나라에서 사신들이 오고 갈 때 원당을 왕배산에 두고 쉬어갔다고 하며, 수랑구미 밑에 있는 소루개 섬은 소리개가 쭈그리고 앉아 있는 모양과 같다고 하여 지어진 이름이다.

송악면 금곡리 쇠울 북쪽에 있는 아구내 마을은 예전에 벙어리가 많이 살았다고 하며, 원저울 중앙에 있는 한음영각은 선조 때의 문신 한음 이덕형의 영정을 모신 사당이다.

복숭아꽃이 많이 피므로 도원이라고 부른 도원리의 황새골 동남쪽에 있는 가래기 마을은 지형이 가락처럼 생겼다는데, 예전에 고깃배가 드나들어서 시장이 섰으며, 매우 풍성했던 고장이다.

『세종실록지리지』에 "땅이 기름지고 메마른 것이 반반이다"라고 기록되어 있는 면천은 요즘 당진—상주 간 고속도로를 내는 중장비들의 소음 속에 조용할 날이 없다.

충남 부여 홍산 _{삼장}

김시습의 혼이 서려 있는 청일서원과 무량사

홍산으로 가는 길은 여러 갈래다. 부여에서 백마강교를 건너가는 길이 있고 서해안고속도로 서천 인터체인지에서 들어가는 길도 있다. 또 보령시 미산면에서 아홉 굽이로 된 아홉사리고개를 넘어갈 수도 있다. 지금은 퇴락하여 부여군의 한 면이 된 홍산의 백제 때 이름은 대산현大山縣이었다.

신라 경덕왕 때 한산이라고 고쳐서 가림군의 속현으로 만들었고, 고려 초기에 지금의 이름으로 고쳤으며, 조선 태종 때 현감을 두었다. 1895년에 군으로 승격되었지만 1914년에 부여군에 병합되었다. 당시 홍산, 옥산, 구룡, 내산, 외산, 남면의 여섯 개 면과 은산면, 규암면 일부가 홍산군의 영역이었다.

홍산이라는 이름은 그 모양이 날아가는 기러기처럼 생긴 홍산의 진산

김시습의 부도 김시습이 타계한 지 3년 후에도 안색이 평시와 같아 사람들은 그가 부처가 된 것이라고 믿어 불교식으로 다비를 치렀고 거기서 사리가 나와 무량사에 이 묘탑을 세워 사리를 안치했다.

인 비홍산飛鴻山에서 유래하였으며, 비홍함로飛鴻含蘆의 명당이 이곳에 있었다고 한다. 동쪽에 있던 숙홍역宿鴻驛의 본래 이름은 비웅非熊이었는데, 이곳의 지형이 날아가는 기러기 모양이라는 이유로 이름을 바꾸었다고 한다.

홍산면 남촌리 서쪽에 있는 옥녀봉은 옥녀가 거문고를 타는 형국이라 해서 지어진 이름이다. 남촌 남쪽에는 '닷전모랭이'라는 지명이 남아 있는데 그 옛날에 닭전(닭시장)이 있어서 붙여진 이름이다. 닷전모랭이 뒤에 있는 홍산읍성은 석성으로 둘레가 약 310미터이고 높이가 약 2미터이며 성 안에 군창이 있었다고 한다.

그 옛날 홍산 현감이 집무를 보던 홍산 동헌은 남촌리에 있다. 동헌자리에 파출소가 있었다는데 지금은 잘 정돈된 동헌이 늦가을 햇살에 빛나고 그 옆에 눈이 부시도록 노랗게 물든 은행나무가 그림처럼 서 있다. 한편 남촌 중앙에 있는 십자거리는 장승이 서 있던 곳으로 장승배기라고도 불리는데, 남촌에서 보령, 부여, 서천, 한산으로 통하는 네 갈래 길이었다. 남촌 남쪽에서 홍량리 한희동으로 넘어가는 고개가 용문고개이고, 한희동 서북쪽에 있는 만인재는 고개가 하도 높고 험한데다 도둑이 들끓은 탓에 만 명이 모여야 넘는다고 해서 만인재라는 이름이 붙었다. 토정리에는 겹으로 있다는 덧고개가 있으며, 토동 서쪽에서 옥산면과 보령시 미산면으로 넘어가는 고개가 아홉 굽이로 되었다는 아홉사리고개이다. 무정리의 창렬사彰烈祠는 윤집尹集, 홍익한洪翼漢, 오달제吳達濟의 삼학사三學士를 배향하였는데, 1721년(경종 1)에 창렬서원으로 사액되었다.

동헌에서 북촌리 쪽으로 천천히 걸어나오면 좁은 골목 막다른 곳에

홍산객사 홍산현을 찾은
손님이나 사신들이 쉬어가
던 홍산객사는 비홍관이라
는 이름으로 불렸다.

한때 면사무소로 쓰였다는 홍산현의 객사가 있다. 충청남도 유형문화재
제97호인 홍산객사는 1836년(헌종 2) 군수 김용근金龍根이 건립하였다.
이곳 홍산을 찾았던 관청의 손님이나 사신들이 유숙하던 건물로 1871년
개수한 뒤 1983년에 중수했으며 중앙의 정당正堂은 정면 3칸, 측면 3칸
이다. 동익실東翼室은 정면 5칸, 측면 2칸이고, 서익실은 정면 3칸, 측면
2칸이다. 정당은 전면에 문짝이 없이 트였고, 내부에 우물마루를 깔았
다. 동익실은 정면을 개방하여 오른쪽 3칸은 대청을 놓고 왼쪽 내부 뒤
쪽의 2칸 통은 막아 온돌방을 들였다. 현액의 이름은 비홍관飛鴻館이다.

객사 서쪽에는 홍산현의 군기고가 있었다고 하지만 찾을 길이 없고,
그 뒤편에 넓게 펼쳐진 들이 그 당시 과녁들이었던 곳 같다.

북촌 남쪽의 남면 경계에는 1656년(효종 7)에 이 근방에 사는 사람 45
명이 돌로 다리를 세웠다는 삽다리가 있고, 북촌 동쪽에 있는 들 이름은
삽다릿들이다. 북촌 동북쪽에 있는 연봉蓮峯 마을에는 조선시대에 높은

관리들을 맞아들이는 연봉정이라는 정자가 있었고, 연봉 동쪽에서 좌홍리로 넘어가는 고개가 연봉고개였다.

이곳 홍산에서 왜구토벌 중 가장 빛나는 대첩으로 평가되는 홍산대첩이 있었다. 그 싸움은 고려 우왕 때에 일어났는데, 왜구가 침입하자 최영 장군이 거느린 고려군이 이곳에서 왜구를 크게 무찔렀다.

홍산은 조선시대에 동서로 비인·석성, 남북쪽으로 한산·청양 등과 통하는 도로가 발달하였다.

비석거리를 지나면 교촌과 서원의 이름을 따서 지은 교원리가 나오는데 이곳에 홍산향교가 있다. 홍산향교의 건립 연대는 정확하지 않다. 조선시대만 하더라도 향교의 대성전에는 5성과 10철, 송조 6현과 우리나라 18현의 위패를 모셨고 나라에서 토지와 전적, 노비를 지급받아 교관 1명이 정원 30명의 교생을 가르쳤다고 한다. 하지만 갑오개혁 이후 신학제가 실시되면서 교육적 기능은 사라진 채, 봄·가을 석전釋奠을 지내고 초하루 보름에 분향하고 있을 뿐이다.

본래 홍산군의 지역이었던 내산면의 금지리에는 금지사金池寺라는 절이 있다. 이 절에는 신령한 샘이 있는데, 이 샘에서 금잉어가 놀았다고 하며, 이곳 지형이 사방으로 확 트이고 경치가 아름다워 마치 중천에 떠서 하계를 내려다보는 것과 같다고 한다. 내산면 온해리에는 삼학사 중 한 사람인 윤집의 묘로 윤학사 묘가 있다. 그는 병자호란 때 척화신으로 붙잡혀가 심양에서 죽었는데, 그의 종이 윤집의 의복을 가지고 와서 이곳에 묻었다고 한다. 또한 그 근처에는 윤집이 타고 다니던 말을 묻은 말 무덤도 있다.

교원리의 청일골에는 매월당 김시습金時習을 모신 청일서원淸逸書院이 있다. 이 서원에서는 김시습의 화상과 위패를 모시고, 해마다 2월과 8월 중정中丁에 제사를 지내는데 이 지역에 서원이 생긴 까닭은 홍산현에 있는 무량사에서 김시습이 말년을 보냈기 때문이다.

1621년(광해군 13) 지방의 유림들이 김시습의 학문과 덕행을 추모하기 위해 부여군 외산면 만수리에 창건하여 위패를 모셨다. 숙종 즉위년 (1674)에 청일淸逸이라 사액을 받았고, 그 뒤 선현 배향과 지방교육의 일익을 담당하다가 대원군의 서원 철폐령으로 1871년에 훼철되었으나 1884년 지방 유림들의 적극적인 노력으로 지금의 위치로 이건移建하였다. 그때 김효종金孝宗을 추가 배향하였는데, 경내의 건물로는 청일사와 정문 그리고 5칸의 청풍각이 있다. 사당祠堂인 청일사에는 현재 김시습

청일서원 홍산현에 있는 무량사에서 김시습이 말년을 보낸 것을 기리고 그의 학문과 덕행을 추모하기 위해 이 지방의 유림들이 세운 서원이다.

과 김효종의 위패가 봉안되어 있다.

조선 전기의 학자이며 문장가로 한 시대를 풍미했던 김시습은 1435년에 서울 성균관 부근에서 태어났다. 어려서부터 신동으로 세상에 소문이 자자했을 뿐만 아니라 '한 번 배우면 곧 익힌다'고 하여 이름도 시습으로 지었다고 한다. 당시의 임금이던 세종에게 "장래에 크게 쓰겠다"라는 전지까지 받을 정도로 그의 천재성은 남달랐다. 열세 살 때까지 수찬 이계전과 성균관 대사성 김반金泮 별동 윤상尹祥에게서 사서삼경을 비롯해 예기와 제자백가 등을 배우며 학문을 닦던 그는 스물한 살이 되던 해에 수양대군의 왕위찬탈 소식을 듣고 보던 책들을 모두 모아 불사른 뒤 머리를 깎고 방랑길에 접어들었다. 관동과 서북 지방뿐만 아니라 만주 벌판과 전주, 경주에 이르기까지 그의 발길이 미치지 않은 곳이 없었다고 한다.

김시습은 서른한 살에 경주로 내려가 금오산 용장사에 금오산실을 짓고, 그 집의 당호를 매월당이라 붙인 후 서른일곱 살까지 머물렀다. 그곳에서 우리나라 최초의 한문소설인 『금오신화』와 여러 책들을 썼다. 그후 서울로 올라와 수많은 절을 전전하던 김시습은 마흔일곱이 되던 해에 느닷없이 머리를 기르고 고기를 먹으며 아내를 맞기도 했으나 폐비 윤씨 사건이 일어나자 다시 관동 지방으로 방랑의 길을 떠났다.

김시습은 50대에 이르러서야 인생에 대하여 초연해질 수 있었다고 한다. 김시습이 이 나라 구석구석을 정처 없이 떠돌다가 마지막으로 찾아든 곳이 만수산 무량사無量寺였다.

『신동국여지승람』 「불우조」에 "만수산에는 무량사, 도솔암, 보현사 등의 절이 있다"고 하였는데 지금 그 명맥을 잇고 있는 절은 무량사뿐이다.

'무량' 이란 셀 수 없다는 의미로 목숨을 셀 수 없고 지혜를 셀 수 없는 것이 바로 극락이니 무량사는 극락 정토를 지향하는 곳이라 하겠다.

만수산(575미터) 기슭에 자리 잡은 무량사는 사지寺誌에 따르면, 신라 문무왕 때 범일국사가 창건하였고 신라 말에 고승인 무염국사가 머물렀다고 하지만 범일국사(810~889)는 문무왕 때(661~681)와 훨씬 동떨어진 후대의 인물로 당나라에서 귀국한 후 명주 굴산사에서 주석하다가 입적하였기 때문에 그가 이 절을 창건하였다고 보기는 어렵다. 현재의 모습으로 보아 고려 때 크게 중창한 것으로 추측된다.

조선 중기에 선승으로 이름 높았던 김제 출신의 진묵대사가 이 절 무량수불無量壽佛에 점안을 하였고, 만수산 기슭에서 나는 나무열매로 술을 빚어 마시며 수행을 하였다고 알려져 있다. 진묵대사는 무량사와 완주 서방산의 봉서사 그리고 모악산의 수왕사를 비롯해 전라도 일대의 절들을 돌며 기행과 술에 얽힌 일화들을 많이 남겼다.

임진왜란 당시 크게 불탄 무량사는 17세기 초에 대대적으로 중창불사를 하였다. 천왕문을 들어서면 10세기경에 만든 것으로 알려진 무량사 석등(보물 제233호)이 제일 먼저 눈에 띄고 그 뒤에 무량사오층석탑이 보인다. 무량사오층석탑(보물 제185호)은 창건 당시부터 이 절을 지켜온 것으로 추측되는데 완만한 지붕 돌과 목조건물처럼 살짝 반전을 이루어 경박하지 않은 경쾌함을 보여주는 처마선이 부여 정림사지 오층석탑을 연상케 한다. 이 탑의 1층 몸돌에서는 금동아미타삼존불좌상이 발견되었고 5층 몸돌에서는 청동합 속에 들어 있는 다라니경과 자단목 등 여러 점의 사리장치가 나왔다.

무량사 조선 전기의 학자이자 문장가였던 김시습이 정처없이 떠돌다가 마지막으로 찾아든 곳이 이곳 무량사였다고 한다.

임진왜란때 크게 불타버린 것을 인조 때에 중건한 무량사의 대웅전은 법주사의 팔상전과 금산사의 미륵전, 화엄사의 각황전, 그리고 마곡사의 대웅보전처럼 특이한 양식을 보여주고 있다. 조선 중기 양식의 특징을 잘 나타낸 불교 건축으로 중요한 가치를 지니고 있는 2층 목조건물은 밖에서 보면 2층 건물이지만 내부는 위 아래층으로 나뉘어 있지 않고, 하나로 되어 있다. 아래층 평면은 정면 5칸에 측면이 4칸이며 기둥의 높이는 14.7미터다. 중앙부의 뒤쪽에 불당이 마련되어 있고 그 위에 '소조아미타삼존불(5.4미터, 충청남도 유형문화재 제164호)' 이 모셔져 있으며 좌우에는 관세음보살(4.8미터)과 대세지보살이 배좌하고 있는데, 아미타삼존불은 흙으로 빚어 만든 소조불 가운데 동양 제일을 자랑한다.

김시습은 살아 생전에 무량사에서 자신의 초상화를 그리고는 "네 모습 지극히 약하며 네 말은 분별이 없으니 마땅히 구렁 속에 버릴지어다" 라며 자신에 대해 평가했다고 한다. 무량사에는 진위를 확인할 수는 없지만 불만이 가득한 얼굴의 김시습의 초상화가 오가는 길손들을 맞고 있다.

김시습은 쉰아홉에 이 절 무량사에서 병들어 부평초처럼 떠돌며 살았던 한평생을 마감했다. 죽을 때 그는 화장하지 말 것을 당부하였으므로 사람들은 그의 시신을 거두어 절 옆에 안치해두었다가 3년 후에 장사를 지내려고 관을 열었더니 김시습의 안색이 생시와 다름없었다고 한다. 사람들은 그가 부처가 된 것이라 믿어 그의 유해를 불교식으로 다비하였고 그때 사리 1과가 나와 부도를 세웠다.

훗날 『김시습전』을 지은 율곡 이이는 그를 일컬어 "한 번 기억하면 일생 동안 잊지 않았기 때문에 글을 읽거나 책을 가지고 다니는 일이 없었으며, 남의 물음에 응하지 못하는 것이 없었다. 재주가 그릇 밖으로 흘러넘쳐서 스스로 수습할 수 없을 만큼 되었으니 그가 받은 기운경청은 모자라게 마련된 것이 아니겠는가. 윤기를 붙들어서 그의 뜻은 일월과 그 빛을 다투게 되고 그의 품성을 듣는 사람들은 겁쟁이도 융통하는 것을 보면 가히 백세의 스승이 되기에 남음이 있다"라고 하였다. 또한 이이는 "김시습이 영특하고 예리한 자질로써 학문에 전념하여 공과 실천을 쌓았다면 그 업적은 한이 없었을 것이다"라고 덧붙였다.

"그림자는 돌아다봤자 외로울 따름이고, 갈림길에서 눈물을 흘렸던 것은 길이 막혔던 탓이네. 삶이란 그날 그날 주어지는 것이고, 살아 생전의 희비애락은 물결 같은 것이었노라"라고 노래한 매월당이여! 사람의 역사도 나라의 역사도 그렇게 지나가는 것인가.

충남 연기 전의 四장

운주산 치마바위를 만들어 놓은 남매 장사의 전설

김휴金休가 지은 시에, "세 봉이 높이 솟아 평야를 에웠고, 두 물이 흘러서 옛 성을 둘렀네" 하였던 전의는 현재 충청남도 연기군에 딸린 하나의 면이지만 전에는 조선시대의 현이었다. 본래 백제의 구지현仇知縣이었는데, 신라에서 금지金池로 고쳐서 대록군大麓郡의 속현으로 만들었던 것을 고려 때에 지금의 이름으로 고쳐서 청주에 예속시켰다. 1395년(태조 4)에 감무를 두었고, 1413년(태종 13)에 예에 따라 현감으로 하였다. 다음해에 연기현을 합하여 전기현全岐縣으로 하였다가 1416년에 각각 환원되어 현이 되었고 1914년에 연기군에 병합되었다.

이 지역은 금북정맥의 남쪽 기슭에 자리 잡고 있었는데, 사방으로 산지에 둘러싸인 분지로 대부천大鬴川이 남쪽의 계곡을 통과하여 금강에 합류하였다. 백제시대에는 북방의 군사적 요지로 증산성甑山城, 고산성

운주산 운주산은 전의를 바라보는 산으로 전의의 진산인 증산, 고산과 함께 솥발 모양으로 솟아 있다.

高山城, 운주성, 운주산남성 등의 산성을 쌓았고, 조선시대에는 이곳을 중심으로 목천, 천안, 청주, 연기 등지와 연결되었다.

연기군 전의면 읍내리에 있는 전의향교는 1416년에 창건되었는데 충청남도 기념물 제124호로 지정되어 있다.

『신증동국여지승람』에 실린 전의의 경계는 동쪽으로는 청주淸州 경계까지 18리, 남쪽으로는 연기현燕岐縣 경계까지 18리, 서쪽으로는 천안군天安郡 경계까지 11리, 북쪽으로는 목천현木川縣 경계까지 12리이고, 서울과의 거리는 243리이다.

전의의 진산鎭山은 증산甑山으로 현의 서북쪽 5리에 있었고, 율현栗縣은 현의 동쪽 14리에 있었으며, 운주산雲住山은 현의 남쪽 7리에 있는데 증산, 고산과 더불어 솥발 모양으로 솟아 있다. 운주산에 있는 운점사雲岾寺를 두고서 최유종崔有悰은 다음과 같은 시를 남겼다.

절이 연하 속에 있는데 층층한 봉우리 몇 겹이더냐. 산이 깊으니 낙락장송 빼어 있고, 강 넓으매 물이 출렁거린다. 설법하는 강당은 높은 데서 나려다보고, 승방의 창은 반공중에 의지했네. 머리 돌려보니 진세가 아득하고 늙은 중이 스스로 조용하다.

이성李城은 운주산 북쪽 봉우리에 있는 석성으로 충청남도 기념물 제77호인데, 세상에서 전해오기를, "옛날 이도李悼가 살았던 곳이라 한다. 성 안이 넓어 주위가 1,184척이고, 안에 우물 하나가 있었는데 지금은 폐해졌다"고 하였다. 이도와 관련해 한 가지 이야기가 전해온다. 고려 태조가 남으로 정벌할 때 금강에 이르자 물이 범람하였다. 그러자 이도가 태조를 보호해 건너는 데 공이 있어 도라는 이름을 내려주었다. 이도의 벼슬은 태사삼중대광에 이르렀다. 이태사유허비李太師遺墟碑는 이성산에 있는 이도李掉의 공적을 적은 비로 이도가 이곳에 살면서 집을 남·북 두 곳에 두고 여름에는 서늘한 남쪽 집에, 겨울에는 온화한 북쪽 집에 거처하였다는 내용이 실려 있다.

전동면全東面 금사리 사기소沙器所는 고려 초부터 조선시대까지 사기소를 두고 사기를 만들었던 곳이고, 사기소에서 공주 의당면으로 넘어가는 고개는 사기소 고개로 그 아래에 주막이 있었다.

다방리多方里는 본래 전의군 소서면의 지역으로, 비암사碑岩寺는 연기군 전의면 다방리에 있는 절이다. 대한불교조계종 마곡사의 말사인 비암사는 창건 연대는 확실하지 않지만 삼국시대에 창건한 절로 추정되고 있다. 신라 말에 도선스님이 중창하였으며, 그 뒤의 뚜렷한 역사는 전해지지 않고 있다. 이 절은 극락전 앞뜰에 세워져 있는 삼층석탑 정상 부근에서 발견된 사면군상四面群像 때문에 사람들에게 널리 알려지게 되었다. 이 석상 중 계유명전씨아미타삼존석상癸酉銘全氏阿彌陀三尊石像은 국보 제106호로, 기축명아미타여래제불보살석상己丑銘阿彌陀如來諸佛菩薩石像은 보물 제367호로, 미륵보살반가석상은 보물 제368호로 지정되어 있다.

사면군상이 발견된 삼층석탑은 충청남도 유형문화재 제119호로 지정되어 있고, 비암사 극락보전은 충청남도 유형문화재 제79호로 지정되어 있다. 정면 3칸, 측면 2칸 규모인 이 건물은 다포식 건물로 정면 3칸의 기둥을 같은 간격으로 나누어 사분합의 띠살문을 달고 옆면과 뒷면은 화벽을 쳤다. 전내에 아미타불을 안치한 이 건물은 칡 대들보로 되었다

계유명전씨아미타삼존석
상 비암사 삼층석탑 정상 부
근의 사면군상 중 하나로 국보
제106호로 지정되어 있다.

는 달집이 유명하다.

동혈銅穴재는 다락골에서 공주 의당면으로 넘어가는 고개로 의당면에 동혈사가 있다. 사방골은 다방리에서 가장 큰 마을로 동북쪽에 높은 산이 있고 서쪽이 트였다. 달전리達田里는 본래 전의군 소서면의 지역으로 높은 지대에 위치하여 다락과 같으므로 다락골 또는 달전이라 하였으며, 부거곡富居谷은 쇠성골 서북쪽에 있는 마을로 옛날에 어떤 부자가 경치좋은 산수를 찾아 이곳에 와서 살았다고 한다.

삼천바위(삼천암)는 운주산 중턱에 있는 바위로 바위 밑에 크고 깊은 굴이 있고 그곳에 목천의 수신면으로 나가는 길이 있었다 한다. 임진왜란 때 그 굴에 3천 명이 피난하였다가 어린애가 우는 바람에 왜적에게 발각되어 모두 피살되었다는 이야기가 전한다.

치마바위는 삼천바위 아래에 있는 바위로 잔돌이 쌓여 큰 바위를 이루었다는 곳이다. 이 바위에는 이런 전설이 서려 있다.

옛날 남매 장사가 서로 목숨을 걸고 언약하기를, 남동생은 송아지를 끌고 서울에 갔다 오고, 누이는 운주산에 성을 쌓기로 하였는데, 그 어머니가 보니 아들이 질 것이 분명하므로, 아들이 이기게 하려고 아침 국밥을 모두 딸에게 권하여 먹였다. 그 동안 그 아들이 돌아오자, 딸이 깜짝 놀라 치마에 싼 돌을 산기슭에 쏟아놓았고 훗날 그것이 바위가 되었다 한다.

수구동水口洞은 미륵당이 동북쪽에 있는 마을로, 임진왜란 때 이곳에 피난하였던 수백 명이 왜적에게 피살되어 피가 내를 이루었으므로 피숫골 또는 피수동이라 하였는데, 그 이름이 흉하여 나중에 수구동으로 고쳤다 한다.

보덕리의 장군바위는 보평 북쪽 냇가 산기슭에 있는 바위로 큰 바위가 넓은 바위 위에 얹혀 있고 그 밑에 큰 내가 흐르는데, 명종 때 학자 박곤朴坤이 토정 이지함을 맞아 바위 위에서 이학을 담론하였던 곳이라고 하며, 봉대리의 고싯재는 전동면에서 천안 수신면으로 넘어가는 큰 고개로 운주산과 망경대 중간에 허리가 잘록하게 되어 있는 곳이다. 석곡리石谷里는 본래 전의군 동면 지역으로 마을 앞에 선돌이 있으므로 선돌배기 또는 들꽃이라 하였는데, 선돌은 옛날에 한 장사가 짚고 다니던 돌지팡이라는 전설이 남아 있다.

성재(토성)는 하소골 동북쪽, 송곡리 산 26번지에 있는 낮은 토성이다. 아래 위 두 층으로 되었는데 삼한 때의 농성이라 부르며, 송성리松城里의 무드리(무도리, 수회, 수회리)는 잿말 남동쪽에 있는 마을로 큰 냇물이 빙 돌아가기 때문에 지어진 이름이다. 솔티고개는 중말 서남쪽에 있는 고개로 고개가 길고 험해서 도둑이 많기로 유명하였다.

양곡리陽谷里의 아래가느실은 가느실 아래에 있는 마을로 봉수산 밑이며, 위양지말(양장리)은 양지말 위쪽에 있는 마을로 지도를 만들 때 잘못 적어 양장리라 하였으며, 주막뜸(주막촌)은 상세동 서쪽 길가에 있는 마을로 주막이 있었다.

영당리의 아래마느실고개는 아래마느실에서 천안 광덕면 원덕리로 넘어가는 고개이고, 압실고개는 압실에서 천안 광덕면 원덕리와 공주 정안면 사현리로 넘어가는 큰 고개이다. 개미기고개(의현)는 청산에서 전의면으로 넘어가는 고개로 길이 잘록하여 개미허리와 비슷하다. 동막골(동막) 남쪽 골짜기에 있는 마을은 어려운 사람들이 움집을 짓고 살다가 점점 큰 마을을 이루었고, 청송리의 도청都靑은 삼송정 동남쪽에 있는 큰 마을로 전의 이씨와 거창 신씨가 살면서 서로 의좋게 모이는 도회청을 두었으므로 도청이라 하였는데, 일제 때 쉬운 글자를 취하여 도청이 되었다.

배일은 운주산 남쪽 밑 골짜기에 있는 마을로 뒷산이 높고 골이 아늑하므로 배울, 배일 또는 이곡이라 하였는데, 정조 때 학자 권복權復이 살면서 호를 이일이라 하고, 마을 입구에 '이일동천梨逸洞天'이란 비를 세워서 마을 이름을 고쳤다.

소정면의 고등리高登里는 본래 전의군 북면의 지역으로 골짜기가 곧고 넓어, 곧은골이라 하다가 변하여 고등이가 되었으며, 고등이고개(고등이재, 고등현)는 고등리에서 대곡리로 넘어가는 고개로 예전에는 삼남대로가 지나는 길목이어서 행인들의 왕래가 끊임없었다 한다.

세거리는 안골 북동쪽에 있는 마을로 마을 앞에 동·서·북 세 곳으로 가는 갈랫길이 있었으며, 아야목我也目은 세거리 북쪽에 있는 마을로 고려성 아래이며, 고려 홍건적의 난 때 고려성에서 피난하면서 먹을 물이 떨어져 견딜 수가 없자 "아야 목아" 하고 울면서 산 밑에 내려와 살았다 하여 붙여진 이름이다. 월조산月照山은 고려성 위쪽에 있는 산으로 전의읍의 주봉이다.

관정리觀亭里의 군량軍糧골(양곡)은 시루성 동쪽 골짜기에 있는 마을로 옛날 대우향이 있을 때 시루성을 쌓고 이곳에 군량을 두었던 곳이며, 1914년까지 이곳에 전의군 복면사무소가 있었는데, 땅을 파다가 수백년 된 진창미陣倉米가 나왔다. 대추리(취촌)는 사관정 옆에 있는 마을로 큰 가래나무가 있었다고 하는데, 이곳에 술이 많이 있어서 오는 사람마다 술에 취하지 않는 사람이 없었다고 한다.

초정椒井(우물)은 탑 고개에 있는 우물로 1444년(세종 26)에 세종이 한글을 연구하다가 얻은 안질을 고치기 위하여, 그해 3월 2일부터 5월 2일까지 청주 초정에 머물렀다. 그후 초정보다 더 좋은 곳을 물색하다가 4월 15일 병조의 제청에 의하여 목천 초정 두 곳과 전의 초정 네 곳을 수축하고, 6월 1일 내섭시윤 김완의 답사보고에 의하여 가을에 이곳에 행궁을 짓고, 명년에 거둥하기로 결정하였다. 그해 윤칠월 22일에 안질이 있는 이내은李內隱과 김을생金乙生을 이곳에 보내어 치료를 시험해보고, 그 이튿날 또 전경시서령 장택張澤과 중 신정信玎을 보내어 눈병을 치료하게 하였다. 가을에 목천 대정리에다 행궁을 지으려다가 민폐를 생각하여 그만두고, 1445년(세종 27) 2월에 초정 물을 병에 넣어 서울로 올려다가 시험하였다.

탑고개는 중태우에서 천안 성남면 줄실로 넘어가는 고개로 중실 쪽에 탑골이 있고, 태우(대부)는 관정리에서 가장 큰 마을로 상고上古 때에 태우향大部鄕이 있었던 곳이다. 한글학회에서 나온 〈한국지명총람〉전의면 편에 보면 단종 때 사육신의 한 사람인 박팽년朴彭年의 아버지 중림仲林, 백부伯父인 맹년孟年, 숙부叔父인 계년季年 삼형제가 모두 이곳에 살면서 태우大夫 벼슬을 하였던 곳으로 효종 때의 문신인 이상李翔이 또한 이곳에 살면서 호를 타우打愚라 하였다.

노곡리老谷里의 어리미재(빙현)는 거리실에서 천안 성남면 밤실로 넘어가는 고개로 높고 골이 깊어서 도적이 많으므로 여러 사람들이 어울려서 넘어 다녔다. 형제봉兄弟峯은 거리실 뒤에 있는 산으로 산봉우리 둘이 쌍으로 있는데, 위 봉우리는 좀 높고 아래 봉우리는 좀 낮다.

대곡리大谷里의 궁말(궁리)은 역말 서쪽에 있는 마을로 앞 들에 궁 땅이 많이 있었다. 본래 천안군 소동면의 지역인데, 1914년 행정구역 통폐합 때 전의면에 편입되었다. 역말(역리, 김제역말, 진계역말)은 맹골 북쪽 큰 길가에 있는 마을로 본래 천안군 소동면의 지역이었다. 이곳에 조선시대에 김제역이 있었는데, 1914년 행정구역 통폐합에 따라 연기군 전의면에 편입되었다. 한적골(한절골, 대사동)은 대곡리에서 으뜸 되는 마을로 고등이재 밑에 있는데, 예전에 큰 절이 있었고 지금도 3층석탑이 남아 있으며, 동교리東校里의 소래재고개는 관정골에서 군량골로 넘어가는 고개로 전의면 읍내리의 주룡이 되는데, 임진왜란 때 명나라 장군 이여송이 산맥을 끊을 때 소리가 났다 한다. 여수바위(여우바위, 호암)는 평전말 남쪽에 있는 바위로 모양이 여우와 같아 지어진 이름이다. 1904년 경부선 철도를 놓을 때, 이 바위를 파내려고 하자, 주관자 꿈에 산신령이 나타나서 호령하므로 중지하였다 한다.

신정리新井里의 돌뜨기산은 가나몰 동쪽에 있는 산으로 산에 돌이 많았고 옛날부터 이 이름처럼 장차 돌을 파내게 될 것이라 하더니, 과연 1901년 경부선 철도를 놓을 때 돌을 많이 파내고, 그후에도 계속 돌을 파냈다고 한다.

부청당 터는 그줄 입구에 있는 터로 전에 절이 있다가 헐리고 부처만 다섯이 있었는데, 1901년 경부선 철도를 놓을 때 일인들이 가져갔다. 오릿골(오류동五柳洞)은 양안 서남쪽 골짜기에 있는 마을로 전의면에서 5리 거리라 한다.

유천리에 있는 이태사李太師의 산소는 양안 뒤에 있는 전의 이씨의 시조 이도의 묘소로 '호랑이가 엎드려 있는 형국'의 복호형伏虎形이라 하는데, 앞에는 개바위, 창날 등이 있다.

읍내리邑內里의 전의초등학교 자리는 전의현의 객사가 있던 곳으로 1464년(세조 10) 2월 30일에 세조가 보은 속리산을 구경하고 온양온천으로 가는 길에 이곳에서 하룻밤을 묵었으며, 인조도 1624년(인조 2) 2월 18일 이괄의 난을 피하여 공주에 있다가, 돌아가는 길에 이곳에서 묵었다고 한다.

북바위(북숲바위, 전송암)는 북부 냇가 북숲에 있는 평평하고 큰 바위로 그 옆에 느티나무가 숲을 이루었는데, 전의원을 이곳에서 전송하였으므로 전송암이라고도 한다. 전의초등학교 교정에는 현감 이열, 심치기, 변상대, 정중태, 강홍익의 영세불망비가 있다. 여수바위(호암)는 두집매위 냇가에 있던 바위로 모양이 여우와 비슷하게 생겼다는데, 1901년경 경부선 철도를 놓을 때 없앴다.

이곳 전의를 본관으로 둔 사람 중에 조선 초기의 문신 이계맹李繼孟이 있다. 자는 희순希醇이고 호는 묵곡墨谷인 그는 1483년에 진사, 생원시에 합격하였으며, 1489년에 식년문과에 급제하여 정언 좌승지 등을 역임하였다. 그러나 무오사화 때 김종직의 문인이라는 죄목으로 영광에 유배되었다가 사제관계가 아님이 밝혀져 풀려났다. 오랫동안 야인으로 지내던 그는 1503년에 장령이 되었고, 1506년 중종반정이 일어나자 대사헌에 승진되었으나 이듬해 박경朴耕의 옥사로 진도에 유배되었다가 다시 풀려났다. 평안도 관찰사를 비롯 호조, 형조, 예조 판서를 역임한 그는 성품이 강직하고, 옳고 그른 것에 명백한 태도를 취하였으며 군자다운 풍모가 있었다. 전주의 서산사우와 김제의 용암서원에 제향되었으며, 시호는 문평文平이다.

전의를 두고 김수령金壽寧은, "고을이 오래됨을 교목이 말해주고, 연기 차가우니 폐성임을 알겠도다" 하였고, 서거정徐居正은 시에서 "땅은 차현을 나누어 스스로 동과 서가 되었는데, 길이 전성으로 들어서며 높았다가 낮았다가 하네. 산줄기 빙빙 돌아 성곽을 에워쌌고, 숲 그늘 얽히고 둘리어 긴 언덕 보호하네"라고 묘사하였다. 전의는 현재 인근의 공주와 연기가 행정복합도시로 새로운 개발 열풍에 젖어 있는 것과 달리 옛 기억을 간직한 채 잠잠히 지켜보고 있다.

德
山

충남 예산 덕산 五장

흥선대원군과 가야사의 기이한 인연이 전해지는 고장

고려 때 사람인 유승단兪升旦은 지금의 덕산인 덕풍현을 지나며 「덕풍
현 공관에 쓰다書德豊縣公館」(『동문선』 제13권)라는 글을 남겼다.

정혜사 수덕사의 말사로
백제 법왕 때 지영법사가 창
건했으며 수많은 고승대덕
들이 수도했다.

가는 말을 잠시도 멈추지 못하노니,

왕명王命을 받아 행정行程이 엄한 때문이네.

한밤중 등잔 밑에 머리 붙들고 일어나고,

온 종일 먼지가 눈에 티를 들였네.

가는 곳마다 민가는 퇴락했는데,

이따금 사원寺院만이 지나치게 풍성하더군.

요즘 쌓인 폐단을 다 없앴다지만,

아직도 남은 건 탑 묘를 자꾸 경영하는 일.

서민들의 어려운 생활 형편은 아랑곳없이 종교단체들이나 자치단체들의 건물이 근처의 풍경을 위압하듯이 들어서는 것은 그때나 지금이나 매한가지인 모양이다.

덕산의 전 이름인 덕풍현德豊縣은 본래 백제의 금물현今勿縣이었다. 신라 때에 금무今武라 고쳐 이산군伊山郡의 속현으로 만들었고, 고려에 와서 덕풍으로 고쳐 현종 때에는 운주에 붙였고, 명종 때에는 감무를 두었다. 이산현은 본래 마시산군馬尸山郡이었는데, 신라 때에 이산으로 고쳐 그대로 군으로 두었고, 고려 현종 때에 홍주에 붙였다가 뒤에 감무를 두었다. 그후 1405년(태종 5)에 이산현에 사람이 적고 물산이 아주 적게 나가 덕풍과 이산 두 고을을 병합하여 지금의 이름으로 고쳤고, 1413년(태종 13)에 예에 따라 현감으로 하였다. 1914년에 군면 통폐합에 따라 예산군에 편입되었다. 덕산면, 삽교면, 고덕면, 봉산면 등 4개 면과 오가면, 신암면 일부 지역이 덕산군의 관할이었다.

『신증동국여지승람』에 실린 덕산군의 경계는 동쪽으로는 예산현禮山縣 경계까지 23리, 남쪽으로는 홍주洪州 경계까지 13리, 서쪽으로는 해미현海美縣 경계까지 18리, 북쪽으로는 면천군沔川郡 경계까지 23리이고, 서울과의 거리는 341리이다.

덕산면 사동리에 있는 덕산향교는 조선 초기에 창건하였는데, 창건 연대는 확실하지 않다. 임진왜란 때에 소실되었다가 인조 때에 중건하였으며, 현재 남아 있는 건물은 대성전과 명륜당, 동재와 서재, 외삼문과 수북가가 있는데 충청남도 기념물 제137호로 지정되어 있다.

덕산군의 형승을 두고 최지는 기문에서 "동쪽으로 큰 들을 끼고, 북쪽에 앵산을 등지고 있다"고 하였고, 『신증동국여지승람』 「산천조」에는 가야산伽倻山은 덕산읍 서쪽 11리 지점에 있다고 기록되어 있다. 가야산은 예산군 덕산면과 서산 해미면, 운산면에 걸쳐 있는 산으로 높이는 677미터이며, 원효봉, 석문봉, 옥양봉, 연엽봉 등의 산봉우리가 있어서 경치가 매우 아름답다. 신라 때 서진西鎭을 두어 중사中祀로 제사를 지내고 조선시대에는 봄과 가을에 관원을 시켜 제사를 지내게 하였다. 이 산의 북쪽 줄기를 상왕산象王山 또는 서우산犀牛山이라고 한다. 팔봉산八峰山은 덕산면 남쪽 5리 지점에 있고 수덕사修德寺가 있는 덕숭산德崇山은 덕산면 남쪽 12리 지점에 있다.

충청남도에서는 1973년 3월 예산군 덕산면과 서산 해미면 일대를 묶어서 덕산도립공원으로 지정하였다. 이 도립공원에 포함되어 있는 수덕

수덕사 만공탑 정혜사 오르는 길에 있는 만공탑은 동경미술학교 출신인 만공스님의 제자, 박중근이 1947년에 세운 현대식 부도이다.

사는 백제 침류왕 원년인 384년 9월 인도의 승려 마라난타가 동진으로부터 불상을 가지고 들어와서 불교를 전수하고, 다음해 2월 창건한 절이라고 한다. 『삼국유사』에 따르면 이곳에서 혜현惠現이 삼론을 공부하였다 하며, 599년(백제 법왕 1)에 지명智明이 중창하였고, 647년(백제 의자왕 7)에 숭제崇濟가 법화경을 강설하며 세 번째 중창하였다 한다. 1308년(고려 충렬왕 34)에 네 번째 중창을 하였고 1420년(세종 2)에 중수한 뒤 1898년(광무 2) 4월 15일 만공滿空이 다시 중수하여 오늘에 이르렀다.

수덕사 대웅전은 정면 3칸 측면 4칸으로 봉정사 극락전 영주 부석사 무량수전에 이어 우리나라에서 손꼽히는 오래된 건물이다. 1308년에 세워진 이 건물은 건립한 연대가 분명하므로 우리나라 고건축의 기준이 되며, 역사가 오래되기도 했지만 그 어떤 건물보다 아름다워 국보 제49호로 지정되었다. 바깥뜰의 오층탑은 665년(신라 문무왕 5)에 세운 것이며, 안뜰의 칠층탑은 1931년에 만공이 축조한 것이다. 수덕사 바로 위에 원효대사가 창건했다는 정혜사定慧寺가 있다.

『신증동국여지승람』에 "가야사伽倻寺는 가야산에 있다"고 기록되어 있는데, 가야사가 사라진 것은 조선 후기다. 예산군 덕산면 상가리에 있던 가야사는 가야산 자락에 있는 100여 군데의 절터 중 가장 큰 절이었다. 이 절터는 예로부터 유명한 명당으로 2대에 걸쳐 왕손이 나왔다고 알려져 이를 믿은 흥선대원군에 의해 일부러 불태워진 절이다. 젊은 시절을 안동 김씨의 세도에 밀려 파락호나 미치광이로 취급받으며 불우한 시절을 보낸 흥선군興宣君이 오랜 세월을 공들여 실행한 일이 아버지 남연군南延君의 묘를 이곳에 옮긴 일이다. 황현의 『매천야록』에 자세히 나와 있는 것처럼 흥선군은 당대의 명 지관 정만인에게 명당자리를 부탁, 가야산 동쪽에 2대에 걸쳐 천자가 나오는 자리를 얻었다. 그는 우선 임시로 경기도 연천에 있던 아버지의 묘를 이 절 탑 뒤에 있는 산기슭으로 옮겼다. 그때 마지막으로 옮겼던 사람들에게 상여가 기증되었고 그 상여가 중요민속자료 제31호로 지정되어 나분들(남은들)에 보존되어 있다.

하지만 그 명당 터에는 가야사라는 절이 있었으며, 지관이 점지해준 묘 자리에는 금탑이 서 있었다. 흥선군은 재산을 처분한 2만 냥의 반을 주지에게 주어 중들을 쫓아낸 후 불을 지르게 하였다. 절은 폐허가 되고 금탑만 남았는데, 탑을 헐기로 한 날 밤 흥선군 네 형제가 똑같이 꿈을 꾸었는데, 꿈에서 한 노인이 나타나 이렇게 말했다. "나는 탑신이다. 너희들은 어찌하여 나의 자리를 빼앗으려 하느냐. 만약 일을 그만두지 않는다면 내 너희를 용서하지 않으리라." 겁에 질린 형들은 모두 그만두기를 원했으나, 흥선군은 "그 꿈이 맞다면 이곳이 명당이라는 말이 사실이다"라고 말하면서 탑을 부수었다. 그러자 도끼날이 튀었는데, 그때 흥선군이 "왜 나라고 왕의 아비가 되지 못한다는 말인가?"라고 소리치자 도끼가 튀지 않았다. 결국 흥선군은 정만인의 예언대로 대원군이 되었으며 고종, 순종 등 2대에 걸쳐 황제를 배출했다.

뒷날 흥선대원군은 당대의 문장가인 이건창에게 남연군의 묘를 이장할 때의 일을 다음과 같이 술회했다고 한다. "탑을 쓰러뜨리니 그 속에 백자 두 개와 단지 두 병 그리고 사리 세 알이 있었다. 사리는 작은 머리통만한 구슬이었는데 매우 밝게 빛났다. 물 속에 잠겼지만 푸른 기운이 물 속을 꿰뚫고 끊임없이 빛나는 것 같았다."

그렇지만 결과는 그렇게 좋은 일만 있는 게 아니었다. 고종, 순종이

남연군 묘 홍선대원군은 가야사가 있던 곳에 그의 아버지 남연군의 묘를 썼는데, 이곳은 조선 풍수지리의 교과서적인 명당이라고 불리고 있다.

황제의 자리에 올랐지만 결국 조선왕조는 500년 사직을 끝으로 막을 내리게 된다. 홍선대원군은 고종이 등극한 지 2년 뒤 가야사를 불태운 죄책감에 남연군 묘 맞은편 서원산 기슭에 보덕사報德寺란 절을 짓고 원당사찰로 삼았다. 남연군 묘는 고종 5년 대원군의 쇄국정책에 불만을 품은 독일상인 오페르트에 의해 파헤쳐지는 수난을 겪었으며 그 뒤 천주교도들은 그 일로 인하여 또 한 차례 수난을 겪어야 했다.

가야산을 등지고 들어선 남연군 묘의 지세는 한마디로 풍수지리에서 일컫는 명당의 조건은 두루 갖추었다. 뒤로 가야산 서편 봉우리에 두 바위가 문기둥처럼 서 있는 석문봉이 주산이 되고, 오른쪽에 옥양봉, 만경봉이 덕산을 거치면서 30리에 걸쳐 용머리에서 멎는 지세가 청룡이 되며, 왼쪽으로 백호 지세는 가사봉, 가영봉을 지나 원화봉으로 이어지는 맥이 금청산 원봉에 감싼 자리이다. 가야산의 능선들이나 묘 앞으로 시원스럽게 펼쳐진 덕산 쪽만 바라보아도 이곳이 진정한 명당 터임을 알 수 있다. 바로 근처에 대원군이 원당사찰로 삼았던 보덕사는 한국전쟁 때 소실되었다가 1951년 2월에 비구니 수옥이 중창하였고, 1962년에 다시 중창하였다. 규모가 그리 크지는 않지만 가야사의 옛 절터에서 옮겨온 깨어진 석등이 남아 번성했던 가야사의 옛 모습을 전해주고 있다.

이곳 덕산 땅은 얼마나 많은 사연들을 담고 있을까?

고덕면古德面 구만리의 샛태구만이에 있는 나루터는 음력 7월부터 동짓달 15일께까지 새우젓 등을 실은 배가 들어왔으며, 세결이는 황갑뜸 북쪽에 있는 큰 논으로 논이 걸고 좋아 조선시대에 조세 세 결을 내던 논이다. 몽곡리夢谷里의 배다리(주교)는 금바위 북쪽에 있는 마을로 중앙에 배다리가 있으며, 빙고개는 몽곡리 북쪽에 있는 마을로 예전에 빙고가 있었던 곳이다.

상궁리上宮里의 법공산은 양촌 서쪽에 있는 산으로 이곳에 공자의 사당을 두었으나 일제 때 없어졌다고 하며, 논산 노성과 경기도 오산에 있던 궐리사가 이곳에도 있었으나 아쉽게도 사라지고 말았다고 한다.

상몽리의 꽃바래산은 문칠봉 북쪽에 있는 산으로 두견화가 많았고, 매봉산 동쪽에 있는 숯고개는 흠실에서 당진군의 합덕으로 넘어가는 고개로 예전에는 도둑굴이라 불렀다. 덕산면 광천리의 도덕바위는 나분들 서쪽에 있는 바위로 예전에 어떤 사람이 도를 닦았다고 하며, 찔러쿵바위는 수덕산 아래 동아리 동쪽에 있는 바위이고, 낙상리의 큰참나무쟁이 고개는 큰참나무쟁이 동쪽에 있는 고개로 홍성으로 넘어가는 고개다.

내라리의 나박소羅朴所(내박소)는 내라리와 외라리에 걸쳐 있는 마을로 고려시대에 내박소乃朴所가 있었던 곳이고, 조선시대에는 나박소면이 있었다. 비둘기재는 안나박소 서쪽에 있는 고개로 홍성군 갈산면 가곡리로 넘어가는 고개다.

대치리의 노적바위(덕적바위, 수리바위)는 느락골 북쪽 개산에 있는 바위로 노적처럼 생긴데다 수리가 자주 앉는다고 하며, 비랭이 절터는 한티 북쪽 가야산에 있는 절터로 바랭이풀이 많이 난다고 한다. 벌바위는 깃대봉 밑에 있는 바위로 벌들이 많이 모이는 바위이다.

한티(대티)는 한티골 서쪽에 있는 큰 고개로 가야산과 삼준산 사이이며, 둔지이라고 불리는 둔리의 궁말(궁니)은 둔리에서 가장 큰 마을로 선조의 첫째 딸 정신옹주가 이곳에서 임진왜란을 피하면서 살았다. 복당리의 옥터 밑(옥토말)은 평리 북쪽에 있는 마을로 나박소(내라리)의 옥이 있었던 곳이다.

북문리의 귀신모랭이는 북문 북쪽에 있는 모롱이로 후미져서 밤에 귀신이 나타났다고 하며, 사동리社洞里는 본래 덕산군 현내면의 지역으로 덕산현의 사적단이 있었으므로 사직골 또는 사직동 또는 사동이라 하였다.

냉전탕은 냉전골에 있는 온천으로 물이 몹시 차서 목욕하면 피부병에 좋다 하며, 덕산온천은 온골 동쪽에 있는 온천으로 약물터로만 전해오다가 1926년 온천으로 개발되었다.

사기점골(사점리)은 위 가야골 동쪽에 있는 마을로 약 70년 전까지도 사기점이 있었던 곳이고, 시량리柹梁里의 목바리(조량리)는 시량리에서 가장 큰 마을로 옛날 성질이 사나운 노파가 외상 술값을 받기 위해 이곳에 주막을 세우고 목을 보았던 곳이라고 한다. 삼거리는 목바리 남쪽에 있는 마을로 수덕사, 해미면, 덕산으로 가는 세 갈래 길이 있었다.

삼거리 옆에 윤봉길尹奉吉 의사 고택이 있으며 시량리에는 윤봉길 의사의 사당인 충의사가 있다.

신평리新坪里의 봉정逢亭이(원리)는 신평리에서 으뜸 되는 마을로 조선시대 급천역汲泉驛에 딸린 봉용원峯聳院이 있었으며, 사동리고개(서낭당이)는 신평리에서 사동리로 넘어가는 고개이고, 아리랑고개(태봉고개)는 태봉 옆에 있는 고개다.

읍내리邑內里 북쪽에는 조선시대 덕산군의 객사가 있던 터가 남아 있고, 동문고개 북쪽에 있는 샘은 고개너머 샘이라고 부른다.

읍내 둘레에 있는 덕산읍성의 터는 둘레 약 797미터에 높이 약 2.7미터 규모로 성 안에 우물 둘이 있었지만, 성은 거의 다 허물어지고 북쪽만 남아 있다. 동문고개는 동문 밖에 있는 고개이고, 동문밖(동문이)은 읍내 동쪽에 있는 마을로 덕산읍성의 동문 밖이다. 읍내 중앙에는 옛 덕산군의 동헌 터가 남아 있고, 성 안에는 덕산군의 감옥이 있던 옥 터가 남아 있다.

식암리息岩里는 거북미 북쪽에 있는 마을로 대원군이 천산 참묘 차 이곳 바위에서 쉬었다고 하며, 어여고개는 구암리에서 봉림리로 넘어가는 고개로 예전에 덕산을 다녀오는 사람들이 이곳 가까이 와서 어서 이 고개를 넘었으면 한다고 해서 생긴 이름이라고 한다.

당곡리唐谷里의 고삭쟁이 모롱이 밧대실 남쪽에 있는 모롱이로 예전에 정현용이란 장사가 이곳에서 고삭진이란 기운 센 도둑을 타살하였다고 하며, 김효자문은 밧대실 중앙에 있는 김상준金相俊, 김현하金現夏의 효자 정문이다.

봉림리의 괴원槐怨은 봉통 중앙에 있는 느티나무로 둘레가 여섯 아름이나 되는데, 이 나무에는 조선시대에 난리가 나자 어떤 부모가 이곳에 남매를 묻어놓고 피란을 떠났다는 슬픈 사연이 서려 있다. 그후로 이 자리에 느티나무가 나더니 날씨가 궂은 날이면 나무가 우는 것 같은 소리가 들린다고 한다.

남살미(남삼산)는 봉림리에 있는 산으로 봉명산 밑에 있으며, 전에 이후직李厚稙이 이곳에서 산삼을 구해 어머니의 불치병을 고쳤다는 이야기가 남아 있다.

효교리孝橋里(효다리, 소다니, 효교)는 본래 덕산군 내야면의 지역으로 인조 때 효자 조극선이 시묘를 살면서 늘 건너다녔다는 다리라고 하여 붙여진 이름이고, 느랫들은 효다리 북쪽에 있는 들로 토질이 박하여 농사를 지어도 늘 헛수고만 했다고 한다.

삽교읍揷橋邑의 목리沐里는 본래 덕산군 대덕산면의 지역으로 목욕하기 좋은 찬 샘이 있어 목리라 불렀고, 매나미고개(십리고개)는 목리 서남쪽 용봉산에 있는 고개로 수덕사로 넘어가는데 그 길이가 10리가 된다고 한다. 구삽다리(구삽교, 교통)는 삽다리가 있어 그렇게 이름이 지어졌으며, 역리驛里는 본래 덕산군 대조지면의 지역으로 조선시대에 급천역이 있었으므로 역말 또는 역동이라 하였다.

이곳 덕산에서 제일 유명한 것은 덕산온천일 것이다. 율곡 이이도 이곳 온천수를 효능이 탁월한 약수라고 소개하면서 자신의 저서 『총보』에서 온천의 유래에 얽힌 전설을 기록하였다. 옛날 날개와 다리에 상처를 입은 학 한 마리가 날아와 이곳 논 한가운데서 나는 물을 상처에 찍어 발랐다. 그렇게 3일을 한 뒤 상처가 나아서 날아갔는데 주민들이 이를

기이하게 여겨 그곳을 가보니 따뜻하고, 매끄러운 물이 논 한가운데서
솟아나고 있었다. 그후 이곳을 약수터로 사용하다가 온천골로 불리게
되었다는 이야기이다.

덕산은 현재 온천물이 괜찮다는 세간의 평에 힘입어 찾는 사람들이
꾸준히 늘어나고 있다.

충남 천안 목천 _六_장

어사 박문수와 아우내 장의 이야기가 남아 있는 고을

조선 전기의 문신 서거정은 목천의 객관에서 시 한 편을 남겼다.

서원 잔치 파할 제 아직도 이른 아침이라서 목성으로 돌아오는 길 다시 멀고
머네. 흑산이 야득한데 구름은 절을 막았고, 독골 들판 넓고 넓은데 물이 다
리를 치네. 늙어가니 자못 벼슬 재미 적은 것 알겠고, 술 깨서 나그네의 혼이
녹아나네. 늦게 공관에 드니 거처가 고요한데, 떨어지는 버들개지와 나는 꽃
함께 적막하네.

서거정이 벼슬 재미도 즐겁지 못하다고 말하며 적막한 공관에서 시를
지었던 목천현木川縣은 본래 백제의 대목악군大木岳郡인데, 신라 35대 경
덕왕 때 대록군大麓郡으로 고치고, 순치, 금지의 두 현을 거느렸다. 고려

독립기념관 목천 세성산
자락에 자리잡은 독립기념
관 앞에는 민족의 비상을 표
현하는 '겨레의 탑'이 있다.

성종 때 신정 또는 목주로 고쳐서 청주에 붙였다가 1172년(명종 2)에 감무를 두었으며 조선 1413년(태종 13)에 목천으로 고쳐서 현감을 두었다. 1655년(효종 6)에 시부죄인 잉덕의 태생지라 하여 전의현에 붙였다가 1664년(현종 5)에 병합된 후 1689년에 각설되어 읍내, 남면, 북면, 근동, 일원동, 이원동, 세성, 서면의 8개 면을 관할하였다. 1894년(고종 31) 지방관제 개정에 의하여 충청북도 청주군의 수신면 전체를 병합하여 군이 되었다가 1914년 군면 통폐합에 따라 천안에 편입되었는데, 목천, 동면, 성남, 수신, 북면, 갈전의 6개 면이 관할구역이었다.

『신증동국여지승람』에 실린 목천의 경계는 동쪽으로 청주淸州 경계까지 19리, 북쪽으로 직산현 경계까지 19리, 서쪽으로 천안군 경계까지 17리, 남쪽으로 전의현全義縣 경계까지 22리이고, 서울과의 거리는 247리이다.

속설에 전하기를, "고려 태조가 나라를 세운 뒤에 목주 사람이 여러 번 배반한 것을 미워하여 그 고을 사람들에게 모두 우牛, 마馬, 상象, 돈豚, 장場, 심沈, 신申, 왕王이라는 짐승 이름으로 성을 내렸는데, 그 뒤에 우牛는 우于로, 상象은 상尙으로, 돈豚은 돈頓으로, 장場은 장張으로 고쳤다"고 한다.

작성산鵲城山은 이 고을 동쪽 5리에 있으며 이 고을의 진산이었고, 흑성산黑城山은 고을 서쪽 11리에 있다. 추암산은 고을 서쪽 12리에 있는데, 그곳에 비를 비는 용혈이 있고, 세성산細城山은 고을 남쪽 8리에 있다.

소금재는 서금티라고도 불리는데, 목천읍 서흥리, 송전리와 북면 명덕리 경계에 있는 높이 467미터의 산으로 옛말에 이곳이 바다가 되어 소금배가 넘어다녔다고 한다.

망경대望京臺(만종산)는 병천면 용두리와 수신면 장산리 경계, 곧 만마루 뒤에 있는 산으로 정조 때 백의처사 유영일柳榮日이 정조의 국상을 당하여 3년 동안 매일 조석으로 이곳에 올라와서 서울을 바라보면서 곡하였으므로 사람들이 노래를 지어 불렀다고 한다. 매봉(응봉)은 병천면 용두리와 탑원리 경계, 곧 지령리 뒤에 있는 산으로 3·1운동 때 유관순이 이곳에 올라와서 사흘 밤을 기도하여 영감을 얻고 독립운동의 봉화를 들었다고 하며, 세성산細城山(시성산)은 성남면 화성리에 있는 산으로 높이 220미터 위에 성 터가 있는데, 삼한 때 농성이라 하며 동쪽에 방아확으로 된 두 개의 바위는 이 성을 쌓을 때 쌀을 찧던 곳이라 한다.

1894년(고종 31) 동학농민혁명 때 동학접주 김복용이 동학도를 이끌고 이 성에 웅거하면서 교도들에게 쪽지로 눈을 가리고 주문만 외우면 관군의 총대에서 물이 나오고, 비록 총탄이 비오듯 하더라도 맞지 않는다 하였다. 그의 말을 믿은 동학교도들은 관군이 쳐들어와 수없이 죽어가는데도 눈을 가리고 주문만 외웠다. 이 광경을 지켜본 관군대장 이두황李斗璜이 크게 놀라 총 쏘는 것을 중지하고 군사들을 시켜 남은 교도들을 일일이 일깨워 화를 면하게 하였다. 그럼에도 이곳에서 죽은 사람이 수백 명이 되었으므로 시성산屍城山이라 하였다.

은석산銀石山은 병천면 병천리와 북면 은지리, 용암리, 매송리에 걸쳐 있는 높이 456미터의 산으로 산이 댓순같이 수려하고 수석이 아름다우며 꼭대기에 기우단祈雨壇이 있고, 그 아래 은석사와 영성군靈城君 박문수朴文秀의 묘가 있다. 이 산에 있는 박문수의 묘자리는 장군대좌형將軍對坐形이라 병졸이 없으면 장군의 위엄이 없고 따라서 발복發福도 없기 때문에 박문수의 자손들이 일부러 병천에 닷새마다 장이 서는 시장을

열었다고 한다.

이빠진산(229미터)은 목천읍 교천리, 신계리, 북면 매송리에 걸쳐 있는 산으로 이가 빠진 것처럼 생겨서 지어진 이름이고 두 봉우리가 바위로 되었으며, 그 모양이 마치 수리처럼 무섭게 생겼다. 옛적에는 이곳이 바다여서 사기를 실은 배가 넘어가다가 이 바위에 걸려 파선되는 일이 잦았던 까닭에 그때의 사기 조각이 아직도 남아 있다고 한다. 바위 중턱에 옛날에 용이 올라갔다는 용샘이 있는데, 한재를 당하면 이 산에서 기우제를 지낸다.

흑성산黑城山(검은성)은 목천읍 서리, 덕전리, 교촌리, 남화리, 교천리, 지산리에 걸쳐 있는 높이 519미터의 큰 산으로 서울의 외 청룡이 된다

하여 꼭대기에 돌로 쌓은 둘레 739보의 옛 성터가 있었다.

동덕봉同德峯은 동면 화계리, 송연리 경계에 있는 높이 140미터의 산으로 1728년(영조 4)에 일어난 이인좌의 난 때 윤이관, 윤이오, 윤이천, 윤병, 윤거, 윤두, 김홍운 등 16의사가 이곳에서 적장 안후기를 염탐하여 사로잡았다.

동면 광덕리의 가무정이 절골 뒤에 있는 산은 한재가 심할 때, 이곳에서 기우제를 지냈으며 행암리杏岩里는 낙수암落水岩에서 놀던 사람들이 돌아갈 때 이곳에서 노래와 춤을 추었다 한다.

구도리求道里는 본래 목천군 이동면의 지역으로 연산군 때 빼어난 문장가인 탁영 김일손이 그 처가인 이곳에 살면서 학문에 힘썼으므로 구도실이라 하던 것이 변하여 구두실이 되었는데, 1914년 행정구역 통폐합에 따라, 보평, 구암리를 병합하고 구도리라 하여 천안(천원)군 동면에 편입되었다. 거북바위(자라바위)는 돌다리 입구 왼쪽 산 끝에 있는 바위로 모양이 거북과 같이 생겼다.

이곳 구도리에 자취를 남긴 김일손金馹孫은 조선 전기 문신이자 학자로 그 당시 문장가 중 최고봉으로 알려진 인물이었다. 김종직金宗直의 제자 중 가장 강경했으며, 김굉필, 정여창鄭汝昌과 사귀었다. 1486년(성종 17) 식년시에 급제하였고 청환직淸宦職을 거쳐 사가독서賜暇讀書한 뒤 이조정랑에까지 올랐다. 성종 때 춘추관의 사관으로서 전라도 관찰사 이극돈李克墩의 비행을 직필하여 원한을 샀다. 그 뒤 1498년(연산군 4) 『세종실록』을 편찬할 때, 스승 김종직이 쓴 「조의제문弔義帝文」을 사초史草에 실은 것이 이극돈을 통해 알려져 훈구파가 일으킨 무오사화 때 죽임을 당하고, 다른 많은 사류士類도 화를 입었다. 1506년 중종반정 뒤 신원되어 도승지에 추증되었다.

금정金井은 구두실 앞에 있는 우물로 김일손이 쓰던 우물이라 하며, 구두실 동쪽에는 김일손의 묘가 있었던 곳이며, 현고수懸鼓樹는 구두실 남쪽에 있는 은행나무로 김일손이 과거에 합격하여, 이 나무에다 북을 달고 잔치를 하였다고 한다.

그러나 2006년 이른 봄 구도리에 찾아가 아무리 이곳 저곳 살펴보고 물어보아도 묘는커녕 은행나무도 찾을 길이 없어 구도 2리 마을 이장에 게 물었다. 그랬더니 그가 하는 말이, 예전에 어른들에게 이 근방에 김일손의 묘가 있다는 얘기를 들었고 은행나무도 있었는데, 한 20여 년 전에 늙고 병든 은행나무를 베어서 없앴다고 했다. 아무리 그렇더라도 그 흔적이 그처럼 말끔히 사라지다니, 구두실 마을을 나오며 내 마음이 얼마나 산란했는지.

두무실고개(두릉현)는 구두실에서 충청북도 청원군 오창면 두릉리 두무실로 넘어가는 고개다. 탑원塔院은 보평 앞 건너에 있는 마을로 조선시대에 탑원을 설치하여 여행하는 사람들의 편의를 보아주었고, 방말고개(방촌현)는 구두실에서 충청북도 방말로 넘어가는 고개다.

덕선리의 바타니(백성)는 덕성리에 있는 마을로 높은 산이 사방에 둘러 있어 박달안이라 하던 것이 변하여 바타니가 되었고 배성이라고도 불린다. 장고개는 바타니에서 충청북도 진천군 금성으로 넘어가는 고개다. 세조 10년 2월에 세조가 보은 속리산에 거동할 때 진천 길상산에서 충청도 군사 4만여 명을 모아 큰 훈련을 하는데 목천 서쪽에 있는 각 고을의 장교들이 군사를 거느리고 이 고개에서 쉬어갔다고 한다.

수남리壽南里는 구수동龜水洞의 수루나미 마을로 옛날부터 '황화구수에 경자무우', 곧 황고개, 화청이, 구암, 구수동에서 농사짓는 사람은 근심이 없다 하여 피란하는 곳으로 유명하다.

장송리의 거범고개(검엄고개)는 산뒷골에서 충청북도 진천군 문백면 계산리로 넘어가는 고개로, 전에는 이 고개에서 범이 많이 나타났다 한다. 무너미는 장송리에서 송연리로 넘어가는 고개로 예전에는 고개가 낮아서 장송리의 물이 송연리로 넘어가게 된다 하여 무너미라 하더니, 1946년 이후로 장송리의 물을 끌어다가 송연리 들에 대게 되었다.

화계리花溪里의 번개는 화계리에서 가장 큰 마을로 마을 가운데 찬 우물이 있으므로 찬우물, 또는 냉천이라 하였는데, 효종 때 우암尤庵 송시열宋時烈이 반계이윤磻溪伊尹의 뜻을 따서 이곳에 사는 윤씨를 위하여 반계로 고쳤다 한다. 평풍바위(병풍암, 족보바위)는 매봉 동쪽 산 중턱에 있는 바위로 모양이 병풍처럼 생겼으며 청송 심씨들이 굴을 파고 족보를 감추어두었다 한다. 장자 터 뒷골에 있는 부자의 터는 영조 무신년에 난을 일으켰던 안후기安厚基가 살았는데, 아직도 화분 따위의 그릇조각이 많이 남아 있다.

목천읍의 교촌리校村里는 본래 목천군 읍내면의 지역으로서 충청남도 기념물 제108호로 지정된 목천향교가 있으므로 향교말 또는 교촌이라 하였다. 구 향교 터는 솟대배기 북쪽 술래바퀴 산 밑에 있는 목천향교의 터로 지형이 오목하여 밭이 되었다. 솟대배기(솟대배기, 신기)는 향교말 남쪽에 새로 생긴 마을로 철종 때 이수증李守曾이라는 사람이 과거에 급제하여 마을 앞에 솟대를 세워서 그렇게 불린다.

남화리의 고양이바위(괭이바위)는 남벌 동구 백호부리에 있는 바위로 고양이가 입을 벌리고 있는 것처럼 생겼는데, 남벌에서 학대를 받은 한 사람이 중을 가장하고 와서, "남벌의 지형이 늙은 쥐가 밭으로 내려가는 형국인데 동구에 고양이가 노리고 앉아서 좋지 않으니 이 바위를 없애면 크게 발전하리라" 하므로 그 말을 쫓아 이 바위를 깨어버린 후 계속 변상이 나서 300여 호가 모두 망하고 겨우 10여 호만 남게 되었다. 그제야 그 중이 심술을 부린 것을 깨닫고, 이 바위를 다시 모아 회로 붙였는데 그후부터 다시 번창하였다 한다. 상정승골(상성골)은 아늑한 골짜기로 명종 때 정승을 지낸 상진이 태어난 곳이다.

덕전리德田里(덕전)는 본래 목천군 읍내면의 지역으로 크고 좋은 밭이 있으므로 덕전이라 하며 꼬꼬바위는 점말 뒤에 줄지어 있는 큰 바위로 그 모양이 닭의 볏과 같다고 한다. 덜경바위는 마점 앞에 있는 바위로 바위가 깊고 평평하게 깔려 있어 밟고 가면 덜컹덜컹 소리가 나며, 아홉싸리고개는 마점에서 천안 유량동으로 넘어가는 고개로 크고 길어서 붙여진 이름이다. 마점馬店은 신평 서쪽에 있는 마을로 아홉싸리고개 밑에 있는데 이 고개를 넘는 사람이나 마소는 반드시 이곳에서 쉬어갔다고 한다.

유왕골은 점말 북쪽에 있는 마을로 백제의 시조 온조가 위례성에 도읍을 정하고 봄여름이 되면 이곳에 머무르면서 농사를 장려하였다고 하며 고려 태조 왕건이 태조산에 진을 치고 이곳에서 머물렀다 한다.

도장리桃長里의 귓골(관동)은 도장리에서 가장 큰 마을로 광해군 때 정승 박승종朴承宗의 묘가 있고, 그 자손이 대대로 부귀를 누렸다. 목천읍 동리에 있던 객사 터는 현재 목천초등학교가 되었다. 객사 터 동쪽에는 목천현의 동헌 터가 있다.

미륵당이에 있는 미륵당미륵彌勒堂彌勒은 미륵당을 짓고 그 안에 미륵을 모신 것으로 고려 초의 것이라 한다. 여기숯보는 즌적골 입구 모퉁이에 있는 보로 물이 매우 깊고 경치가 좋은데 예전에 여기 女妓가 놀다가 빠져죽은 곳이라고 한다. 역말은 목천교 동쪽 벌판에 있는 터로 조선시대에 연춘역이 있고, 300여 호가 살았는데 50년 전에 모두 딴 곳으로 옮겨 가서 현재 밭이 되었다. 중술먹던 터는 동리 북동쪽에 있는 골짜기로 은밤산 밑이며, 매우 으슥하여 중이 이곳에서 남몰래 술을 마셨다는 이야기가 있다.

무학당武學堂은 사마소 동쪽에 있는 마을로 조선시대에 무학당이 있었던 곳이며, 사마소司馬所는 목천면사무소 뒤에 있는 마을로 조선시대 지방 생원과 진사들이 조직한 기관인 사마소가 있었고, 읍 서리와 통리 일부를 통틀어 이르는 이름으로 목천군방이 있었다.

신계리新溪里는 김자점金自點 조상의 묘 터로 우물목이 고개 남쪽 등성이에 있으며 인조 때 김자점이 역적으로 몰린 뒤에 묘를 파서 횟반이 흩어져 있다. 주막거리(주막리, 승천주막거리)는 승천 동쪽 큰 길가에 있는 마을로 주막이 있으며 여우고개(호현)는 통미에서 성남면 신사리로 넘어가는 고개로 산세가 으슥하고 여우가 자주 출몰해 지나는 사람들을 괴롭혔다 한다.

응원리應院里의 나반들고개는 응원리에서 천안으로 가는 고개로 넓은 돌이 있었으며, 예전에 목천현에 진상하는 은을 이 고개에서 바쳤다 한다. 원골은 응원리에서 가장 큰 마을로 조선시대에 신원이라는 원집이 있었으며, 젖바위(삼신바위)는 막실 입구에 있는 바위로 큰 바위가 비스듬히 서 있는데 짐승의 젖처럼 생겼으며, 이 바위에 기도를 하면 아들을 낳는다는 속설이 있다.

지산리芝山里의 돈치기고개는 사직박핀덩에서 부적굴로 넘어가는 고개로 고개가 평평해 나무꾼들이 이곳에 모여 돈치기를 하던 곳이라 하고, 장고개는 지산리에서 천안 구성동으로 넘어가는 고개로 천안장으로 통하는 지름길이다. 호랑이굴은 동안굴 중턱 바위에 있는 굴로 호랑이에 얽힌 재미있는 이야기가 남아 있다. 70년 전에 승척골 부인들이 나물을 캐러 이곳에 왔다가 호랑이 새끼 여러 마리가 있는 것을 보고 모든 부인들이 귀엽게 생겼다고 어루만지면서 좋아했는데, 한 부인만 무엇이 귀여우냐며 탐탁지 않아했다. 그러자 어미 호랑이가 별안간 소리를 지르며 크게 포효했다. 그 바람에 모두 혼비백산하여 나물 바구니를 버린 채 달아나고 말았다. 그날 밤 어미 호랑이가 모든 부인의 나물 바구니를 각자의 집에 갖다주면서 새끼 호랑이를 탐탁지 않아했던 부인의 것만은 갈기갈기 찢어버렸다 한다.

거북바위(구암)는 잣밭 앞에 있는 바위로 큰 바위 둘이 엎혀서 거북 모양으로 서 있고, 그 옆에 수백년 된 느티나무가 있는데, 바위 동쪽에 '김씨세거', 북쪽에 '백전동천'이라 새겨져 있다. 명종 때 명신 김충갑이 그 장인 이춘년의 재산을 이어받아 이 마을에 살면서 그 호를 구암龜岩이라 하였다. 예전에는 수백년 된 느티나무 아래에 큰 못이 있었는데 이곳에 이무기가 살면서 이 근처의 마소를 많이 해쳤다. 이에 당시 여덟 살 난 김충갑의 아들 김시민이 동네 아이를 시켜 느티나무에 오르게 하여, 이무기가 아이의 그림자를 보고 물 가운데에서 머리를 들고 아이를 향하여 올라올 때 활로 쏘아 죽였는데 그 피가 여러 날 동안 붉게 남아 있었다 한다.

병천면의 도원리桃源里(도원골)는 본래 목천군 근동면의 일부로서 처음에는 도원이라 하였는데 세마洗馬 김만중金萬重이 병자호란의 강화를 싫어해서 벼슬을 버리고 이곳에 와서 살면서 진나라 사람들이 도원에 가서 피란했던 고사를 따라 호를 도원이라 하고, 동네 이름도 도원골로 고쳤다. 노은정老隱亭은 검계 가에 있는 큰 바위 위의 아담한 정자로 그 아래로 깊은 냇물이 흘러서 경치가 매우 아름답다. 숙종 때 학자 김상기金相器가 벼슬을 하려고 스물네 차례나 응시하였으나 매번 낙방하고, 노년에 모든 세상 일을 잊으려고 이 정자를 짓고 큰 바위에 '노은정' 석자를 새겼다.

도영암倒影巖은 삭성대 옆에 있는 바위로 바위가 비스듬히 서 있어 시냇물에 거꾸로 비치므로 우암 송시열이 '도영암'이라는 글씨 석자를 새겨 생긴 이름이다. 입바위(구암)는 도원골 건너 미륵당 서쪽에 있는 큰 바위로 동네를 향하여 입을 벌리고 있는 형상이다. 예전에 풍수가에서 이 바위가 동네의 기운을 빨아버린다 하여 동네 사람들이 날을 택해 없애버리려고 하였다. 이때 마침 그 마을에 사는 김도혁이 서산 원이 되었는데, 꿈에 한 노인이 간청하기를 "나는 입바위 산신인데, 동네 사람들이 나를 없애려고 하니 그대가 구해달라" 하므로 김도혁이 곧 돌아와서 금지시키고, 글을 지어 제사지냈다. 칠성바위는 입바위 아래에 있는 바위로 큰 바위가 북두칠성과 같이 놓여 있다.

매성리梅城里 공시미(공심리)는 마을이 원적산 밑에 있으므로 번뇌와 잡념의 세계를 떠나 청아하고 공정한 마음으로 산다는 뜻에서 공심리라고 하였는데, 변하여 공시미가 되었다 한다. 병천리並川里는 본래 목천군 근동면의 지역으로 잣밭내와 치랏내가 합하는 곳이며, 이곳에 장이 서므로 아오내, 줄여서 아내, 병천, 또는 목천 지방의 아홉 내가 한데 합한다는 뜻에서 구계라 하기도 한다.

개목고개(구항령)는 서원말에서 북면 매송리 너머 개모기로 넘어가는 큰 고개로 개에 얽힌 감동적인 이야기가 서려 있다. 예전에 어떤 사람이 봄에 이 고개를 넘어가다가 술에 취하여 길가에 누워 자는데, 마침 산불이 나서 위험에 처하게 되었다. 그때 늘 따라다니던 개가 급히 그 아래 시냇물에 가서 제 몸을 적셔와 불을 다 끈 후, 자신은 불에 데어 죽고, 주인을 무사히 살렸다. 이에 그 주인이 개를 잘 묻어주고 의구비를 세워서 그 개의 은덕을 기렸다. 새거리는 아우내 동쪽에 있는 길로 천안, 진천, 전의로 가는 세 갈래 길에 있었다.

세고개는 병천 뒤에 있는 고개로 병천에서 천안으로 가는데, 낮은 고개 셋이 잇닿아 있으며, 안성나들이는 병천에서 경기도 안성 쪽으로 가는 길목이며, 진천나들이는 병천에서 진천으로 가는 길목이고, 천안나들이는 병천에서 천안으로 가는 길목이며, 청주나들이는 병천에서 청주로 가는 길목이다.

마방주막은 복다위 동쪽 세거리에 있는 마방주막의 터로 그곳에 을사오적 중의 한 사람인 박제순 영세불망비가 있는데, 그가 목사를 지냈던 1886년에 세운 것이다. 정거장주막은 복바위 양쪽에 있는 마을로 주막이 있는데 이 일대의 사람들이 아우내장을 보고 돌아갈 때 이곳에 오면 으레 쉬어가던 곳이다.

용두리 지령에 있는 유관순 집터는 3·1운동 때 일본인들이 불을 놓아 전소되었는데, 1962년에 충렬비를 세우고 공원을 만들었으며, 옆에 매봉교회를 지어서 같이 기념했다. 말바위(마암)는 지령리 북동쪽에 있는 바위로 모양이 말의 머리처럼 생기고 그 입이 동면 구도리 보평 마을

유관순 생가 용두리 지령에 있던 유관순의 집은 3·1운동 때 불타버렸는데 1962년 다시 복원하고 공원을 만들어 기념하고 있다.

은석사 신라 문무왕 때 원효대사가 창건한 절로 조선시대 수많은 문장가들이 이곳에서 시와 문학을 연마하여 더욱 유명해졌다.

을 향하여 벌리고 있는 형상이다. 이를 보고 보평 사람들이 이 말이 보평을 먹고 똥은 지령리에 누어서 보평은 늘 가난하고 지령리는 부하게 된다 하여 밤에 몰래 말의 혀를 잘라다가 산제당에 보관하였다 한다.

지령리芝靈里(산서)는 매봉 밑에 있는 마을로 산이 에워싸고 물이 돌아 흘러서 인걸이 많이 날 땅이라 하여 지령리라 하였다. 영조 때 학자 유광홍柳光興이 당호를 지와라 하고 지령으로 고쳤는데, 산이 서쪽에 병풍같이 둘러 있으므로 산서라고도 하였다. 이곳에서 유관순이 태어났으며, 그의 비가 세워져 있다.

북면 납안리의 사리목고개는 도촌에서 성거읍 천흥리로 넘어가는 고개로 길의 모양이 새끼를 사려 놓은 것 같이 생겼다. 속설에 죽어서 가는 길목과 비슷하다고 하여 결혼한 신혼부부들은 이 고개로 혼행을 일체 다니지 않는다고 한다.

싸리재는 대평리에서 충청북도 진천군 백곡면으로 넘어가는 고개로 산이 높고 깊어서 싸리가 고목같이 즐비하였다.

매송리梅松里의 개모기(구항, 대항)는 개모기고개 서쪽 밑에 있는 마을로 『세종실록지리지』에 보면 이곳에 도기소를 두었고 여기소는 여기바위 아래에 있던 소로 그 소가 깊고 그 위에 여기바위가 있는데 전에 관가에서 봄가을로 여기女妓를 데리고 와서 놀았던 곳이라고 기록되어 있다.

사담리의 글씨바위는 정문거리 위쪽 길가에 있는 바위로 둥글고 큰 바위에 '고古'라는 두 글자를 새겼는데 이 글자를 알아보는 사람은 큰 보물을 얻는다는 속설이 있다.

운용리雲龍里의 구수바위는 위례성에 있는 바위로 모양이 구유처럼 생겼으며 백제 온조왕이 이곳에 도읍을 정하였을 때 쓰던 것이라 하고, 군단軍丹이(군단, 군단리)는 운용리에서 가장 큰 마을로 백제 때 군대가 이곳에 주둔하였다 한다. 부소문이 고개는 부소령이라고도 부르는데, 운용리에서 입장면 양대리로 넘어가는 높은 고개로 백제 때 온조왕이 위례성에 도읍하였을 때 이곳에 문을 세웠다고 하며, 현재 서낭당이 있다. 위례성에 있는 우물은 백제 시조인 온조왕이 밤이면 용이 되어 이 우물로 들어가서 부여 백마강에서 놀다가 날이 밝으면 도로 이 우물로 나와서 왕 노릇을 하였다는 전설이 서려 있는 곳이다. 장생이(새절)는 군단이 서북쪽 골짜기에 있는 마을로 백제 때 시장이 섰다는 곳이다.

은석사銀石寺 뒤에는 영조 때 암행어사로 유명한 영성군靈城君 박문수朴文秀의 묘가 있다. 은석사(은석절)는 은석산에 있는 절로 신라 제30대문무왕 때 원효대사가 창건했다. 인조 때 문장가인 백곡 김득신, 학촌 권헌, 사정 유지림, 월봉 이극태, 도원 김만중, 송정 김대년, 백은 김면, 전은 한빈, 만오 황곡립이 이곳에 와서 은산시사를 두고 때로 문장을 강론하였으며, 영조 때 국봉 남취홍, 만화 유진한, 무경 김중산, 유도천, 어은 유철한, 황성 유도행, 김양행, 김종후 등도 이곳에서 시와 문학을 연마하였으므로 더욱 유명해졌다.

보지바위는 위 말미 안산 기슭에 있는 바위로 모양이 보지처럼 생겼는데 그 구멍에다 홰기를 꽂으면 말미 동네의 처녀들이 바람이 난다 하여 그곳을 떼어냈으나 형체는 그대로 남아 있다. 서창西倉골(중샘)은 초정 위쪽에 있는 우물로 옛날 절골에 사는 중이 우물가에서 빨래하는 처녀를 겁탈하려 달려드니 그 처녀가 우물에 빠져 죽자 그 중도 따라서 빠져 죽었다는 이야기가 남아 있는 곳이다. 그래서 "불쌍하다 저 색시! 괘씸하다 저 중놈! 중놈 중놈 행실봐라, 고약한 중놈 행실봐라"라고 노래를 부르면 물이 더 많이 솟아오른다는 속설이 전한다.

장산場山이는 초정 위쪽에 있는 골짜기로 1444년(세종 26) 초정을 수축할 때 시장이 섰던 곳이다. 초정(우물)은 위 말미 남동쪽에 있는 우물로 길가와 논 가운데 물이 있다. 길가의 것은 도로 쌓아올리고 논 가운데의 것은 길이 9척(약 2.7미터), 넓이 5척(약 1.5미터)의 굴참나무 널로 짰는데 밑바닥은 큰 나무 등치를 빼고 그 가운데에서 물이 나오게 했다. 『대록지』에 의하면 옛날 어떤 신인神人이 약병을 가지고 가다가 이 고개에 떨어뜨려서 이곳 목천 초정과 전의 초정이 되었다 한다.

한티고개(대티)는 대정리에서 목천읍 도장리로 넘어가는 큰 고개다. 성남면 봉양리의 조양정朝陽亭 터는 선조 때 토정 이지함이 봉황산 밑에

정자를 짓고, 봉은 아침 볕에 운다는 뜻으로 조양정이라 하였다. 토정보
土亭洑는 봉양리 앞들에 물을 대는 보로 토정 이지함이 이곳에 살 때 한
저루 서쪽에 있는 절벽을 깎아 붓돌을 내어 시덕리 무풍골의 물을 끌어
다가 봉양리 앞들에 댔다고 한다.

신덕리의 어리밋재(빙항령)는 주실에서 연기군 전의면으로 넘어가는
고개로 산이 높고 험하여 도적이 많으므로 여러 사람들이 어울려서 넘
어다녔다 한다.

권진權軫의 시에 "나그네 길 봄바람에 말 발굽 더디니, 이 중에 산수가
기이한 것 어여뻐라. 나무 그늘 땅에 가득하고 뜰은 고요한데, 달이 배
꽃 위에 올라오니 저절로 시가 되네" 하였고, 유계문柳季聞은 그의 시에
서, "사방으로 둘린 산, 마치 그림과 같은데, 천년 동안 이 땅이 스스로
기이하네" 하였던 목천의 세성산 자락에는 현재 독립기념관이 자리 잡
아 민족 정기를 이어가고 있다.

충남 청양 정산 七장

이몽학이 굶주린 농민들 수만 명을 규합하다

공주에서 청양군에 자리 잡은 칠갑산을 가기 전에 들르게 되는 고을이 정산고을이고, 정산에 들어서자마자 만나는 유물이 하나 있는데 보물 제18호로 지정되어 있는 서정리구층석탑이다. 이 탑은 한 시절 전만하더라도 어엿한 하나의 현이었다가 지금은 청양군에 딸린 현이 된 정산면 서정리 들판에 외롭게 홀로 서 있다.

넓게 펼쳐진 농경지의 한복판으로 변해서 어쩌다 기왓조각이 눈에 띌 뿐인 이 탑의 근처에서 절터의 흔적은 찾을 길이 없지만, 고려시대 초기에 균형 잡힌 석탑들 가운데 하나로 그 탑의 크기가 9층이라는 점에서 이 탑은 더욱 그 가치를 인정받고 있다.

각 층 옥개석의 추녀는 전각轉角에 이르기까지 수평을 이루어 신라 석탑의 여운을 남기고 있으며, 네 귀퉁이의 반전도 많은 편으로 둔중한 느

서정리구층석탑 청양군 정산면 서정리 옥거리 앞들에 외롭게 홀로 서 있어, 이곳이 한 시절 전만 해도 어엿한 현이었음을 알게 해준다.

낌은 없고 오히려 경쾌한 느낌을 주고 있다. 상륜부는 하나도 남기지 않고 사라져버리고 말았다. 고려 초기에 조성된 것으로 보이는 이 탑은 신라시대부터 이어온 전형적인 양식을 따르고 있으며 상하의 비례가 우수한 작품으로 평가받고 있다.

정산현은 원래 백제의 열기현悅己縣으로 일명 두릉윤성豆陵尹城이었다. 신라 경덕왕이 열성悅城이라 고쳐 부여군의 속현으로 만들었고, 고려 초기에 지금의 이름으로 고쳤다. 고려 현종 때에 공주에 붙였다가 그 뒤에 감무가 되고, 1403년(조선 태종 3)에 현감이 되었다. 그후 1895년(고종 32)에 지방관제 개정에 따라 군이 되었고, 1914년 군면 통폐합에 따라 청양군에 편입되었다.

조선시대에 정산현은 홍주, 청양, 공주 지역을 잇는 교통의 요지로 선비들이 많이 정착하여 정산이라는 이름이 생겼다고 한다. 당시에는 금강 유역에 강창江倉이 있어서 잉화달천과 치성천으로 연안평야에서 생산된 세곡들을 운반하였으며, 왕진王津나루를 통해 부여와 연결되었다. 이 고을의 진산은 함박산으로 불리는 대박곡산大朴谷山으로 현으로부터 7리쯤 떨어져 있다. 정산현 고을 뒤쪽에 자리 잡고 있으며 정산현의 흥망성쇠가 이 산에 매여 있다고 하였다. 두칠갑산은 현으로부터 16리쯤 떨어져 있는데, 옛 성의 터가 있다. 그 성의 이름은 도솔성 또는 자비성慈悲城이다.

정산현은 『신증동국여지승람』에 의하면 동쪽으로 공주의 경계가 21리, 남쪽으로 부여현 경계까지 31리, 서쪽으로 청양현 경계까지 17리이며 서울까지는 349리이다.

서정리 교촌에 있는 정산향교는 조선 중기에 창건되었는데 1847년(헌종 13)에 중건되었으며, 1927년에 명륜당 등을 보수하였다. 정산향교에 딸린 누각인 청아루青莪樓는 현재 충청남도 문화재자료 제150호로 지정되어 있다.

이 지역 역시 유서 깊은 이름들이 많이 남아 있는데, 목면 지곡리와 정산면 백곡리에 걸쳐 있는 계봉산鷄鳳山은 칠갑산의 지맥으로 산 내에 백제가 망하고 백제를 되찾기 위해 싸운 산성과 유서 깊은 사찰인 계봉사가 있다. 정산면 신덕리와 서정리 경계에 있는 만세봉은 3·1운동 당시 정산 주민들이 독립만세를 불렀던 산으로 매일 밤 대한독립만세 소리가 우렁차게 울려퍼졌다고 해서 만세봉이라고 부르게 되었다. 그러나 그토록 절규하듯 독립만세를 불렀건만 대한민국이 제대로 독립된 것은 그후로도 오랜 세월이 흐른 뒤였다.

목면 송암리에는 면암 최익현을 모신 모덕사慕德祠가 있다. 청양군 내 유림들이 송암리 장구長久마을에 최익현이 와서 살았던 것을 기념하기 위해 1913년 공덕사恭德祠라는 이름으로 건립하였다가 해방 후에 모덕사로 이름을 바꾸었다.

정산현의 객사는 지금의 정산중학교 교정에 있었는데, 한일합방 뒤에 정산공립보통학교 교정으로 쓰다가 불에 타서 없어졌다.

서정리에서 가장 큰 마을인 구아대(과디)에는 정산현의 관아가 있었고, 과디마을에는 길이 5미터에 너비가 6미터인 자오교子午橋라는 돌다리가 있었다. 1708년(숙종 34)인 12월에 놓았고 그 뒤 여러 번 중수하였으나 또 허물어진 것을 1966년에 다시 놓았다. 그러다 그마저 허물어졌던 것을 정산면사무소 만향정 앞에 다시 놓았다.

정산현의 동헌 터에는 현재 정산면사무소가 들어서 있고, 만향정晩香

만향정 백련지 안에 한때 사라진 것을 다시 지은 것으로 정산현감 송남수가 지었다고 전해진다.

亭은 백련지에 있는 정자로 1588년(선조 21)에 정산현감 송남수가 못을 파고 연蓮을 심어 못 안에 이 정자를 지었다고 하는데, 한때 사라졌던 것을 다시 지었다. 이 백련지에는 사계沙溪 김장생金長生에 얽힌 이야기가 있다. 임진왜란 때 이 고을 현감으로 와 있던 김장생이 피난을 갔다 오는 길에 동헌 마당에 있는 연못에 백련을 심었는데, 그 백련은 다른 장소로 옮기면 곧 시들어 죽고 오직 그 자리에서만 자라므로 그 연못을 백련지라고 부르게 되었다고 한다.

경사루景沙樓 터는 정산면사무소 앞에 있는 경사루 문의 터로 영조 때 정산현감 조발이 선조 때의 현감 김장생의 청렴 결백한 행적을 사모하여 경사루라고 써서 달았다고 한다.

청아루靑莪樓는 정산향교에 딸린 누각으로 자연석으로 된 주춧돌 위에 2층, 5칸으로 되었으며 강학講學을 하던 곳이다. 명륜당은 다른 향교에 비해 작은 편이나 대성전은 그런 대로 규모가 반듯하다. 그 옆에 서 있는 은행나무에는 은행들이 마치 청포도처럼 주렁주렁 열려 있다.

청남면 왕진리에 있는 왕진나루는 금강의 나루터로 부여군으로 통하며, 백제의 수도인 사비성의 외곽을 방어하던 나루였다. 매년 정월초부터 열나흘까지 배를 타고 건너는 사람들이 나루터에 놓인 추렴대에 돈을 넣은 것을 모아 떡과 고기를 차려놓고 정월 열나흘날 뱃고사를 지내는 것이 진풍경이었다는데, 나루터에 뱃길이 끊긴 뒤로 그 풍경을 볼 수 없게 되었다.

목면 대평리는 큰 들이 있으므로 대평골 또는 대평리라고 하였고, 대평골 북쪽에 있는 중방고개는 간두문고개라고도 불리는데 옛 정산현과 청양군의 경계가 된다고 하며, 송암리의 공수원公須院은 송암리에서 가장 큰 마을로 조선시대에 지나가는 행인들의 편리를 도모해주던 공수원이라는 원이 있었다. 공수원 서쪽 미륵산 중턱에는 그 모양이 노인이 등을 구부리고 있는 것같이 보이는 노인석이라는 바위가 있다. 송암리에서 안심리로 통하는 고개는 여우가 자주 나타나 사람을 홀렸다는 여우고개이고, 장구동 북서쪽에는 장금사라는 절이 있다.

신흥리의 구시울 남서쪽에는 금강이 급하게 흐르면서 만들어낸 반여울이 있으며, 바로 그곳에 공주시 탄천면으로 건너가는 반탄진反灘津이라 불리는 반여울나루가 있다. 도림사가 있는 적골에서 이름을 따온 적곡면에 관현리가 있다. 정구재는 갓고개에서 구룡리로 통하는 고개로 좋은 샘과 정자나무가 있으며, 곶감재는 정구재 뒤에 있는 고개로 구룡리로 가는 고개인데 그 근처에서 곶감이 많이 난다.

갓고개에서 화산리로 넘어가는 고개는 예전에 호랑이를 잡기 위해 고갯마루에 큰 함정을 파놓았다고 해서 함정고개라 부르고, 관현리에 있는 무내미고개는 고개가 낮아서 이쪽 물이 저쪽으로 넘어가게 된다고 한다. 구룡리의 용못은 지천의 하류인 금강 변에 있던 못으로 예전에 아홉 마리의 용이 하늘로 올라가다가 아이를 밴 부인이 바라보는 바람에 부정을 타서 여덟 마리는 떨어지고 한 마리만 올라갔다는 이야기를 담고 있는 연못인데, 1961년 장수평을 수리하면서 현재는 논이 되고 말았다. 미당리의 구름쟁잇들은 미륵당 앞에 있는 들로 면적이 넓고 지하수가 풍부해 아무리 가물 때라도 하늘에 구름이 끼기만 하면 물이 생긴다고 한다.

미륵댕이 남쪽 갈모봉 밑에 있는 문드래미고개는 작은 수리너머고개 또는 소차현小車峴이라고 부르는데 은곡리에 있다. 아래문드래미 또는 큰수리너머고개라고 불리는 대차현大車峴은 가래울고개라고도 불리는데, 깍지밥골과 중추리 가래울 사이에 있는 고개이다.

중추리의 물안골은 무량사라는 절이 있던 곳이고, 중추리에서 가장 큰 마을인 불모루는 갓을 파는 갓점이 있었으며 삼한三韓시대 때부터 장이 섰다는 곳이다.

지천리 화산 북동쪽 골짜기에 있는 앵화동은 꾀꼬꾀봉 밑에 있는 마을로 개울가 벼랑의 바위에 '앵화동천鶯花洞天' 이라는 네 글자가 새겨져 있는데 우암 송시열이 쓴 것이라고 한다.

밤갈미 입구에 있는 장독바위는 부여군 은곡면 금곡리에 있던 절의 장독을 이곳에 놓았다고 하여 붙여진 이름이다. 정산면 광생리의 구슬고개에는 공조판서를 지낸 한배하韓配夏의 무덤이 있고, 남천리 새울(조곡鳥谷)은 남천리에서 가장 큰 마을인데 남천사라는 고려 때의 절터가 있고, 조선시대에 정산과 공주의 경계가 되었던 마을이다.

정산면의 대티리에 있는 대티고개는 한티 서쪽에 있으며 정산에서 청양으로 넘어가는 매우 높고 큰 고개이다. 한티는 조선시대에 정산군과 청양군의 경계인데 이곳은 정산에 딸려서 정산 한티라고 불렀다. 구를 서북쪽 골짜기에 있는 점심골은 한티고개 밑으로, 정산 청양을 가려면 이곳에서 점심을 먹었다고 한다. 송학리 북쪽에 있는 솔티고개는 정산에서 공주시 신풍면으로 넘어가는 고개로 명덕봉 줄기가 되어 높고 험했으며, 신덕리 구억들 동쪽에 있는 장고개는 정산읍으로 장을 보려고 넘어다녔던 고개이다.

청남면 아산리의 승사봉은 서당골 앞에 있는 산으로 맞은편에 태자봉이 있는데, 이 산이 태자를 가르치는 스승에 해당한다고 하며, 원촌 뒤에 있는 왕자봉은 왕자의 기상을 가진 산이라고 한다. 아산리 뒷굽이바위 위에는 몽뢰정夢賚亭이라는 정자가 있다. 조지안趙志顔이라는 사람이 정산현감을 지내다 석성현감으로 가는 도중에 이곳에서 큰비를 만나 하룻밤을 쉬게 되었는데, 그때 꿈에 신령이 나타나 이곳은 만고승지萬古勝地이니 거주하는 것이 좋겠다고 해서 이곳에 정자를 지어 몽뢰정이라 하였다고 한다.

아산리 남쪽에 있는 들이 선조 때 모반을 꾀했던 이몽학李夢鶴이 1596년(선조 29) 7월 반란을 일으켜 홍산, 정산, 청양을 함락할 때 진을 치고

아산리 들판 1596년에 이몽학은 임진왜란 후의 대기근으로
굶주린 농민들을 규합하여 이곳에서 군사훈련을 하였다 한다.

군대를 훈련시켰다는 터이고 원촌 방죽 바로 위에는 그의 집터가 있다.

이몽학의 본관은 전주全州이고 본래 왕실의 서얼 출신으로 서울에서 살았으나 성품이 불량하고 행실이 좋지 않으므로 그의 아버지에게 쫓겨나 충청도와 전라도 등지를 전전하였다. 임진왜란중 장교가 되어 모속관募粟官 한현韓絢 휘하에서 활동하였다.

그 당시 백성들은 임진왜란 이후 계속되는 흉년과 관리의 침탈에 이루 말할 수 없는 곤란을 겪고 있었다. 『연려실기술』에 따르면 '이몽학을 따르는 자가 마치 바람 앞에 풀 쓰러지듯 하여' 난리가 일어난 지 며칠 만에 군사가 수만 명에 이르렀다.

반란을 일으키기 얼마 전부터 이몽학은 한현과 함께 홍산 도천사道泉寺에서 모의를 하고 조련을 실시하면서, 동갑회同甲會라는 비밀결사를 조직하여 친목회를 가장한 반란군 규합에 열중하였다. 한현은 선봉장 권인룡權寅龍, 김시약金施約 등과 함께 어사 이시발李時鉢의 휘하에 있으면서 호서지방의 조련을 관리하라는 명령을 받았다.

이몽학은 1596년 7월 6일 승속僧俗 장군이라는 이름을 내걸고 야음을 틈타 홍산현을 습격하였으며, 이어 임천군·정산현·청양현·대흥현을 차례로 습격하여 여섯 고을을 함락시켰다. 수령들은 싸워보지도 못하고 패하여 항복하거나 도주하고 이민吏民들도 모두 반군에게 복종하니 그 무리가 수만 명에 달하였다고 한다.

그러나 반란군의 홍주성 함락은 쉽지 않았다. 수사 최호崔湖가 군사를 이끌고 입성하여 홍주성의 수성守城 계획은 완전히 갖추어졌다. 반란군과 맞서 싸우는 동안 충청 병사 이시언李時言이 홍주로 향하여 무량사에 이르렀고, 어사 이시발은 유구維鳩에 중군中軍 이간李侃은 청양에 포진하여 장차 홍주로 향하려는 군사의 위세를 떨쳤다.

성의 함락이 어렵다는 것을 알게 된 이몽학이 11일 새벽에 무리를 이끌고 덕산을 향하여 달아나자 반란군 중에 도망자가 속출하였다. 그보다 앞서 이몽학이 난을 일으킬 때 자기를 따르는 사람들에게 "김덕령은 나와 같이 하기로 약속되어 있고, 도원수와 병사 및 수사도 모두 비밀리에 통하고 있으므로 반드시 우리에게 호응할 것이다"라고 하여서 그렇게 여기고 있었는데, 홍주에 이르러서 보니 수사가 군사를 거느리고 성에 들어가 대치하는 것을 보며 속았다는 것을 알아챈 것이다. 이때를 이용하여 이몽학의 군대에 포로로 잡혀 있던 홍산현감 윤영현이 탈출하여 이몽학의 목을 베는 자는 반란에 가담하였더라도 큰 상을 내리겠다고 하며 "도적들이 무너져 흩어지고 있으니 추격하라"라고 하자 반란군 가운데 이몽학의 목을 베려는 자가 속출하였다.

결국 반란군 중 이몽학의 부하였던 임억명林億明과 김경창金慶昌이 이몽학의 목을 베어 바쳤다. 이때 한현은 반란군 수천 명을 이끌고 홍주에 주둔하고 있었으나, 홍가신의 진군으로 패주하다 사로잡혀 서울로 압송되어 처형당했다. 서울로 압송되어 처형된 사람은 33명이며 외방에서 처형된 사람이 100여 명이나 되었는데, 연좌율緣坐律을 적용하면 그 수가 너무 많아 특별한 경우에만 적용하여 희생자를 가급적 줄였다고 하는데, 처형당한 사람의 처자는 종을 삼았고 재산을 적몰하였다.

홍주·홍산을 비롯해 충청도 일대는 한동안 조정에서 내려온 벼슬아치들로 와글거렸는데, 도사都事나 선전관이라는 이름을 내건 사람들이 죄인을 붙잡는다는 구실로 마구잡이로 경비를 뜯어냈다. 어떤 벼슬아치는 정산에서 80명을 혐의자로 잡아 임의로 처형하는 등 어처구니없는 일도 벌어졌다.

그때 유희서柳熙緒가 현지에 내려와 백성들을 모아놓고 선무宣撫할 때 백성들이 이렇게 호소했다고 한다.

역변이 일어난 뒤 어떤 벼슬아치는 감사라 하기도 하고 병사라 하기도 하고 수사라 하기도 하고 군관이라고도 일컫고는 도둑을 잡는다는 핑계로 마을에 들어가 장정을 묶어 갔습니다. 노인과 어린이들은 모두 산속으로 도망쳤습니다. 집 안에 잡물이라도 있으면 도둑의 장물이라며 깡그리 쓸어갔습니다. 그래서 마을이 텅텅 비었습니다. (『선조실록』 29년)

이몽학 사건이 끝난 뒤 홍산현은 강등되어 부여에 속했으며, 도천사는 반역의 소굴로 지목되어 불태워졌다. 이때 반란군들이 한음 이덕형李德馨을 끌어들여 이덕형은 거적을 깔고 엎드려 40일 동안 그 처분을 기다리다 살아났고, 임진왜란 때의 의병장 김덕령金德齡은 이몽학의 입에 이름이 오르내렸다는 이유로 잡혀와 국문을 받은 후 죽었다.

이 난이 끝난 뒤 이몽학의 죽음을 안타까워한 사람들이 만들어낸 이야기가 바로 이몽학 전설이다. 이몽학이 이 지역을 중심으로 농민들을 규합하여 혁명을 시도하여 홍성지방까지 점령하였으나 결국 관군에게 진압되고 말았다. 그런데 그가 패한 것은 그보다 지모가 뛰어난 누이의 말을 듣지 않았기 때문이라는 것이다. 이몽학을 낳을 때는 그의 어머니가 장구를 치며 하늘로 올라가는 꿈을 꾸었지만, 누이를 낳을 때는 하늘을 자유로이 오르내리는 꿈을 꾸었기 때문에 동생보다 더 뛰어났다고 하는데 이몽학이 그 누이의 말을 듣지 않아 실패하였다는 것이다.

청양군 적곡면 적곡리의 목빈고개는 돌말에서 소사천으로 넘어가는 고개로 이몽학의 조상묘가 있던 곳으로 이몽학이 붙잡혀 죽은 뒤 조상묘의 혈이 있는 이곳을 잘라버렸다고 하며, 지천리之川里는 가지내 가가 되므로 가지내 또는 지천이라고 하는데, 백마강교 부근에서 금강으로 들어간다.

　권극화의 시에서 "천길 동쪽 봉에 옛성이 있으니, 처다보매 산야정山野情의 그리움이 절로 난다. 3년을 오고가도 마침내 혜정惠政 없었으니, 주민들의 내 이름 아는 것이 부끄럽구나" 하였던 정산. 옛날의 영화로움은 간데없고 칠갑산을 향하는 사람들의 발길만 잠시 머물 뿐이다.

結城

八
장

충남 홍성 결성

광천 새우젓으로 이름난 만해 한용운의 고향

시인이자 승려이며 독립운동가였던 만해 한용운과 청산리 전투로 독립운동사에 길이 남을 김좌진 장군을 배출한 결성. 그처럼 걸출한 인물들의 고향인 결성을 찾아가는 발걸음은 여느 때와 달리 '민족'과 '독립'이라는 단어를 새삼스레 떠올리게 한다.

결성은 행정구역상 충청남도 홍성군에 딸린 하나의 면인데, 1914년 행정구역이 통폐합되기 전까지만 해도 은하면, 가산면, 광천면 등 10여 개 면을 거느린 군이었다. 백제 때의 이름은 결기군結己郡으로 신라 경덕왕 때에 결성군結城郡으로 고쳤다. 고려시대에 들어와 1018년(현종 9)에 운주運州(지금의 홍성)에 속했다가 1172년(명종 2)에 결성으로 고쳐서 감무를 두었다. 1413년(태종 13)에 예에 따라 현감이 되었으며, 1733년(영조 9)에 자신의 아버지를 죽인 죄인 차귀섭次貴燮이 태어난 곳이라 하

한용운 생가 충청남도 홍성군 결성면 성곡리에 있는 한용운의 생가는 예전의 그 터에 새로 지었다 한다.

여 없앤 뒤 보령에 붙였다가 1736년에 다시 복구되었고 1914년에 홍성군에 편입되었다.

한용운은 1879년 결성면 성곡리에서 태어나 여섯 살에 마을의 서당에서 한문 교육을 받았다. 그는 어려서부터 한 번 보면 잊어버리지 않아서 천재로 소문이 자자했다. 그의 아버지 응준應俊은 한용운이 열여섯 살이 되던 해 그의 형과 함께 동학농민혁명에 참가했다가 죽고 말았다. 그후 한용운은 설악산 오세암으로 들어가 4~5년 동안 머물면서 불경과 서양의 여러 사상들을 공부한 후 백담사에서 불문에 들어갔다.

여러 해에 걸친 방황을 끝내고 『조선불교유신론』 『불교대전』 등의 책을 펴낸 한용운은 1919년 민족대표 33인 중의 한 사람으로 참여해 독립선언서를 발표하고 경찰에 체포되어 3년형을 선고받았다. 그는 옥중에서 갖은 고초를 겪었지만 굴복하지 않고 「조선 독립의 서」를 집필하여 상하이로 보냈다. 감옥에서 나온 한용운은 강연 연사와 여러 활동을 하면서 1926년에 한국 문학사에 길이 남을 『님의 침묵』을 펴냈다.

그후 조선 불교가 어용화의 길을 걷게 되자 그는 태고사 대법당에서 열린 주지 대회의에 강연자로 참석해 전국에서 모인 승려들에게 "송장보다 더 더러운 것은 바로 여기 앉아 있는 31본산 주지 네놈들이다"라고 일갈했다. 일제의 어용화 정책을 수용하는 대가로 수많은 재산을 챙긴 주지들의 각성을 촉구했던 것이다.

그후 한용운은 독립운동의 비밀 결사단체인 '만당'을 조직하여 활동하다가 1944년 66세로 세상을 마감하였다.

한편 김좌진 장군은 1889년 갈산면 상촌리에서 태어났다. 세 살 때 아버지를 여의고 편모슬하에서 성장한 그는 어려서부터 천성이 영민하고 공부보다는 전쟁놀이와 말 타기를 즐겨하였다. 열여섯이 되던 1904년에 대대로 내려오던 노복 30여 명을 모아놓고, 그들 앞에서 종 문서를 불태운 뒤 농사를 지어먹고 살 만한 논밭을 골고루 나누어 주었다. 1905년 서울로 올라온 김좌진은 육군무관학교에 입학하였고 1907년 고향에 돌아와서 호명학교를 세우고 가산을 정리한 뒤에 학교 운영에 충당하게 하고서 90여 칸에 이르는 자기 집을 학교 건물로 쓰라고 내놓았다.

홍성에 대한협회와 기호흥학회의 지부를 결성하여 애국 계몽운동에 참여한 그는 「한성신보」 이사를 거쳐 안창호, 이갑 등과 서북학회를 세우고 오성학교를 설립하였다. 군자금을 전달했던 족질 김종근을 찾아간 것이 화근이 되어 2년 6개월간 서대문형무소에 투옥되었고, 1916년에는 광복단에 가담하였다. 1918년에 만주로 건너가서 대종교에 입교하였고, 3·1 독립선언의 전주곡이 되는 무오독립선언서에 민족지도자 39명 중의 한 사람으로 서명하였다. 대한정의단의 사령관을 맡고 있던 1919년 대한민국임시정부의 권고를 받아들여 북로군정서로 개칭한 다음 무장독립군의 총사령관이 되어 독립군 편성에 주력하였다.

왕청현 십리평 산곡에 사관연성소를 설치한 그는 스스로 소장이 되어 엄격한 훈련을 시키는 한편 무기 입수에 심혈을 기울였다. 1920년 10월 일본군 대부대가 독립군 대토벌을 위해 만주로 출범하자 그가 거느린 독립군을 장백산으로 이동시키던 도중 청산리靑山里에서 만나 전투를 전개하였다. 3일간 계속된 이 전투에서 일본군 3,000여 명을 사살해 독립운동사상 길이 남을 최대의 전과를 올렸다. 그 뒤로도 여러 활동을 벌이다가 1930년 1월 24일 산시역 앞 자택 200미터 거리에 있는 정미소에서 공산주의자인 박상실朴尙實의 총탄에 맞아 순국하였다.

오서산 예로부터 까마귀와 까치가 많아 까마귀 보금자리 '오서烏棲' 라 불리는 오서산은
정상에 서면 서해안 풍경이 시원하게 보여 '서해의 등대' 라고도 불린다.

광천 새우젓으로 이름이 높은 홍성군 광천읍이 『신증동국여지승람』
에는 다음과 같이 실려 있다.

광천廣川은 본현 동쪽 25리 지점에 있다. 그 근원이 둘이 있는데 하나는 홍주
오사리烏史里에서 나오고, 다른 하나는 오서산에서 나와 같이 합류하여 바다
로 들어간다. 모산당포母山堂浦는 본현 서쪽 22리 지점에 있다. 영락永樂 6년
(396년)에 왜놈의 배가 와서 정박하고 있는 것을 현감 김비金批가 여기서 싸워
물리쳤다. 장포長浦는 본현 서쪽 21리 지점에 있다. 석관포石串浦는 본현 서쪽
5리 지점에 있는데 전라도의 이전선移轉船이 돌아와서 정박하는 곳이다.

사람들이 머물러 가던 광천원 역시 광천 기슭에 있었다. 이 지역 사람
들이 아이들에게 우스갯소리로 다리 밑에서 주워왔다고 말하는 광천의
쪽다리 밑에는 거지들이 득시글거렸다고 한다. 광천읍을 가로지르는 광
천에는 한때 사금이 많이 나와서 사금을 캐는 사람들이 많았는데 광천
읍에는 알부자들이 많이 살아 "관청 많은 홍성에 가서 아는 체하지 말고
알부자 많은 광천에 가서 돈 있는 체하지 말라"라는 말이 유행하였다고
한다. 왜냐하면 충청남도의 최대 시장이 광천시장이었기 때문이다.

광천의 관문인 옹암포饗巖浦 또는 옹암항이라고 부르는 포구는 서해안
섬들의 유일한 통로였다. 보령시 원산도元山島와 안면도를 비롯한 서해
안 섬 사람들이 여러 가지 해산물과 어패류를 가지고 보령시의 오천항을
거쳐 옹암포에 들어와 광천장에서 그것들을 판 뒤에 생필품으로 바꿔가
지고 저녁 무렵에 돌아갔다고 한다. 광천장이 서는 매월 4일과 9일에는
150여 척의 장배가 드나들 만큼 크게 번성했던 포구였으나 산사태로 홀

러들어온 흙 때문에 선창이 매몰되고 내륙 교통이 발달하면서 침체일로를 걷다가 근래 광천 토굴 새우젓으로 재기의 발판을 마련하고 있다.

광천 새우젓은 옹암리 토굴에서 익힌 새우젓이다. 독배마을이라고 불리는 옹암리 마을 바위산에는 약 50~60개의 새우젓 토굴이 있는데, 토굴 하나에는 보통 1,500~2,000개의 드럼통이 들어간다. 광천 새우젓이 전국 생산량의 약 60퍼센트를 차지한 적도 있을 만큼 이름이 난 것은 이곳이 바다와 인접해 있어 새우젓을 저장하기에 알맞고 이곳 사람들이 간을 맞추는 솜씨가 뛰어나 새우젓의 맛과 빛깔이 좋기 때문이지만 무엇보다 큰 요인은 마을 한복판에 새우젓을 익히고 보관하는 토굴이 있기 때문이다.

이 토굴은 원래 폐광된 금광의 갱이었다. 40여 년 전에 이 마을 사람이 금광의 갱 속에다 새우젓 통을 넣어두었다가 꺼내보니 맛이 좋아 그때부터 새우젓 토굴로 이용하기 시작했다. 이 토굴은 섭씨 15~17도의 온도를 유지하므로 다른 지방에서 흉내 낼 수 없는 은근하고 깊은 젓갈의 맛을 낸다고 한다. 옹암포 마을 사람들은 대부분 새우젓 가공과 저장을 생업으로 삼고 있는데 잘 사는 사람이 많아 〈홍타령〉에 "광천 독배로 시집 못간 요 내 팔자야"라는 구절이 들어 있을 정도다.

결성현에 들렀던 조선시대 충청도관찰사 이안우李安愚는 "나그네 길어언 3월 중순, 난립한 산봉우리 앞의 석보를 찾았다. 울타리 가의 복사꽃은 비 맞아 더욱 아름답고, 교외의 빈 터엔 꽃다운 풀들이 연기처럼 덮여 있네. 해는 수많은 섬 밖으로 잠기고, 새는 끊어진 구름 속으로 날아 없어진다. 100년간 흥하고 망한 이 성에 올라보고, 개연한 한숨을 절로 지었다"라는 시를 남겼고, 조선시대의 문신 김백영金伯英은 "외로운 성에는 일월도 한가한데, 창망한 바다는 운연으로 막혔구나"라고 노래했다. 그들이 이곳을 찾았을 무렵 결성읍을 둘러싼 결성읍성에는 여섯 개의 우물이 있었다고 한다.

『신증동국여지승람』에 의하면 결성현의 동쪽으로는 홍주 경계까지 27리이고, 남쪽으로는 같은 홍주 경계까지 14리이며, 북쪽으로도 역시 홍주 경계까지 18리이고, 서쪽으로는 해안에 이르기까지 18리이며, 서울과의 거리는 381리이다.

결성면 성호리의 왕자산王子山은 적가실과 후청골 사이에 걸쳐 있는 산으로 이곳에 묘를 쓰면 자손 중에 왕이 난다는 속설이 있다.

결성면 읍내리에는 결성군의 군청이 있었으므로 읍내, 성안이라고 하였는데, 그 읍내리의 객사 터는 결성초등학교가 되었다. 그 옆에 자리 잡은 결성 동헌은 외동헌을 망일헌望日軒, 내동헌을 평근당平近堂 또는 평근대라고 부르는데, 지금은 망일헌만 초라한 모습으로 남아 있다.

결성동헌 뒤편에 있는 결성읍성 터는 읍내를 둘러싸고 있는 성터로 『신증동국여지승람』에 의하면 둘레는 3,325척에 높이는 9척으로 각 군의 사람들이 와서 돌로 쌓은 뒤 각각 쌓은 부분에 그들의 이름을 새겼다고 한다.

결성면 읍내리와 성남리 경계에 있는 석당산石塘山(145미터)은 바위로 이루어졌다. 산 정상에는 모양이 병풍을 닮은 병풍바위가 있으며, 남당南堂 터라고 불리는 신당 터가 있다. 그곳은 공조참판 김덕함金德涵의 아내 조씨의 신위를 모셔놓고 뱃사공들이 뱃길을 떠날 때 제사를 지냈던 곳이다. 결성읍성의 동쪽에는 동문인 진의루振衣樓라는 누각이 있었지만 지금은 사라지고 그 자리에 파출소가 서 있다.

고산사의 대광보전 이
건물은 조선 초기의 건축 양
식을 보여주는 중요한 유물
로 보물 제399호로 지정되어
있다.

결성 쪽으로 난 길을 따라가다 오른쪽을 바라보면 청룡산이 있다.
『신증동국여지승람』의 "청룡산靑龍山은 고산高山이라고도 하는데 본
현 서북쪽 5리 지점에 있다" 라는 기록에 등장하는 고산에는 조선시대에
세운 고산高山 봉수가 있어서 남쪽으로는 홍주 흥양관興陽串에 연결되었
고, 북쪽으로는 홍주의 고구산성高丘山城에 연결되었다.

청룡산의 정상 바로 아래에 고산사라는 절이 있다. 신라의 도선국사
가 창건했다고 하지만, 절과 석탑의 위치로 보아 고려시대에 세워진 절
로 추정되고 있다.

나지막한 청룡산(230미터) 자락에 자리 잡은 고산사의 대광보전 건물
은 여러 차례에 걸쳐 중수했는데도 조선 초기 건축의 모습을 그대로 간

직하고 있어 건축사에서 중요한 건물이기 때문에 보물 제399호로 지정되어 있다. 우리나라에서 보기 드문 팔작지붕에 주심포 방식과 다포 방식의 절묘한 결합을 보이는 대광보전 안에는 두 기의 불상을 모시고 있는데 오른쪽 불상은 흙으로 만든 것이고 왼쪽 석가여래좌상은 돌로 만든 것이다. 이처럼 돌로 만든 불상은 통일신라시대에서 고려시대에 걸쳐 제작되었기 때문에 통일신라시대의 것으로 추정하기도 한다. 이 절 법당 위의 닫집 일부가 미완성인 채로 남아 있다. 그 이유는 단청을 그리던 화공이 아무도 들여다보지 말라고 했음에도 궁금증을 참지 못한 동자가 몰래 엿보자 그만 달아나버리고 말았기 때문이라고 한다. 그때의 단청과 탱화는 아니지만 벽면에는 세 면 가득 탱화들이 걸려 있다.

결성면 무량리와 서부면 판교리 경계의 청룡산 남쪽 줄기에는 모양이 단정하고 수려한 옥녀처럼 생긴 옥녀봉이 있고, 무량골 남쪽에는 조선시대에 해문역海門驛이 있었던 역말 마을이 있는데 해문역은 1415년(태종 15)에 설치되었다가 1896년에 폐지되었다.

은하면 대청리와 화봉리 경계에는 은하봉이라는 산이 있다. 산의 모양이 은하수처럼 생겼고, 서쪽으로 안면도가 훤히 건너다보여 경치가 매우 아름답기로 이름이 높다. 정암사正菴寺라는 절이 오서산에 있었다고 하며 월산에는 석령사錫鈴寺라는 절이 있었다고 한다.

오서산의 정암사였던가 아니면 청룡사의 고산사였던가. 풍경소리가 은은하게 들려오는 어스름에 한용운의 시 「알 수 없어요」가 바람결에 실려왔다.

바람도 없는 공중에 수직의 파문을 내이며 고요히 떨어지는 오동잎은 누구의 발자취입니까?

지리한 장마 끝에 서풍에 몰려가는 무서운 검은 구름의 터진 틈으로 언뜻언 뜻 보이는 푸른 하늘은 누구의 얼굴입니까?

꽃도 없는 깊은 나무에 푸른 이끼를 거쳐서 옛 탑 위의 고요한 하늘을 스치는 알 수 없는 향기는 누구의 입김입니까?

근원은 알지도 못할 곳에서 나서 돌부리를 울리고 가늘게 흐르는 작은 시내 는 굽이굽이 누구의 노래입니까?

연꽃 같은 발꿈치로 가이 없는 바다를 밟고 옥 같은 손으로 끝없는 하늘을 만 지면서 떨어지는 해를 곱게 단장하는 저녁놀은 누구의 시입니까?

타고 남은 재가 다시 기름이 됩니다. 그칠 줄을 모르고 타는 나의 가슴은 누 구의 밤을 지키는 약한 등불입니까?

경북 경산 자인 - 왜군을 물리친 한 장군 전설이 전해 내려오는 고장

경북 경산 하양 - 갓바위미륵으로 인산인해를 이룬 고장

경북 군위 의흥 - 일연스님이 입적하였다는 인각사가 있는 고을

경북 영천 신녕 - 고개와 마을마다 전설을 간직한 고을

경북 포항 청하 - 팔만보경의 전설을 간직한 보경사가 있는 곳

4부

경상북도

사진 | 사람과 신 제공

慈仁

경북 경산 자인 │장

왜군을 물리친 한 장군 전설이 전해 내려오는 고장

지금은 경산시에 편입된 자인은 『신증동국여지승람』에도 현이나 군으로 등록되어 있지 않은 곳이다. 자인군慈仁郡(놋불, 노사화)은 본래 신라의 놋불인데, 제35대 경덕왕이 자인으로 고쳐서 장산군獐山郡의 관내가 되었다가 1018년(고려 현종 9)에 경주의 관할이 되었다. 그후 1637년(인조 15)에 비로소 현감을 두었으며 1895년(고종 23) 지방관제개정에 의하여 군이 되면서 읍내, 상동, 하동, 상남, 하남, 서면, 상북, 중북, 하북의 9개 면을 관할하였는데 1914년 군면 통폐합에 따라 경산군에 편입되어 자인면, 남산면, 용성면 3곳과 압량면, 진량읍 2곳의 일부 지역이 관할 구역이 되었다.

용성면 고은리의 죽배미는 아랫봇들 북판에 있는 논으로 흉년에 죽한 그릇과 바꾸었다고 한다.

고죽리에 있는 대흥사 터는 고죽 북쪽 약 3킬로미터 거리에 있는 절터

한장군놀이 중요무형문화재 제44호로 지정되어 있는 이 놀이는 여원무를 추어 왜적을 물리친 한 장군을 추모하기 위해 단옷날에 행해진다.

로 신라 때 창건하여 원통암이라 하였는데, 임진왜란 때 불타고, 1638년 (인조 16)에 중건하였다. 윷판산은 새못 남쪽에 있는 산으로 봉우리에 넓은 바위가 있는데 윷놀이를 할 만하다고 하며, 한미기(만감이고개)는 새못 서북쪽에서 진량읍 현내리로 가는 큰 고개로 만감이 위쪽이 된다.

용성면 곡란리 꼼도리재는 꼼도리에서 청도군 금천면 소천리로 넘어가는 고개인데 여러 산굽이를 돌아서 간다. 비단재는 곡란 서남쪽에서 청도군 금천면 갈지리로 넘어가는 고개인데, 비단장수가 이 고개에서 도둑을 만나 비단을 모두 털렸다고 하며, 불썬방우는 질동 북쪽에 있는 바위로 영험하여 사람들이 이곳에서 불을 밝히고 기도를 드렸다고 한다.

주막부리는 돌방아실 서북쪽에 있는 작은 보로 보 옆에 주막이 있었다고 하며, 얼음정골은 곡산 서쪽에 있는 골짜기로 골이 깊고 응달이 져서, 늦봄까지 얼음이 녹지 않는 곳이라고 한다. 구부자넷갓은 음나무징이 북쪽에 있는 산으로 용성면 미산리에 살고 있는 구씨 부자의 소유로 산을 지키는 산지기가 있었던 곳이며, 덕천리의 도덕동道德洞은 본래 자인군 상동면의 지역으로, 도둑이 숨어 살았었다고 하여 도둑이 또는 도덕이라 하였는데, 1914년에 도덕리로 바꾸었다.

매남리梅南里의 건들방우는 수리재에 있는 바위로 산비탈에 우뚝 솟아 있는데, 조금만 밀어도 건들건들하여 건들방우라는 이름이 붙었고, 구룡九龍은 매남리 동북쪽에 있는 마을로 구룡산 밑이며 청도군의 구룡과 구별하여 경산구룡 또는 전에 자인현 땅이었으므로 자인구룡이라고도 한다.

기방우(이암, 이암리, 독실, 독골, 독곡리)는 매남 동남쪽에 있는 구석진 곳으로 큰 방우(바위)가 있다. 옛날에 독그릇을 구웠던 곳으로 해마다 이곳에서 36마리의 꿩을 진상하였는데, 이를 점치라 하여 유명했다.

송림리松林里는 본래 자인군 하동면의 지역으로 송림사가 있었다 하여 송림이라 하였는데, 1914년 행정구역 변경에 따라 송림리라 하고 경산군 용성면에 편입되었다. 빈대절터는 송림 못 안 동북쪽에 있는 골짜기로 절이 있었으나, 빈대가 많아서 폐사하였다 한다. 옛날에는 이곳 송림에서 좋은 백지白紙 200속束, 피지皮紙 80속束을 나라에 진상했으며, 또 자인 고을의 동헌을 수리하는 데에도 이곳의 종이를 썼다고 한다.

외촌동의 장싯고개는 소라 서남쪽에서 고죽리로 넘어가는 고개로 이 근처 사람들이 자인장을 보러 갈 때는 늘 이 고개를 넘어갔으며, 헛고개는 삼걸못 북쪽에서 영천으로 넘어가는 고개로 매우 높아서 넘으면 허기가 진다고 한다.

용산리의 갈말고개는 용산 남쪽에서 청도군 금천면 갈지리 갈말로 넘어가는 고개이고, 용전리의 무점골(무정곡)은 용전 북쪽에 있는 골짜기로 옛날에 무쇠점이 있었는데, 이곳에서 엽전을 만들었다고 한다. 박을재는 용전 동북쪽에서 청도군 운문면 지천리로 넘어가는 고개다.

반룡사盤龍寺는 용전 동쪽에 있는 절로 1303년(고려 충렬왕 29)에 창건하였다는데, 1641년(인조 19)에 중 계운과 명언이 중건하였으며, 한때 원웅국사가 머물렀다. 배양골 동쪽에는 반룡사에 딸린 북암이 있었고, 내원암 옆에는 반룡사에 딸린 안적암 터가, 반룡사 동쪽에는 은선암 터가 남아 있으며, 북쪽에는 취운암 터가 남아 있는 것으로 보아 반룡사가 얼마나 큰 절이었는가를 미루어 짐작할 수 있다.

용천리龍川里는 본래 자인군 하동면의 지역으로 굽이진 곳(바닥이 깊숙한 곳)에 벌판이 있다 하여 굼벌이라 하다가, 변하여 구불, 구부리, 구화리 또는 구룡산 줄기 밑이어서 용호, 용전이라 하였다. 누룩들은 매찻들 서

남간에 있는데, 이곳의 소출로 반룡사에서 쓰는 누룩을 만들었다고 한다.

남산면 경동리의 광대골은 경동 동남쪽에 있는 골짜기로 광대가 놀았다는 곳이고, 구경리舊慶里 구점골(구점곡, 구경리)은 경동 동쪽에 있는 마을로 옹기점이 있었다는 곳이다. 살구정(행정, 행정리)은 경동 남쪽에 있는 마을로 살구정주막이라는 술집이 있었다고 하며, 남곡동의 화랑골은 짓갓골 서남쪽에 있는 골짜기로, 근처에 살던 선비가 진사에 급제하여 화랑이를 불러 놀게 하며 이곳에서 도문잔치를 베풀었다고 한다.

반곡동盤谷洞은 본래 자인군 하남면의 지역으로, 고사리가 많이 났다 하여 고사릿골이라고 불렀는데 그 말이 변하여 사릿골, 서릿골 또는 반곡이라고도 불린다.

사림동의 법국고개(법고개, 복고개)는 사림 남쪽에서 청도군 매전면 금천리로 가는 고개이고, 빈대절텃골은 펑풍디미 서쪽에 있는 골짜기로 이곳에 절이 있었다. 수리덤고개는 사림 북쪽에서 조곡동으로 가는 고개로 수리더미 밑이 되고, 절골에 있는 신림사新林寺 터는 신라 때의 고승 원효대사가 창건하여 금당사金堂寺라 하였는데, 1621년(광해군 13)에 법성이 중건했으나 오래지 않아 헐리고 말았다. 큰애밋골(큰애밋골)은 솔무덤이 서쪽에 있는 골짜기로 매우 가팔라서 오르내리기에 애를 먹는다는 고개이고, 사월동의 살구재(살고재, 행현)는 사월 서남쪽에서 전지동으로 넘어가는 고개로 흉살이 비치는 곳이라 하여 혼인을 마치고 돌아가는 가마는 이곳을 피해서 갔다고 한다. 상대동의 고리실재는 상대 서남쪽에서 남천면 금곡동의 고리실로 넘어가는 고개이고, 송고개는 상대 동북쪽에서 압량면 여천동으로 넘어가는 고개이다.

우검동에 있는 당고개는 우검 동남쪽에서 송내동으로 넘어가는 고개로 고갯길에 서낭당이 있었다. 남산면 조곡리에 있는 성제암聖齊庵은 성지미에 있는 절 터로 신라시대에 어느 임금이 후사가 없자 이 암자에 와서 지성으로 불공을 드려 아들을 낳게 된 뒤 아래 골짜기를 독자곡, 그 위에 있는 산을 왕산이라 하였다고 하는데, 지금도 아들을 바라는 사람들이 와서 불공을 드린다고 한다. 시계배미는 장구배미 동쪽에 있는 논으로 물을 대면 조금만 가물어도 곧 말라서 농사가 잘 안 되므로 이 논이 풍년이면 다른 논은 보지 않아도 풍년이 든다 하여 그 농사의 길흉을 점쳤다고 한다.

평기동의 죽방은 가는골보 가운데에 있는 논으로 어느 흉년에 죽과 바꾸었다는 논이고, 화랑골은 새악골 동쪽에 있는 골짜기로 화랑이 살았다는 곳이다. 홍정동의 설맷등은 희알 남쪽에 있는 등성이로 지형이 가팔라서 나뭇짐을 썰매에 묶어서 끌어내렸다고 한다.

자인면慈仁面 계남리의 둔들 남쪽에 있는 까마새 마을은 산등성이끝과 까막듬뱅이의 사이가 된다고 하여 지어진 이름이며, 선창先昌(선창동, 선채이)은 둔들 동남쪽에 있는 마을로 붓도랑 물을 여러 갈래로 나뉘어 흐르게 하는 시설인 선창이 있었다.

계림리의 화짓대거리는 칠기덤 동남쪽에 있는 산으로 이 근처에 사는 김씨가 과거에 급제하여 이곳에 화줏대(솟대)를 세웠다고 한다. 경상북도 경산군 자인면 교촌리에 있는 자인향교慈仁鄕校는 고려 공민왕 때 현유賢儒의 위패를 봉안, 배향하고 지방민의 교육과 교화를 위하여 창건되었다. 1562년(명종 17) 부윤 이정李楨이 중건하였으나 임진왜란 때 불에 타고 말았다. 1672년(현종 13)에 고을 선비 이춘복을 비롯한 학자들의 청원에 따라 중건하였으며, 3년 뒤에 도천산到天山 아래에 이전하였다가 1728년(영조 4) 현재의 위치로 이전하였다. 1900년과 1922년에 각각 대성전을 중수하였고, 1924년에 명륜당, 1926년에 대성전을 중수하였다. 현존하는 건물로는 6칸의 대성전, 8칸의 명륜당, 5칸의 모성루慕聖樓, 4칸의 동재東齋, 평삼문平三門, 4칸의 하당下堂, 2칸의 제기고祭器庫 등이 있다.

문래각단(문루각단, 향교문루각단)은 생개 동쪽에 있는 마을로 자인향교의 문루가 있다. 버들못(유제)은 생개 북쪽에 있는 못으로 둘레에 버드나무가 많았다는 곳이다.

한해 중 양기가 가장 강하다는 오월 단오 날 경산시 자인면에서는 단오 굿으로 중요무형문화재 44호로 지정된 한 장군 놀이를 한다. 한 장군韓將軍은 원래 이 지역 단오 굿의 중심행사인 여원무女圓舞에 등장하는 주인공 이름인데 자인면 일대의 사람들은 한 장군이란 인물이 실재했거나 아니거나 그 유무有無를 떠나서 지금도 그에 대한 신앙심을 지니고 있다. 이 지역 사람들은 한 장군에게 제사를 지내지 않으면 가뭄이나 역병이 든다고 믿기 때문에 단옷날이면 제사를 지내며 여원무라는 춤을 추는 한 장군 놀이를 벌여 왔다.

자인 고을의 전설에 의하면 한 장군은 신라나 고려 초기 사람이라고 하는데, 이곳에 침입한 왜구가 자인면의 북쪽에 있는 도천산到天山에 주둔하고서 노략질로 백성들을 괴롭히자 한 장군이 이들을 물리치기 위해 여원무를 마련했다. 그는 모자 두개를 만들고 거기에 색종이 꽃을 달고 오색 종이를 둘러 누이동생과 함께 이 모자를 쓰고 여자 옷을 입고 산 아래 버들못 가에서 광대와 주민들과 함께 풍악을 울리며 춤을 추었다고 한다. 주민들이 모두 칼과 창을 옷 속에 감추고 놀이판을 벌이자 왜적들이 산에서 내려와 구경을 했는데 장군이 모자를 벗어던지는 것을 신호로 삼아 모두 칼을 빼어들고 왜구를 쳐서 모조리 죽여 못 속에 던지

니 버들 못이 피로 물들었다고 한다. 그 때 사로잡은 왜구를 둑의 돌에 엎어 놓고 목을 쳤다는데, 지금도 그 칼자국이 남아 있는 바위가 있는데 그 바위를 참왜석斬倭石 또는 검흔석劍痕石이라고 부른다.

그 뒤 이 고장에는 한 장군을 기리는 사당을 세우고 단오날이면 여원무를 추며 제사를 올렸다. 조선 중기에는 자인현감 송수현宋秀賢이 새로 진충사를 지어 한 장군을 모시는 한묘韓墓가 두개가 되었는데 그 뒤로도 자인과 진량 일대에 세워진 한당韓堂이 7개나 된다. 한 장군 놀이는 특히 임진왜란이 일어났을 때에 왜구에 대한 증오심이 높아 성했다고 한다.

한 장군 놀이는 오월 단오날에 자인 장터에서 여원무를 추는 것으로 시작되어 가장 행렬이 한 장군의 사당에 이르러 제사를 지내는 것으로 끝난다. 한 장군 남매가 입었던 여원화는 귀신을 물리치는 힘이 있다 하여 사방에서 몰려든 구경꾼들이 최후의 한 조각까지 남김없이 뜯어 간다고 한다.

남신리의 단지보는 널흠거리 위쪽에 있는 보로 어떤 여자가 단지를 이고 이곳을 지나다가 빠져서 단지가 깨졌다고 하며, 마배사래는 남신 동남쪽에 있는 논으로 옛날에 말 부리는 사람의 사래답이었다.

비개산구는 지름사래 동쪽에 있는 논으로 이 논의 소출로 자인현감의 베개를 만드는 비용으로 썼다고 하며, 역도장사래는 지름사래 북쪽에 있는 논으로 조선시대에 이 지방에 있던 산역 이도장의 사래답이었다고 한다.

지름사래는 후배사래 북쪽에 있는 논으로 조선시대에 이 논에서 나는 수확으로 자인현감 방의 등잔불 기름의 비용으로 썼다고 하며, 단북리 의 배끝장터는 동부리 남쪽에 있는 마을로 옛날 읍장이 안팎 두 곳에 섰 는데, 이곳에는 그 바깥쪽 장이 섰다는 곳이다. 사창司會 터는 창 앞거랑 뒤쪽, 곧 지금의 자인초등학교 교감 사택 자리에 있던 자인 고을의 사창 터이고, 요산루樂山樓 터는 동부리 27번지에 있는데, 1700년(숙종 26)에 현감 전명삼이 세워 요산요수의 글귀를 따서 지은 이름이라고 한다. 1767년(영조 43)에 요산루에 대해 진사 정충빈이 쓴 기가 있으며, 1871년 (고종 8)에 현감 유도석이 개건했는데 1912년에 헐렸다.

현재 자인면 농업협동조합 자리에는 자인현의 관노방 터가 남아 있 고, 자인면사무소 자리에는 자인현의 현사 터가, 자인면 소방서 자리에 는 옛 자인현의 형리청 터가 남아 있다.

북사리에는 자인 고을의 동헌인 사중당使衆堂의 터만 남아 있고, 지금은 이 자리에 자인 중·고등학교가 들어섰다. 전에는 자인 고을이 원당리元堂里에 있었으므로, 모두 그곳에 있었는데 1759년(영조 35)에 현감 김시휘金始徽가 고을을 이곳으로 옮기면서 동헌만 이건하였다. 그러다가 다른 관청은 옮기지 못한 채 갈려 떠나고 이듬해 1760년 7월 1일, 후임 김명삼金命三이 모두 옮겼다. 그후 1792년(정조 16) 3월 25일, 민가에서 불이 나는 바람에 40여 호를 태우면서 함께 전소되어 그 뒤 현감 최수崔粹가 중건하였으나 헐려 1888년(고종 25) 5월 27일 다시 지었다는데 끝내 헐리고 말았다.

북사리와 남촌리의 경계에는 자인현의 사직단 터가 남아 있고, 삼신당말랭이는 불당고개 남쪽에 있는 고개로 삼신당이 있었다고 한다.

자인면사무소 뒤쪽에는 한 장군의 사당인 한당韓堂이 있는데, 중앙에는 제상이 있고, 그 위에 '증판서 한 장군지 신위'라고 쓴 길이 약 80센티미터의 위패가 놓여 있으며, 오른쪽 벽에는 갑옷, 화살통들이 걸려 있고 그 아래에는 꽃으로 만든 갓 하나가 놓여 있다. 위패에 판서라 한 것은 조선시대에 장군의 공적을 표창하여 증직한 것이라 한다. 해마다 단옷날에 서부리 한당에 제사를 지낸 뒤 이곳에서 또 지낸다.

서부리에 있는 한 장군의 사당은 중앙에는 붉은 베로 두른 막이 있고, 그 속 중앙에는 밤나무로 만든 길이 약 70센티미터의 '한장군신위'라고 쓴 위패가 있으며, 그 아래에는 제상이 놓여 있다. 제상 오른쪽에는 백지를 감은 활 모양의 솔가지가 있는데, 그 양 끝에는 소지 때 쓰는 종이가 매어 있으며, 그 끝에는 대추, 밤, 흰떡이 둘씩 쌓여 있다. 또 좌우 벽의 아래쪽에는 작은 닫집이 있고, 그 안에는 길이 약 20센티미터의 '좌(우)신위'라 쓴 위패가 있으며, 앞에는 또 네모진 제상이 놓여 있다. 신라 때(또는 임라군이 침범했을 때라 하기도 한다) 한 장군 남매의 공로를 추모하여 이곳에 사당을 세우고, 해마다 단옷날에 제사를 지낸다. 이때 대명행렬이라 하여 옛 여원무의 흉내를 내어 두 남자아이가 여자 옷차림을 하고 고운 빛깔의 종이로 만든 화관을 쓰고 춤을 추고, 그 옆에서 다른 사람들이 징, 꽹과리를 치고 북을 두드리며, 자인 호장은 예복 차림으로 가마를 타고 가고 그 뒤를 따라 지방관원과 청년들의 대표 수십 명이 모두 말을 타고 행렬하면서 이 사당에 와서 제사를 지냈다. 그리고 곧바로 북사리의 한당으로 가서 제사를 지낸 뒤, 북사리의 계림 뒤에서 기마전쟁 연습을 했다. 1765년(영조 41)에 현감 정충언鄭忠彦이 사당을 중수하고, 그의 동생 충빈이 영신사 노래를 지어 제사를 지냈다.

또 밀양 등 다른 지방에서 명창 기생, 광대들을 불러와서 노래와 춤을 추며, 계림에서는 그네뛰기, 시장 부근에서는 씨름대회, 계림 언덕에서는 백일장 행사도 함께 베풀어 축하하였는데, 그 뒤 폐지되었다가 1968년 다시 시작하였으며, 1971년 3월 '한장군놀이' 라는 이름으로 중요 무형문화재 제44호로 지정되었다.

헛문거리(현문거리)는 서부리 645번지, 곧 장동 남쪽에 있는 길로 옛 자인현 관아의 입구인데 홍살문이 있었다. 완금발(완금전)은 관상 서남쪽에 있는 돌로 뒤에 있는 봉수산이 옥녀탄금형의 명당이라 한다. 관상 동쪽 어귀에 있는 현감비는 자인 현감 이적의가 밤나무가 적은 고을에서 옛 관습에 따라 해마다 많은 밤을 진상하여 민폐가 심하므로 이를 조정에 상소하여 폐단을 막아주는 등 선정을 베풀었으므로 자인 고을 백성들이 그 덕을 칭송하여 세운 비이다.

조정에 진상하던 밤은 신도리에 있는 남산에서 생산되었다고 하며 옥천동에 있는 늘못(누불못, 적계, 적사제)은 한낫개 북쪽에 있는 못으로, 누불미기라고 부르는 꽃뱀이 많았으며 물빛이 황토색이다. 한낫개(대천리)는 옥산 남쪽에 있는 마을로 마을 앞에서 두 골 물이 합하여 큰 내를 이루면서 흐른다.

자인면의 원당리元堂里에는 동헌 터가, 동남쪽에는 옛 자인현의 객사 터가 남아 있고, 자인현 터 원당 서쪽에 있는 자인 고을의 터에는 예전에 관상동이 있었는데, 1727년(영조 3)에, 현감 남궁각이 이곳으로 옮겼으나, 관아와 향청에 근심스런 일이 계속 생기므로, 34년 후인 1759년(영조 35) 현감 김시휘가 옛 자인현 터로 다시 옮겼다.

화짓대거리는 감남들 복판에 있는 논으로 이 부근에 사는 경주 이씨가 급제하여 세운 화줏대(솟대)가 있었다. 여지단 터는 도장골에 있는 자인현의 여제단이 있었던 곳이고, 읍척邑尺(읍척리, 읍척동, 읍척곡리)은 읍천리에서 으뜸 되는 마을로 옛 자인 고을 관아 터의 옆이다.

도천산到天山(260미터)은 자인현의 진산이다. 산의 정상에는 왜적이 쌓았다는 성터와 절이 있었다고 하지만 지금은 그 흔적을 찾을 수가 없고, 다만 기왓조각과 숟가락 등이 가끔 눈에 띌 뿐이다.

사중당使衆堂은 조선시대 자인현의 정청政廳으로 자인현감 임선백任善伯에 의해 지금의 자인면 신관리에 세워졌는데, 일명 무금헌撫琴軒이라고도 부른다. 그 뒤 고을 터가 옮겨짐에 따라 원당동 북사로 이건되었고, 지금의 건물은 1870년에 세워진 것이다. 한때 자인국민학교로 사용되기도 했으며 1936년에 서부리 서편으로 옮겨졌고, 1980년에는 서부리한 장군의 사당 곁으로 이건하였다. 정면에 붙은 사중당이라는 목각현판은 1763년(영조 39)에 자인 현감으로 부임했던 정충언이 쓴 것이다.

河陽

경북 경산 하양 二 장

갓바위미륵으로 인산인해를 이룬 고장

하양 동헌 동쪽에 있는 용벽루聳碧樓는 하양 현감을 지낸 송을개宋乙開 가 세웠는데 서거정은 용벽루를 두고 시 한 편을 지었다.

나는 새 구름 속 멀리 들어가는데, 누는 허무한 반 공중에 서 있네. 장한 절개 긴 대나무는 천 줄기 옥 같은 창이요, 가는 허리 약한 버들은 반 가닥 금실 드 리운 듯하네. 청천의 좋은 글귀 지금 어디 있는가. 고목이라는 높은 재주 자 랑할 것 없네.

하양군河陽郡(하주, 화성)은 본래 고려의 하주河州인데, 995(성종 14)년 에 하주자사로 바꾸었다가 1018년(현종 9년)에 하양현河陽縣으로 강등되 어 경주에 붙었다. 조선 1413년(태종 13)에 현감이 되고 1895(고종 32)년

관봉석조여래좌상 갓바 위미륵 또는 관암석불이라 고도 불리는데 통일신라시 대의 석불좌상으로 한번 기 도를 올리면 꼭 기도에 답을 해준다 하여 지금도 사람들 의 발길이 끊이질 않는다.

에 지방관제 개정에 의하여 군이 되어 읍내, 마양, 북면, 와촌, 중림, 낙산, 안심의 7개 면을 관할하였다. 그후 1914년 군면 통폐합에 따라 경산군에 편입되었는데 지금의 하양읍, 와촌면, 진량읍의 일부 지역이 그 관할이었다.

『신증동국여지승람』에 하양의 진산은 현에서 12리쯤 떨어져 있는 무락산無落山으로 실려 있는데, 지금은 무학산舞鶴山(593미터)으로 이름이 바뀌어 불리고 있다. 이 산은 산 모양이 마치 학이 춤을 추고 있는 것 같이 보여 무학산이라고 하는데, 팔공산을 둘러싸고 있는 산 가운데 하나로 서북사면은 급경사이지만 동남사면은 완만하다. 이 산의 북쪽에 불굴사가 있으며, 남쪽에는 환성사 그리고 동남쪽에 무량사가 있다.

하양읍 사기리와 대학리에 걸쳐 있는 산이 일명 소리만딩이 또는 성산이라고도 불리는 소리산이다. 환성산에서 동쪽으로 뻗은 한 지맥의 끝 부분에 우뚝 솟은 이 산은 최명원崔明遠이라는 사람이 이 산속으로 피난을 와서 천막을 치고 살면서 소리를 질러 안부를 전했다고 해서 지어진 이름이다.

또 하나 하양에서 빼놓을 수 없는 산이 현의 서쪽 20리에 있었다는 초례산醮禮山(632미터)이다. 이 산은 그 모양이 조래(조리)처럼 생겨 조래봉이라고도 하는데, 고려 태조가 대구 공산에서 견훤에게 크게 패한 다음 이 산에 올라 하늘에 제사를 지냈기 때문에 초례산이라는 이름이 붙었다고 한다.

『신증동국여지승람』에 실린 하양현은 동쪽으로 영천군의 경계까지 6리, 남쪽으로 경산현慶山縣 경계까지 18리, 서쪽으로는 같은 현 경계까지 30리, 북쪽으로는 영천군永川郡 경계까지 12리, 서울과의 거리는 642리이다.

이곳 하양현의 남쪽 4리에는 현감 채륜蔡倫이 세웠다는 관서정觀逝亭이 있었다는데 그 자취는 찾을 길이 없고, 현의 서쪽 7리에 있었다는 화양역華陽驛이나 폭괘원輻掛院, 그리고 현의 동쪽 5리에 있었다는 시천원匙川院 역시 온 데 간 데 없이 사라졌다.

이곳 무락산에 있었다는 신림사新林寺를 두고 고려시대의 문장가 김극기金克己는 다음과 같은 시를 남겼다.

갈대 태워 6월 더위 돋우니, 금이 엎드릴 만치 불 기운 드세기도 하네. 붉은 기운 우주에 가득 차니, 화끈화끈 새 가마 연 듯하다. 어찌 풀과 나무만 불태운다 하리. 모래와 돌도 다 타고 녹는 듯, 내 이슬 마시는 사람 아닌 바에야 어찌 이 번거로움을 피할 수 있으리.

하양읍 금락리와 부호리 경계에 있는 봉의산은 높이가 89미터로, 서산 봉수가 있어서 동쪽으로 영천시의 성황당산과 남쪽으로 경산시 성산에 응하여 봉화를 울렸다고 한다. 갈지동葛旨洞(가을말리, 갈마리, 갈말, 가을지리, 갈지) 돌정지의 석정리는 비석절 동남쪽에 있는 밭으로 큰 돌이 서 있었고, 소공동산은 굿안돼배기 북쪽에 있는 산으로 병든 소가 죽으면 묻었다는 산이다.

경산시 와촌면 강학리江鶴里에 있는 불굴사佛窟寺는 690년(신라 신문왕 10)에 창건한 절이다. 조선 중기까지만 해도 500여 동의 건물과 열두 개의 암자를 비롯 여덟 대의 물레방아를 갖춘 큰 절이었는데 1736년(영조 12)에 큰비로 대파되자 송광사에서 온 노승이 중건하여 오늘에 이르렀으며, 이 절의 쇠퇴와 관련된 설화가 전해내려오고 있다.

은해사를 말사로 거느리고 있던 이 절은 조선시대에 숭유억불정책으로 절을 놀이터로 삼고 승려들에게 수발을 들게 하는 유생들의 횡포에 크게 곤욕을 치르고 있었다. 어느 날 점잖은 과객이 이 절을 찾아왔다. 승려들은 그에게 하소연을 하면서 절에 유생들이 찾아오지 못하게 하는 방법을 가르쳐달라고 하였다. 과객은 산너머 솔밭에 가면 큰 거북들이 있을 것이니 그 거북의 눈을 빼버리면 손님이 오지 않을 것이라고 일러주었다. 승려들은 유생들 때문에 워낙 지쳐 있던 터라 그의 말대로 거북의 눈을 빼버리고 말았다. 그러자 갑자기 뇌성벽력이 치고, 비가 오더니 산사태가 일어나서 절이 흙 속에 묻혀버리고 말았다. 그 뒤 은해사가 큰 절이 되고 이 절은 은해사에 딸린 암자가 되었다고 한다.

이 절에 남아 있는 건물은 법당을 비롯하여 산신각, 요사채 등이며, 문화재로는 보물 제429호로 지정되어 있는 삼층석탑을 비롯하여 약사여래입상과 부도 등이 있다. 약사여래입상은 이 지역 사람들이 미륵님이라고 부르는데 큰비로 이 절이 대파될 때 매몰되었던 것을 송광사 노승이 현몽을 받아 발굴하였다고 하며, 현재 보호각 안에 보존되어 있다. 또한 이 절에 남아 있는 석등은 불국사, 부인사 등의 신라 석등과 양식을 같이하면서 부분적인 차이점을 보인다. 절의 위쪽에는 원효가 수도한 석굴이라고 해서 원효암 또는 불암이라고 불리는 석굴이 있다.

방아골에 있는 약수는 바위굴에서 솟아나는데, 속병과 피부병에 좋다하며 바위 위에는 '해동 제일 약수'라는 여섯 글자가 새겨져 있다.

경산시 와촌면 대한리에 있는 관봉석조여래좌상은 갓바위미륵 또는 관암석불이라고 불리는데, 통일신라시대의 석불좌상이다. 약사신앙의 일번지라고 알려져 있는 팔공산에는 수많은 약사여래좌상이 있는데, 그 중에서 가장 영험하다고 소문난 곳이 이곳에 있는 관봉석조여래좌상이다. 대구·경북 지역뿐만 아니라 전국적인 명성을 얻어서인지 남녀노소를 막론하고 수많은 사람들이 이 불상에 기도 드리러 찾아오고 있다. 특히 매달 음력 그믐부터 초이레까지는 새벽 4시부터 이곳 갓바위로 향하는 사람들의 발길이 끊임없이 이어지고 있다. 특히 입시철이나 선거철에는 더욱더 인산인해를 연출하고 있다. 해발 850미터 지점에 자리 잡고 있는 이 불상(보물 제431호)은 높이가 4.15미터이고, 좌대를 포함한 전체 높이가 5.6미터에 이르며, 머리에는 두께 15센티미터에 이르는 판석이 올려져 있어 마치 갓을 쓰고 있는 것처럼 보인다. 불상의 머리에는 불정이, 이마에는 백호가 뚜렷하고, 얼굴은 풍만하며, 눈, 코, 입의 조각이 세련되어 잘 조화를 이루고 있는데다 가슴과 어깨가 넓고 번듯하여 후덕한 인상을 풍긴다. 이 갓바위부처는 신라시대에 원광의 제자 의현이 돌아가신 어머니의 명복을 빌기 위해 만든 것이라 한다.

진량읍 다문리의 무내미는 무내미고개, 무넘곡이라고도 불리며 큰다문이에서 신제동으로 넘어가는 고개로 지형이 낮아서 신제동의 물이 이 고개로 넘어온다고 한다. 원골은 원다문이 동남쪽에 있는 골짜기로 이곳에 여행자 편의를 도모하여 지은 원이 있었으며, 옛 시절 대원사라는 절이 있었다는 대원동의 불싼골은 큰당골 동쪽에 있는 골짜기로 부인들이 이곳에 불을 밝혀놓고 소원 성취를 빌었다고 한다.

당수나무는 아랫각단 회남걸과 웃각단 회남걸에 있는 느티나무로 해마다 정월 보름에 당산제를 지냈으며, 문천리의 돌곡(돌고개)은 술비 남쪽 신제리의 새못 안으로 넘어가는 고개인데 지금은 길이 곧게 뻗었지만 예전에는 여러 굽이를 돌아가게 되어 있었다고 한다.

보인사라는 절이 있었다는 보인리甫仁里의 고분다리는 고부교, 고부네다리라고도 부르는데, 보인 동북쪽에 있는 다리로 옛날에 어느 과부가 돈을 대어 큰 다리를 놓았다 한다. 뱃나드리는 고분다리 남쪽, 곧 보인동과 부기동 경계에 있던 나루터로 금락동으로 건너가는 나루였다.

부기리의 개사래는 구매 동남쪽, 금호강 가에 있는 들이고, 갯주막은 대추말 동북쪽 개울 옆에 있는 마을로 하양읍으로 가는 옛 길가에 주막이 있었다고 한다. 선화리의 꽃밭재(화전재)는 화전 서쪽에 있는 산으로 참꽃(진달래꽃)이 많이 피었다고 하며, 가뭇골 동쪽에 있는 들인 점태들은 양쪽으로 물이 흘러 섬처럼 되었던 곳으로 예전에 이곳에 큰 마을이 있었다고 한다.

속초리에 있는 눗보는 와보라고 부르는데, 속초 서쪽에 있는 보로 수원이 좋아서 이 보의 물을 대는 들은 물 걱정 없이 농사를 지어 누워서도 먹을 수 있다는 뜻에서 생긴 이름이라 한다. 살빗곡은 속초 남쪽에서 자인면으로 넘어가는 고개로 지세가 험하여 조심조심 살펴 다녀야 한다고 하여 지은 이름이다.

시문리의 미너리못(메너리못, 부제지)은 시문 서북쪽에 있는 못으로 안쪽과 바깥쪽 두 못으로 되어 있는데, 안쪽 못은 시어머니가 파고, 바깥쪽 못은 며느리가 팠다고 한다.

현내리의 박산재(박산현)는 현내리 서쪽 금박산에 있는 고개로 영천永川 대창면大昌面 구지리로 넘어가는 고개이고, 현내동에는 한 장군의 사당이 있는데, 본래 이곳이 한 장군당의 발상지라고 한다.

하양읍 교리의 여지단 터(여제단 터)는 새못 북쪽에 있는 하양고을의 여제단 터인데 지금은 묘가 되었고, 옹그점거리에 있는 하양동헌은 청금헌이라는 현판이 걸려 있는 건물이다. 하양장河陽場(읍장, 읍내장)은 금락리, 동서리, 도리에 걸쳐 있는 하양읍의 장으로 4일과 9일에 선다. 생교골에 있는 옛 하양군의 향교는 1804년(조선 순조 4)에 중건하고, 1862년(철종 13) 고을 선비 진사 손상봉이 사재를 털어 중수하였다. 금락리의 관개동산(관가동산)은 옹그점거리 서쪽에 있는 동산으로 밑에 하양현의 관아가 있었다.

대곡리의 한천성령寒泉城嶺(성고개)은 웃한실 서쪽에서 대구광역시 동구 평광동 한천으로 가는 고개이며, 춘향이배미는 황시마 서쪽에 있는 논으로 배미가 작고 둥글며 예쁘게 생겼다 하여 춘향이에 견주어 지어진 이름이다.

대학리의 부새뱅이 무학리 북쪽에서 와촌면 소월리 갈밭으로 가는 고개는 정월보름날 밤 불을 놓고 달맞이를 하였던 곳이다. 남정들에 있는 관서정 터는 1424년(세종 6) 현감 채륜이 관민의 놀이터로 만든 것으로 밑에는 금호강이 유유히 흐르고 그 건너에는 넓은 들과 산이 둘러 있어 경치가 좋았으나 지금은 강을 막고 개간하여 들이 되었고 정자는 홍수에 유실되었다.

사기점이 있었으므로 사기동이라고 부른 마을에 있던 톳재비다리는 톳재빗골 옆 모퉁이에 큰 돌로 만들어진 다리로 장마가 져도 떠내려가지 않으므로 톳재비(도깨비)가 놓았다 하여 지어진 이름이다. 환성사는 사기리 150번지에 있는 절로 835년(신라 흥덕왕 10)에 심지 또는 의상스님이 창건했다고 한다. 환성사의 대웅전은 자연석으로 단을 쌓고, 화강석의 주춧돌 위에 서 있다. 조선시대에 중수했으나, 오래 되어 헐렸으므

환성사 본사인 은해사의 말사로 산이 성처럼 절을 둥글게 싸고 있어서 환성사라는 이름이 붙었다.

로 1973년 해체 복원하였고 보물 제562호로 지정 보호하고 있다.

서사리西沙里는 본래 읍내면의 지역으로, 조선시대에 화양역이 있었으므로 화양역, 역촌, 역마, 역마을 또는 서사, 서사리라 하였고, 구진벼리는 사이동 서북쪽에 있는 벼랑으로 그 위에 길이 나 있는데 매우 험하다.

한사리의 동자보童子洑(독자보, 도둑놈보)는 굽내 동남쪽에 있는 보로 근처에 있는 여러 개 못의 물과 보의 물을 끌어와 만들었으므로 도둑에 빗대어 도둑놈보라고도 하였다.

모구섬(문도)은 모금섬 들에 있던 섬으로 전설에 하양읍에 모구(모기)가 많은 것은 이 섬이 있기 때문이라 하여 해방 전에 깨버린 탓에 그 돌이 없어졌다. 비석이 서 있는 비석걸은 굽내 동쪽에 있는 마을로 옛 관행길이었으므로 하양현감과 관찰사의 선정비가 많이 섰었는데, 지금은 두 개의 선정비만 남아 있다. 그러나 그것마저도 마멸되어 비석의 글은 잘 보이지 않는다.

김극기가 지은 시에, "말머리와 시내와 산 백 겹이나 지나다가, 황혼에야 비로소 범왕궁에 당도했네. 하늘가에 노한 물결 천 봉우리 눈이요, 평지에 놀란 천둥 만 구름의 바다일세. 시든 부들에 시름없이 앉으니 몸에 소름이 나고, 마른 삭정이 쾌하게 태우니 다리는 활같이 구부려지네. 그대를 시켜 술을 청해 함께 기울이니, 얼었던 뺨이 금시에 난만하게 붉어지네"라고 읊었던 하양은 경산시에 딸린 대구의 배후도시로서 날이 갈수록 번성해가고 있다.

경북 군위 의흥 _{三장}

일연스님이 입적하였다는 인각사가 있는 고을

이규보는 의흥의 풍광에 대해 이렇게 읊었다.

좋은 경치 끝이 없어 밥 먹이는 손 많으니, 씹는 맛 사탕수수와 같아 점점 아름답네. 우연히 그림이 된 것은 시냇가의 절이요, 별다르게 풍류를 점령한 것은 벽들에 비친 집일세. 물결 급하니 노는 물고기 떨어지는 돌에 부딪치고, 바위 비었으니 그윽한 새 희롱으로 꽃을 잡아당기네. 들으니 이 속에 삼신산이 있다 하니 봉래, 영주의 길 막혔다고 누가 말하던가.

의흥은 경상북도 군위군 의흥 지역에 있던 조선시대의 현이다. 본래 고려의 의흥군이던 것을 현종 9년인 1018년에 안동부에 소속시켰고, 공양왕 2년에 감무를 두었으며 1413년(태종 13)에 현감으로 개칭하였다.

인각사 일연 스님이 『삼국유사』를 저술하고 입적하기까지 5년 동안 머물렀던 절이다.

1895년에 대구부 소관의 군이 되었다가 1914년에 군위군에 병합되어 의흥면이 되었는데, 의흥, 부계, 우보, 산성, 고로의 5개 면이 관할구역이었다.

의흥현의 지명은 의흥의 신라 때 옛 이름인 구산현龜山縣의 지형이 거북이 엎드려 있는 형세이므로 이곳의 발전이 더디다고 하여 의롭게 발전하고 흥하라는 뜻에서 의흥으로 고친 데서 유래했다. 조선시대에는 이곳이 대구, 영천, 의성, 안동을 연결하는 군사·교통상의 요충지였으므로 1689년에 화산산성을 축조하였고, 팔공산에도 옛날에 쌓은 성이 있었다.

의흥현의 풍속에 대해 『신증동국여지승람』「풍속조」에는 "풍속이 순후하고 소박한 것을 숭상한다"라고 실려 있다.

의흥현의 경계는 『신증동국여지승람』에 의하면 동쪽으로는 영천의 신녕현 경계까지 48리, 대구부 경계까지 45리, 남쪽으로는 성주 경계까지 48리, 서쪽으로는 군위 효령현 경계까지 26리, 북쪽으로는 의성현 경계까지 18리이고, 서울과의 거리는 626리이다.

경상북도 군위군 의흥면 읍내리에는 조선 인종 때 창건한 군위향교가 있는데, 경상북도 유형문화재 제198호로 지정되어 있다.

의흥현의 남쪽 31리에 있었던 부계현缶溪縣은 삼국시대에 부림현缶林縣이었는데, 고려 초기에 지금 이름으로 고쳤고, 공양왕 때에 의흥현에 편입시켰다. 의흥현의 진산은 용두산龍頭山으로 현에서 동쪽 1리에 떨어져 있는 산이다. 화산華山은 현의 동쪽 30리에 있으며 화산 기슭에 있던 풍혈風穴은 넓이 3척 2촌에 길이 2척 8촌으로 구멍에서 바람이 나오는데 초여름에도 얼음이 얼 만큼 몹시 차다고 한다. 또한 공산公山은 부계현 남쪽 42리에 있었다.

의흥에도 여행객들의 편의를 돌보아주던 원이 여러 곳 있었는데, 우곡역牛谷驛과 남원南院은 현의 남쪽 2리에 있었으며, 의루원義樓院은 현의 남쪽 13리에 있었다.

군위군 고로면에 있는 인각사麟角寺는 신라 선덕여왕 12년 원효대사가 창건한 절로『신증동국여지승람』권 27 「의흥현」조에 인각사의 유래에 대해 "인각사는 화산에 있으며 동구에 바위 벼랑이 우뚝한데 속전에 옛날 기린이 이 벼랑에 뿔을 걸었으므로 그렇게 이름했다고 한다"라고 기록되어 있다.

인각사는 일연一然이『삼국유사』를 저술하고 입적하기 전까지 5년 동안 머물렀던 절이다.

일연은 고려 말의 고승으로 성은 김씨이고, 처음의 법명은 견명見明, 자는 회연晦然, 자호는 목암睦庵이다. 경상북도 경산시 압량면 옥곡동에서 김언정金彦鼎의 아들로 1206년(희종 2)에 태어났다. 일찍 아버지를 여읜 일연은 홀어머니 이씨의 손에 길러졌으니 어린 시절의 고생은 이루 말할 수 없었을 것이다.

아홉 살이 되던 해 어머니 슬하를 떠나 속세를 등지고 출가한 그가 처음 찾아간 절이 지금의 광주 지방에 있던 무량사였는데 그곳에서 학문을 닦았다. 해양 무량사는 통일신라 말기 선종을 도입한 도의선사가 가지산에서 보림사를 창건하고 교리를 설파하면서 시작된 구산선문九山禪門 중 하나이자 선종의 뿌리를 이루는 가지산문迦智山門의 말사로 추정하고 있을 뿐, 정확한 위치는 파악되지 않고 있다.

1219년 그의 나이 14세가 되던 해 강원도 설악산 진전사로 출가한 일연은 고승 대웅스님의 제자가 되어 구족계를 받았고, 여러 곳의 선문禪

門을 순례하며 수행에 온 힘을 기울였다. 이때 많은 사람들이 그를 추대하여 구산문사선九山門四選의 으뜸이 되었다.

그의 나이 22세인 1227년에 승과僧科의 선불장選佛場에 응시하여 가장 뛰어난 성적으로 장원인 상상과에 급제하였다. 고향에서 멀지 않은 포산(비슬산)의 보당암으로 옮겨 수년 동안 머무르면서 마음을 가다듬고 참선에 전념하였다. 그런 차에 1236년 몽골군의 침입이 일어나 병화가 전라도 고부까지 이르자 병화를 피하기 위해 문수文殊의 오자주五字呪를 염하면서 감응을 빌자 문득 문수보살이 현신하여 "무주無住에 있다가 명년 여름에 다시 이 산의 묘문암에 거처하라"라는 계시를 받았다. 그 말을 들은 일연은 곧바로 보당암의 북쪽에 있던 무주암으로 거처를 옮겼다. 그는 그곳에서 항상 말하기를 "생계生界, 즉 현상적인 세계는 줄지 아니하고 불계佛界, 즉 본질적인 세계는 늘지 아니한다"는 구절을 외우다가 어느 날 큰 깨달음을 얻고서 "오늘 삼계三界가 꿈과 같음을 알았고, 대지가 작은 털끝만큼의 거리낌도 없음을 알았다"고 하였다.

이해에 나라에서 일연에게 삼중대사三重大師라는 승계僧階를 내렸고, 1246년에 다시 선사禪師를 더하였다. 1249년에 당시 고려의 최고 실력자 최우의 처남인 정안鄭晏의 청을 받아들여 남해의 정림사로 자리를 옮겼다. 이 절에 머무르면서 대장경 주조 중 남해의 분사대장도감分司大藏都監의 작업에 3년간 참여했다. 1256년 여름에는 운산의 길상암에 머무르면서 『중편조동오위重篇曹洞五位』 2권을 간행하였다. 몽골의 침입이 계속되는 동안 남쪽의 포산, 남해 운산 등지에서 전란을 피하며 수행을 계속하던 일연은 1261년 원종의 부름을 받아 강화도로 들어갔다. 강화도 선월사에 머무르면서 설법을 하여 목우화상 지눌의 법을 계승하였다.

1264년 가을 임금에게 남쪽으로 돌아갈 것을 여러 번 청하여 영일의 오어사로 옮겨 살았고, 비슬산 인흥사의 주지로 재직하기도 했다. 1268년에는 조정에서 선종과 교종의 승려 100명을 개경에 초청하여 해운사에서 대장낙성회향법회를 베풀었는데, 일연이 그 법회를 주관하였다.

1277년 충렬왕의 명에 의하여 운문사에 머무르면서 선풍을 크게 일으킨 일연은, 이때부터 『삼국유사』를 집필하기 시작한 것으로 추정된다. 1281년 6월 동정군의 격려차 경주에 행차한 충렬왕은 일연을 불러 가까이에 있도록 하였고, 그때 일연은 뇌물로써 승직을 사고파는 불교계의 타락상과 전란으로 불타버린 황룡사의 황량한 모습을 목격하였다.

1282년 임금의 간곡한 부름으로 개경에 간 일연은 광명사에 머무르다가 늙으신 어머니를 봉양하기 위해 임금의 만류를 뿌리치고 고향에 돌아왔다. 1284년에 어머니가 세상을 떠난 뒤 조정에서는 그에게 군위 화산의 인각사를 수리하고 토지 100여 경을 주어 주재하게 하였다.

1289년 6월에 병이 든 일연은 그 해 7월 7일 임금에게 올릴 글을 쓰고 8일 새벽에 제자들을 모은 후 "내가 오늘 갈 것이다"라고 말하고서 입적하였다. 그 해 10월에 인각사 동쪽 언덕에 탑을 세웠고, 6년 후 비를 세웠으며, 시호는 보각普覺, 탑호는 정조靜照이다.

일연이 『삼국유사』의 저술을 위해 사료를 수집하기 시작한 것은 청년 시절부터였고, 그 원고를 집필한 것은 대개 70대 후반부터 죽기 직전까지로 추정하고 있다.

일연이 살아 있을 당시에 『삼국유사』 초간본이 간행되었던 것으로 보이지는 않는다. 제자 무극이 1310년에 『무극기無極記』라고 표한 것이 그것인데 무극의 간행이 초간인지 중간인지 분명하지 않기 때문이다.

여러 가지 기록에 의하면 일연이 지은 책이 100여 권이 넘는다고 하지만 현재까지 남아 있는 것은 거의 없다. 『삼국유사』는 전체 5권 2책으로 되어 있고, 권과는 별도로 왕력王歷·기이紀異·홍법興法·탑상塔像·의해義解·신주神呪·감통感通·피은避隱·효선孝善 등 9편목으로 되어 있다. 왕력은 삼국·가락국·후고구려·후백제 등의 간략한 연표이고, 기이편은 고조선으로부터 후삼국까지의 단편적인 역사를 57항목으로 서술한 것이다.

이 책에 대해 『동국여지승람』이나 『동사강목』등에서는 허황하여 믿기 어렵다는 부정적인 평가를 내리고 있으며, 김부식이 지은 『삼국사기』에 대해서도 사대주의 역사관에 입각하여 편의대로 사료를 없애버렸다는 평가를 내리고 있다. 그러나 1세기 반의 시차를 두고 태어난 『삼국유사』와 『삼국사기』가 아니었다면 우리나라의 고대사회에서 삼국시대까지의 역사와 문화뿐만 아니라 그 시대 민중들의 삶 속으로 자유롭게 시간 여행을 떠날 수 없었을 것이다. 그러한 사실만으로도 『삼국유사』나 『삼국사기』가 우리 민족의 귀중한 문화유산으로 평가되는 데 손색이 없을 것이다.

인각사 극락전 앞에는 삼층석탑과 함께 얼굴이 심하게 마모된 1.5미터 높이의 석불이 있으며, 오른쪽 마당가에 일연스님의 부도탑이 서 있는데, 원래는 둥딩마을 뒷산에 있다가 일본인들의 도굴로 넘어져 있던 것을 이곳으로 옮겨 복원한 것이다. 상대석 위의 몸돌 정면에는 두 줄로 '보각국사정조지탑'이라는 글씨가 음각되어 있으며, 뒷면에는 문비가 새겨져 있고, 나머지 면에는 사천왕상과 보살상이 새겨져 있다.

그 뒤에 조각난 일연스님의 탑비(보물 428호)가 깨어지고 동강난 채로

**인각사 석불과 일연스님
부도탑** 일연은 고려 말의
고승으로 『삼국유사』를 집
필하였고 이곳 인각사에서
1289년 7월에 입적하였다.

보호각 안에 서 있다. 이 비의 비문은 당시의 문신이며 문장가였던 민지가 썼고 글씨는 왕희지의 행서를 집자해서 새겼다. 비문의 끝부분에 "겁화劫火가 활활 타서 산하가 모두 재가 될지라도 이 비는 홀로 남고 마멸되지 마소서"라는 글이 새겨져 있는데, 1701년에 윤광주라는 사람이 탁본의 서문에 쓴 글에는 "임진왜란 때 섬 오랑캐들이 이 비를 발견하고 뜻밖에 왕우군의 전적을 여기서 다시 본다며 앞다투어 탁본을 찍어냈다. 마침 겨울이라 불을 놓고 찍어내다 비를 땅에 넘어뜨렸다. 그 뒤로 비석이 떨어지고 깎여 글자가 줄어들게 되었고 남은 조각도 손상되어 본래 모습을 잃게 되었다"라고 쓰여져 있다.

임진왜란 때 결정적인 파손을 입은 것으로 보이지만, 또 다른 이야기로는 이 검은색의 돌을 먹으면 과거에 급제한다는 소문 때문에 수많은 젊은이들이 조금씩 떼어먹어 그렇게 되었다는 전설 같은 이야기도 있다.

의흥 출신 가운데 조선 전기의 문장가로 홍귀달洪貴達이 있다. 그의 자는 겸선兼善, 호는 허백당虛白堂 또는 함허정涵虛亭이다. 1460년에 과거에 급제하여 1469년에는 교리가 되었다가 장령이 되자 조정의 글이 모두 그의 손에 의해 만들어졌다. 사예가 되었을 때 홍귀달을 외직인 영천 군수로 보내려고 하자 당시 대제학을 지내던 서거정이 "그는 글을 잘하여 조정에 없어서는 안 될 사람이다"고 하니 외직 전출이 취소되고 홍문관 전한과 예문관 전한이 되었다. 『세조실록』 편찬에도 참여한 그는 벼슬이 참찬參贊에 이르렀는데, 1504년 손녀를 궁중에 들이라는 왕명을 거역하여 장형杖刑을 받고 경원으로 유배 도중 교살되었다. 문장이 뛰어나고 글씨에도 능하였으며, 성격이 강직하여 부정한 권력에는 굴하지 않았다. 모두들 그에게 몸을 조심하라고 하였지만 태연하게 말하기를 "내가 국가의 은혜를 두터이 입고 이제 늙었으니, 죽어도 원통할 것이 없다"고 하였다. 중종반정 후 신원되었으며, 시호는 문광이다.

이곳 의흥지방에는 아름답고 예스런 이름들이 많이 남아 있다. 고로면 가암리의 갈반매기는 흰덤에서 의성군 춘산면 금오리의 오목으로 가는 고개로 갈이 많이 난다고 한다. 희주배기터는 노리맛과 낙전리의 조락 사이에 있는 터로 이곳에 조선시대 말엽에 황씨가 과거에 급제하여 화줏대(솟대)를 세웠다고 한다.

괴산리의 가사골고개는 화산리에서 영천 신녕면 가천리로 넘어가는 고개로 가사골 위에 있으며, 고로실은 괴산리에서 으뜸 되는 마을로 예전에 고로곡부곡이 있었던 곳이다. 화산약수탕(옥정령원)은 화산리에 있는 약물탕으로 바위 틈에서 물이 나오는데, 100가지 병에 효험이 있다고 한다. 압곡사鴨谷寺(압곡암, 압실절)는 조락 남서쪽에 있는 절로 672년(신라 문무왕 12)에 의상조사가 나무로 오리를 만들어 물에 띄워 오리가 머문 곳에 절 터를 닦고 창건했다는 이야기가 전한다. 작은 한티재(소한령)는 조락에서 가암리 노리맛으로 가는 재로 큰 한티재보다 낮으며, 큰 한티재(대한령)는 연밭골에서 의성군 가음면 현리리, 대동리로 넘어가는 고개로 작은 한티재보다 높다.

소야면의 사창 터는 논들 가운데에 있던 조선시대의 사창 터인데 지금은 이 자리에 살림집이 들어서 있다. 영득재(말구부리)는 유사골에서 청송군 현서면 월정리로 넘어가는 고개로 옛날 영덕군수가 말을 타고 이 고개를 넘어가다가 말이 굴러떨어졌다고 한다. 작은한결(미륵댕이)은 한결솔밭 동쪽에 있는 앉은 미륵으로 이 미륵에 얽힌 사연이 있다. 해주 오씨는 자기가 죽은 후 자손이 망한다는 말을 듣고 토지를 마을에 주면서 미륵을 만들어 자손을 보살펴줄 것을 부탁하였다. 이에 마을 사람들이 이 미륵을 세우고 제사를 지냈는데, 해방 뒤 자손이 토지를 파는 바람에 현재는 제사를 지내주지 않는다고 한다.

양지리의 절골은 양지 동쪽에 있는 골짜기로 절이 있었는데 빈대가 많아서 폐사했다고 하며, 인곡리의 분재골(분령곡)은 대인 동쪽에 있는 마을로 동·남·북 세 곳에 재가 있다. 가마골 고개는 가마골 위에 있는 고개로 지경에서 대인으로 넘어가는 고개이고, 장곡리의 한티재(살구재)는 장곡리와 괴신리 경계에 있는 높고 큰 고개로 한티개머리에서 영천 화북면 자천리로 넘어간다. 학성리의 각시골은 용아 서남쪽에 있는 골짜기로 각시산 밑에 있으며, 각시골재는 각시골 위에 있는 고개로 용아에서 화수리의 인각사로 넘어간다.

화북리의 갑령재(갑령)는 덕천에서 영천 신녕면 화남리 면천으로 가는 고개로 예로부터 군인들은 이 고개를 못 넘어갔다고 한다.

화수리의 고도모랭이(모롱이)는 집실 북쪽에서 의흥면 매성리로 가는 모퉁이이고, 어림빗은 고도모랭이 서남쪽 건너에 있는 등성이로 지형이 '옥녀봉의 옥녀가 빗는 얼레빗 형국'처럼 생겼다고 하며, 부계면 가호리의 까치락으로 넘어간다.

갯골고개(객골고개)는 갯골 위에 있는 고개로 동림에서 대율리 한밤으로 넘어가는 고개이고, 새갈미고개는 이복골에서 창평리 남방으로 넘어가는 고개이다.

남산리는 원래 의흥군 부남면의 지역으로 남산의 이름을 따서 부계면에 편입되었는데 이곳에 석굴암이라고 부르는 군위삼존석불이 있다. 경주의 석굴암에 이어 제2석굴로 불리는 이 삼존불은 1962년 학계에 보고

되기 전에는 이 부근 사람들의 치성터로 쓰였는데, 이해에 그 가치를 인정받아 곧바로 국보 제109호로 지정되었다.

인공석굴의 축조라는 우리나라 석굴 사원의 계보를 잇는 삼존석불은 우리나라 불교미술사에서 빼놓을 수 없는 중요한 위치를 점하게 되었는데, 이 석굴은 수십 미터가 넘는 벼랑의 3분의 1 지점에 자리 잡고 있으며, 본존의 높이는 2.18미터이고, 광배를 갖춘 왼쪽 협시보살이 1.92미터, 오른쪽 협시보살이 1.8미터이다. 이 석굴은 신라 소지왕 15년인 493년에 극달화상이 창건하였다고 알려져 있을 뿐 그 다음의 내력은 전해오지 않는다.

바로 그 아래에 담장 길이 아름답고 옛 것이 고스란히 남아 있는 대율

군위삼존석굴 이 석굴이 세상에 알려진 것은 1962년으로 이 인공석굴은 우리나라 석굴 사원의 계보를 이었다는 평가를 받고 있다.

리大栗里(한바미, 한밤, 대율, 율리, 유촌, 일률)가 있다. 본래 의흥군 부남면의 지역으로, 산 속에 들이 펼쳐져 큰 논이 있으므로 한바미, 한밤 또는 대율이라 하였는데, 옛것들이 그대로 보존되어 있어 찾는 사람들이 많은 마을이다. 배나드리는 한밤 북쪽에 있는 골짜기로 예전에 배가 드나들었다는 곳이고, 창평리의 섭원(신원)은 조선시대에 우곡역牛谷驛에 딸린 신원이 있었던 곳이며, 산성면 무암리의 팥죽도갈은 아치동 앞에 있는 논으로 흉년에 팥죽 한 그릇과 바꾸었다는 논이다. 불목골은 아치동 동쪽에 있는 골짜기로 예전에 부처가 목욕하였다는 샘이 있으며, 봉림리의 오리밧등은 범밀에서 영천 신녕면 치산리로 넘어가는 고개인데, 오리나무가 많았다고 한다. 용난골의 바위는 60여 년 전에 큰 바위가 갑자기 갈라지고 용이 나와 승천하면서 꼬리를 쳤기 때문에 지어진 이름이다. 운산리의 무심이재(진등)는 초당에서 부계면 가호동 가차락으로 넘어가는 고개이다.

우보면의 나호리는 도덕골, 진밭골 동쪽에 있는 골짜기로 고개가 높고 험해서 도둑이 많았다고 한다. 달산리의 달분지(월분)는 김동골에서 모산동으로 넘어가는 고개이고, 못안재는 못안에서 효령면 화계리로 넘어가는 고개이며, 원터(원기)는 관골에서 효령면 거매리 거매로 넘어가는 고개로 원집이 있었다 한다.

의흥면 읍내리는 본래 의흥군 중리면의 지역으로서 의흥 읍내가 되므로 읍내라 하였는데, 대월루對月樓(개문루)는 읍상 동쪽에 있는 관아에 딸린 누각이었다. 읍상리의 동쪽에 의흥객사 터가 있고, 읍상 동쪽에 동헌 터가 있으며 읍하 남쪽에 있는 향교골에 의흥향교가 있다. 의흥면 지호리의 버리지깔 모퉁이는 안태동마을에서 연계리의 백련으로 가는 모퉁이로 보리짚을 많이 쌓아 놓았었다는데 그 이름들을 대면 아는 사람보다 모르는 사람들이 많은 것은 세월이 그만큼 쏜살같이 흘렀다는 뜻일 것이다.

이곳 의흥현의 관청에서 홍여방은, "산 고을에 지나가는 손 적으니, 숲 정자에 보는 경치 맑도다. 다시 세상 일 시끄러운 것 없으니 야인의 마음 저절로 나네" 하였고, 권진은, "여름날에 올라가 구경하기 좋으니, 관청이 한가롭고 집은 밝도다. 마루가 높으니 산 그림자 가깝고, 처마 갈라졌는데 저녁 서늘한 기운 나네. 떼집에 사람의 말 소리 적고, 나무 사이엔 새 소리 많이 나네. 스스로 부끄러운 건 귀밑터럭 흰 사람이 꾸물꾸물 헛이름 위해 바쁘기 때문이네" 하였다.

경북 영천 신녕

四 장

고개와 마을마다 전설을 간직한 고을

    지금은 행정구역상 영천시에 딸린 하나의 면이 된 신녕은 조선시대에 하나의 현이었고 신녕현에는 여러 역이 있었다. 그 중 장수역長壽驛은 현의 서쪽 5리에 있었는데, 한 사람이 딸린 찰방을 두었으며, 장수역에 소속된 역이 14개가 있었다. 청통, 아화, 모량, 사리, 압량, 우곡, 부평, 청경, 구어, 화양, 의곡, 인비, 경역, 조역이 그 역들인데, 고려 말의 정치가로 비운의 죽임을 당한 정몽주는 이곳을 지나며 다음과 같은 시 한 편을 남겼다.

흰 구름은 푸른 산에 있는데, 노는 손 고향을 떠나네. 해 저물어 눈과 서리 찬데, 어찌하여 먼 길을 가는가. 역 정자에서 밤중에 일어나니, 닭 우는 소리 크게 들리네. 내일 아침 앞길 떠나면 유연한 회도 금치 못하리. 친구들 날로 이

화산 "형상은 규화葵花 같고 중앙은 광활하다"는 화산에는 숙종 때 쌓은 화산성과 약수탕이 있다.

미 멀어지니 머리를 돌이키면 눈물만 흐르네.

길 떠나는 나그네가 되면 그때부터 왜 그리 서럽고 외로운 것일까. 정몽주 역시 친구들은 자꾸 멀어지고, 갈 길 또한 아득하니 얼마나 가슴이 저리도록 아팠겠는가? 이곳 신녕에는 집 떠난 나그네들의 편의를 위해 만들었던 원집이 여러 곳 있었는데, 신원新院은 현의 서쪽 7리에, 양야원陽也院은 현의 동쪽 17리에, 갑현원甲峴院은 현의 서쪽 15리에 있었다.

신녕현은 본래 신라의 사정화현史丁火縣이던 것을 경덕왕이 지금 이름으로 고쳐 임고군臨皐郡의 영현으로 삼았다. 고려 현종이 경주부에 소속시켰고 공양왕이 감무를 두었으며, 조선에서도 예에 의하여 현감으로 고치고 장수역으로 읍내를 옮겼다.

1497년(연산군 3)에 고을의 아전들이 현감 길수의 사나운 정치를 못 견디고 땅을 비우고 도망가자 현을 해체하였다가 다시 복구시켰는데, 당시 이 지역의 토질은 비옥하고 척박한 것이 반반이었다고 하며, 주민들은 학문을 좋아하였다고 한다. 『경상도지리지』에 의하면 신녕현의 호수는 382호에 2,679명이 살았다고 하며, 1896년에 군이 되었다가 1914년에 영천군에 편입되었다.

신녕현의 경계는 『신증동국여지승람』에 의하면 동쪽으로는 영천군 경계까지 10리, 남쪽으로는 같은 군 경계까지 5리, 서쪽으로는 의흥현 경계까지 11리, 북쪽으로는 같은 현 경계까지 17리, 서울과의 거리는 502리이다.

뜰을 둘러서 구부정하게 감싼 조그만 시내에, 만 줄기 대나무 푸르고 푸르러

가지가 나직하네. 한 마루의 생각은 마음 물보다 맑은데, 가지가지 그윽한 새 제멋대로 우네.

위의 글은 이곳 신녕현을 찾았던 조선 초기의 문장가 서거정이 객관을 두고 쓴 시인데, 당시의 객사는 신녕면 화성리 교동 서남쪽에 있었으나 세월이 흐르는 가운데 객사가 있던 자리에는 현재 신녕초등학교가 들어서 있고, 유정동 동쪽에 있는 관기동에 신녕현의 동헌이 있었는데 그곳에는 현재 신녕면사무소가 들어서 있다. 유정동 동북쪽에 신녕향교가 있고, 교동 남쪽에 있던 신녕현의 군기고 터는 현재 논과 밭으로 변하여 그 흔적조차 찾을 길이 없다.

신녕향교 대성전 신녕면 화성리에 있으며 경상북도 문화재자료 제102호로 지정되어 있다.

대구와 경북 일대의 중심을 이루는 팔공산 자락에 자리 잡은 이곳 신녕에는 크고 작은 산들이 많이 있는데, 그 중 하나가 신녕면 화남리와 군위군 고로면 경계에 있는 화산花山이다. 이 산은 신녕현의 북쪽 3리에 있는 진산으로, 높이는 828미터이다. 『여지도서』 신녕현 「산천조」에 "(화산은) 현의 북쪽 5리에 있고, 청송계靑松界 보현산普賢山에서 뻗어나왔으며, 현의 주봉이다. 형상은 규화葵花 같고, 중앙은 광활하면서, 샘물이 솟아나며 길게 흐르고 있다"라고 하였다. 이 산에는 조선 숙종 때 쌓은 화산성과 약수탕이 있다. 현재의 팔공산은 현의 서쪽 14리에 있는데, 왕세자의 태를 봉안했던 곳이며, 보현산은 모자산母子山이라고도 부르는데, 현의 북쪽 30리 청송부靑松府 경계에 있었다고 한다.

신녕면 화남리와 군위군 고로면 화수리의 경계에는 일명 갑티고개라고 불리는 갑령甲嶺이 있다. 높이가 228미터인 이 고개는 『여지도서』 신녕현 「산천조」에 "신녕현 서쪽 10리에 있다"라고 실려 있는데, 중앙선과 영주-포항 간의 국도가 이 고개의 서쪽을 통과한다. 고개 밑에는 갑현甲峴이라는 마을과 갑현제라는 못이 있는데, 이곳에서 임진왜란과 한국전쟁 당시에 치열한 격전이 벌어지기도 했다.

화산면과 신녕면의 경계에 있는 노고산老姑山은 일명 할미산 또는 새미산으로도 불리는데, 높이 560미터로 화산에서 남쪽으로 뻗어나가는 산 능선 위에 솟아 있다. 산 정상에는 소규모의 평탄한 면이 있고 그곳에 샘이 있다. 그 아래에 섭제신화 저수지를 비롯 명천지, 화산지 등의 저수지가 있어 그 일대의 농경지를 비옥하게 하고 있다.

구호리 다라골 앞에 있는 바위인 호암 아래에는 굴이 있는데, 호랑이의 영혼이 있어서 사람을 괴롭힌다고 하여 제사를 지냈다고 하며, 화산면 덕암리 덕산과 덤밑 사이에 있는 산인 범덤은 부엉더미라고도 부르는데, 바위 모양이 범처럼 생겨서 건너 마을에서 범에게 물려가는 폐단이 자주 일어나자 이 산에 제사를 지냈다고 한다.

지금은 영천시 중앙동으로 편입된 화산면 매산리 공암 남쪽에 있는 산인 구 무덤은 바위에 굴이 있어서 바람이 불면 소리가 나며, 조선시대에는 이 산으로 인하여 명산면이라는 이름으로 불리기도 했다. 옛날에는 이 굴에 도둑이 살아서 지나가는 사람들을 괴롭혔다고 한다.

영천시 화북면 공덕리의 면화곡은 탑골과 임고면 삼매리의 매곡 사이에 있는 고개이고, 대나무모랭이는 공덕에서 댕대이로 가는 모롱이이다. 탑골 북쪽에는 높이가 362미터인 배미곡이라는 산이 있으며, 공덕 동쪽에 있는 홰나무들은 들 가운데에 여덟 아름이 되는 회화나무가 있어서 그렇게 불리고 있다.

병풍산은 별곡 서북쪽에 있는 높이 372미터의 산으로 그 형세가 병풍처럼 생겼고, 구전리의 별곡은 구전 북쪽에 있는 마을로 병풍산 아래에 자리 잡고 있다.

금호리琴湖里의 가낭골 못 옆에는 권장군 묘가 있고, 바걸재에는 유정승 묘가 있는 것으로 보아 금호리 근처는 예로부터 좋은 묘자리로 알려져 있는 듯하다. 화북천 근처에 있어서 대천大川이라는 이름이 붙은 대천리의 대리에서 금호리로 넘어가는 고개가 바거리라 부르는 소거현이고, 대리 서쪽 백학산 밑에는 양각소라는 깊은 소沼가 있다.

법화사 터는 찬물새미 근처에 있는 폐사지로 현재 그 터만 남아 있다. 법화 동북쪽에 있는 각골은 마을이 뿔처럼 둘로 갈라져서 생긴 이름이며, 갈재는 각골에서 청송군 현서면 갈천리로 넘어가는 고개이다.

아랫법화 동쪽에는 범이 살았다는 범의 굴이 있으며, 아랫법화에서 청송군 현서면 갈천리 상박산으로 넘어가는 고개는 보현산 줄기이므로 보현티라고 불렀다. 빙혈이라고 부르는 어름댕이는 찬물새미 동북쪽에 있는 굴로 굴 내부가 아주 차갑기 때문에 얼음 같다고 한다.

모래가 많아서 사천沙川이라고 이름붙은 사천리의 노방에서 오산리로 넘어가는 고개가 다사골고개이고, 이정골에 있는 이정골재는 사천에서 죽곡리 절골로 넘어가는 고개를 부르는 이름이다.

천왕재는 사천에서 죽곡리 대내실로 넘어가는 고개인데, 서낭당이 있어서 생긴 이름이고, 사천 동쪽에 있는 골짜기를 합장골이라고 부르며, 노방에서 장아면으로 넘어가는 고개는 합장골재이다.

삼창리의 고현古縣은 삼창리에서 가장 큰 마을로, 신라 때 임고군이 있었던 곳이다. 옛날 장은 초닷새와 열흘에 서고, 새로 만들어진 장은 초사흘과 초여드레에 선다. 고현 장터 서남쪽에서 화산면 구호리 구일로 넘어가는 고개가 자티고개이고, 앞에 숲이 우거지고 지형이 언덕처럼 되어 있는 숲뒤 마을 남쪽 길가는 화짓대가 서 있던 곳이다.

깊은 산속에 있기 때문에 속골이라고 부르다 그 말이 변하여 송골 또는 송동이라고 부르는 상송上松리의 노구재는 노구령이라고도 부르는데, 상송 북쪽에 있는 고개로 청송군 현서면으로 통하는 큰 길이었다. 노구재 동쪽에 있는 구로舊路는 새로 길이 나면서부터 사람이 다니지 않아 묵은 길이 되고 말았고, 상송 동쪽에 있는 길은 예전에 장이 섰었기 때문에 저잣거리라고 부른다.

선천리에서 가장 큰 마을인 선관마을은 일명 객사라고도 부르는데, 괘들은 선관 북쪽에 있는 마을이다. 마당터재는 괘들에서 화산면 가상리로 넘어가는 고개이고, 유천에서 화산면 구호리 호암으로 넘어가는 고개가 호암재이다.

신호리의 덤풀안은 따랑속이라고 부르는 대내실못 밑에 있는 들로 작은 덤과 풀갓이 있다고 하며, 신홍에서 임고면 양항리로 넘어가는 고개는 꾸불꾸불하다고 해서 올챙이재라고 부른다.

안천리의 서원동은 능계 남쪽에 있는 마을로 백학서원이 있는 곳이고, 버들미골은 능계 동쪽에 있는 골짜기로 버드나무가 많이 있었다. 먹실재는 먹실에 있는 고개로 화산면 구호리 평지마로 넘어가는 고개이고, 오산리의 노방재는 월지에서 사천리 노방으로 넘어가는 고개이다.

옥계리의 합류대合流臺는 비집걸 남쪽에 있는 대로 세 곳의 물이 이곳에서 만나기 때문에 지어진 이름이고, 용소리의 망덤(554미터)은 부들밭 북쪽에 있는 산으로 예전에 망루가 있었다는 산이다.

무네미고개는 부들밭에서 입석리 지푼김으로 넘어가는 고개이고, 살미기재는 부들밭 동쪽에 있는 고개로 입석리 배나무정으로 넘어가는 고개이다. 부들밭 북쪽 생애봉 상봉에는 그 모양이 상여처럼 생긴 생애바위가 있고, 용소리에서 가장 큰 마을인 섬마는 도촌이라고도 부르는데 지형이 섬처럼 생겨 그렇게 불린다.

부들밭에는 고종황제의 비가 있었는데 일제 때 헐리고 지금은 그 터만 남아 있으며, 부들밭 동쪽의 들에는 예전에 기와를 구웠다는 왓들(와평)이 있으며, 부들밭 북쪽에 있는 주막돔은 주막이 있었던 곳이다.

섬마 동쪽의 용쏘 옆의 바위에는 말 발자국 두 개가 있는데, 그 발자국은 이 못에서 용마가 나와서 디딘 것이라고 하며, 기우제를 지내면 효험이 있다고 한다.

화북면에서 화남면으로 행정구역이 바뀐 월곡리에서 가장 큰 마을인 월영月嶺은, 그 동쪽에 달 모양의 산이 있어서 부르는 이름이고, 월영 북쪽에는 월영사라는 절이 있다. 장고개는 월영에서 용계리의 파계로 넘어가는 고개이며, 장태배기는 점촌에서 구전리 별곡으로 넘어가는 고개이다. 월곡리의 개나고개는 월영에서 구전리 별곡으로 넘어가는 고개이며, 월영 동북쪽에 있는 불당골은 바위굴에다 부처를 모신 곳이다.

선돌이 있는 까닭에 입석리라고 이름지은 입석리의 가라골재는 선돌에서 정각리 가라골로 넘어가는 고개이고, 지푼김 동북쪽에 있는 골짜기에는 먹을 만드는 집이 있었으며, 지푼김 동쪽에는 물레방아가 있어 물방아쏘라고 불렀다.

법룡사 동쪽에 있는 더미는 석이버섯이 나서 서기덤이고, 배나무정 북쪽에 있는 더미는 독수리가 살았다고 해서 수리덤이라고 부른다.

먹뱅이에 있는 얼음굴은 매우 찬 기운이 있어서 삼복 때에도 얼음이 언다고 하여 어름굴이고, 자천리의 무등이재는 권실골에서 월곡리 논실 못으로 넘어가는 고개이며, 고부랑재는 자천에서 봉림사로 넘어가는 고개로 길이 여러 번 꼬부라졌다고 해서 지어진 이름이다.

정각리의 가라골은 가래나무가 많아서 생긴 이름이고, 용화재에 있는 간드랑바우는 건드리면 간드랑거려서 지어진 이름이다.

용화재는 견암에서 자양면 용화리 묘각사로 넘어가는 고개이고, 원미기재는 장각 동쪽에서 자양면 보현리로 넘어가는 고개이다. 죽곡리의 상죽곡에서 자양면 삼매리 매곡으로 넘어가는 고개는 산수유나무 정자가 있어 산수나무쟁이이고, 산수내미쟁이들은 산수내미쟁이고개 밑에 펼쳐진 들 이름이다.

죽전리의 마당미기는 죽전 남쪽에 있는 등성이로 마당처럼 생겼고, 수기령水基嶺은 소일 북쪽에 있는 고개로 군위군 고로면 학암리로 넘어가는 고개이다. 직당 서쪽에 있는 바위를 앵그랑바우라고 부르는데, 맷돌처럼 생겨서 위에 얹힌 돌을 돌리면 소리를 내면서 돌아간다고 한다.

　직당 동쪽에는 조선시대의 역인 청경역淸景驛이 있었고, 소일 동북쪽에는 청경역에 딸린 감옥이 있었다. 하송리의 갈재는 안국실에서 청송군 현서면 갈천리로 넘어가는 고개이고, 국실은 하송 동쪽 골짜기에 있는 마을로 안국실과 거리국실로 나뉘어져 있다.

　거리국실 서쪽에는 신라 때 이 지역에 있던 현縣인 맹백현의 동헌이 있었던 곳으로 지금도 그 일대를 파다보면 신라시대에 만들었던 기왓장이 나오며, 동헌 터 뒤에는 이계라는 기생이 빠져 죽었다는 이계웅굴이라는 우물이 있다. 화산면 가상리의 독조골은 가래실 아래쪽에 있는 마을로 옛날 할머니가 혼자 이곳에 와서 집을 짓고 살았다고 해서 생긴 이름이고, 마당태고개는 가래실에서 화북면 선천리 유천으로 넘어가는 고개이다.

　가래실에서 당곡리 곡산으로 넘어가는 시무태 고개는 옛날에 고개가 하도 험하여 스무 사람이 모여야만 넘을 수 있다고 해서 생긴 이름이다.

　유방선柳方善은 가도 가도 민가가 별로 눈에 띄지 않는 이곳 신녕을 두고, "민가 드물게 있으니 고을 되기 마땅치 않고, 나무 우거졌으니 도리어 촌락 같도다" 하였다.

　대구, 경산, 영천 등 크고 작은 도회지의 틈바구니에서 신녕이 그 이름처럼 새롭게 부상할 날은 언제일까?

경북 포항 청하 五장

팔만보경의 전설을 간직한 보경사가 있는 곳

경상북도 포항시 북구 송라면 중산리 내연산內延山 동쪽 기슭에 보경
사寶鏡寺라는 절이 있다. 불국사의 말사인 이 절은 603년(신라 진평왕 25)
에 진나라에서 유학하고 돌아온 대덕大德 지명智明이 창건하였다.

지명은 왕에게 동해안 명산에서 명당을 찾아 진나라에서 유학할 때
어떤 도인으로부터 받은 '팔면보경八面寶鏡'을 묻고 그 위에 불당을 세
우면, 왜구의 침입을 막고 이웃나라의 침입을 받지 않으며 삼국을 통일
할 수 있을 것이라고 하였다. 왕이 그의 말을 듣고 기뻐하며 그와 함께
동해안의 북쪽 해안을 거슬러 올라가다가 해아현海阿縣 내연산 아래에
있는 큰 못 속에 팔만보경을 묻고 못을 메워 금당을 건립한 뒤에 보경사
寶鏡寺라고 하였다.

그 뒤 723년(신라 성덕왕 2)에 각인覺仁과 문원文遠이 "절이 있으니 탑

송라면 일대의 동해바다
철썩철썩 몰아쳐오는 파도
소리가 수억만의 세월 동안
지속되었으리라.

이 없을 수 있겠는가" 하고서 시주를 얻어다가 금당 앞에 오층석탑을 건립하였다. 745년(신라 경덕왕 4)에 철민哲敏이 중창하였고, 1677년(숙종 3)에는 도인道仁이 중창하였으며, 그 뒤로도 여러 차례의 중수를 거쳐 오늘에 이르렀다.

보경사에는 1224년(고려 고종 11)경에 만들어진 보물 제430호인 보경사 부도가 있고, 보물 제252호로 지정된 고려 중기의 승려 원진국사비가 있다. 이 비는 원진국사가 1221년(고려 고종 8) 51세의 나이로 입적하자 고종이 그를 국사로 추증하고 '원진'이라는 시호를 내려 세운 것이다. 비문은 당대의 문신인 이공로李公老가 지었고, 글씨는 김효인金孝印이 썼다. 김효인은 충렬왕 때의 명장 김방경金方慶의 아버지로 글씨로 이름을 날렸던 인물이다. 이 비문은 구양순체의 글씨를 바탕으로 하면서도 형식에 구애받지 않고 활달함을 잘 살렸다는 평가를 받고 있다.

보경사 팔만보경을 묻고 그 위에 불당을 세우면 삼국을 통일할 수 있다 해서 건립된 절이라는 이야기가 전해온다.

홍여방洪汝方의 기에, "동쪽으로는 넓은 바다를 눌러 파도가 만경萬頃이요, 서쪽으로는 중첩된 봉우리와 나란히 서 있어, 운하雲霞가 천태로다" 하였다. 조선 전기의 문신 조서강趙瑞康이 "돌성은 큰 강을 베개 삼고"라고 노래했던 청하는 본래 고구려의 아혜현阿兮縣으로 신라 경덕왕 때 해아현으로 개칭하여 유린군有隣郡(조선시대의 영해군)의 영현으로 두었는데, 940년(고려 태조 23)에 지금의 이름으로 고쳤으며, 1018년(현종 9)에는 경주에 예속시켰고, 조선을 건국한 태조 때에 비로소 감무를 두었다가 태종 때에 이르러 현감으로 고쳤다. 1895년(고종 32)에 안동부의 청하군이 되었다가 다음 해인 1896년에 경상북도에 속하게 되었고, 1914년에 영일군에 병합되었다.

조선시대에는 북쪽의 영해, 남쪽의 홍해와 인접해 있었으며, 서쪽으로는 경주의 북부와 접하였다. 해변가의 도리산 봉수는 남북으로 연결되었고, 해안지방에 있는 개포介浦는 신라 때 수군이 주둔하였던 곳이며, 이기로포, 허혈포, 송라포, 도리포 등의 포구가 발달하였던 곳이다.

『신증동국여지승람』에 의하면 청하의 경계는 동으로 해안까지 7리이고, 남으로 홍해군興海郡 경계까지 11리이며, 서쪽으로 경주慶州 신광현神光縣 경계까지 13리이고, 북으로 영덕현盈德縣 경계까지 19리이다. 서울까지의 거리는 841리이다.

『신증동국여지승람』의 "호학산呼鶴山은 현의 서쪽 9리에 있으며 진산이다" 라는 기록에 나오는 호학산은 청하면 청계리, 상청리와 유계리 북쪽에 있는 산으로 높이는 540미터이다. 예부터 신선이 학을 불러서 함께 놀았다고 전해지며, 산 동쪽 기슭에 법성사法惺寺라는 절이 있다. 한편 청하면 명안리와 신광면 마북리에는 장구처럼 생겨 장구재인 일명 덕성산德城山(585미터)이 있는데, 청하현의 서쪽을 성처럼 둘러싸고 있다. 또한 그 산의 봉우리가 매우 수려하고 후덕하게 생겨 청하 고을을 보호해주는 산이라 하여 가뭄이 심할 때는 기우제를 지낸다 한다.

청하면 부근에는 여러 개의 산들이 있는데, 그 중 한 곳이 용산龍山이다. 높이가 190미터이고 용마가 달리는 형국의 용산은 북쪽으로 서정천에 접해 있고, 동쪽으로 월포만의 해안선에 인접해 있으며, 용산사터와 장군바위, 큰가마솥바위, 작은가마솥바위가 있다. 전해오는 이야기에 따르면, 옛날에 힘이 센 한 장수가 용마를 타고 놀다가 두 가마솥바위에다 밥과 국을 만들어 먹었다. 가뭄이 극심할 때는 용산사터에서 제사를 지내고 용산 봉우리에서 봉화를 들고 큰가마솥바위에 물을 길어다 부으면 비가 왔다고 한다.

내연산은 현의 북쪽 11리에 있다. 산에는 대·중·소 세 개의 바위가 솥발처럼 벌려 있는데, 사람들은 이를 삼동석이라고 부른다. 손가락으로 건드리면 조금 움직이지만 두 손으로 흔들면 움직이지 않는다. 신라 진평왕이 이 산에서 견훤의 난을 피했다.

신광면 상읍리와 기일리, 기계면 탑정리와 미현리에 걸쳐 있는 비학산飛鶴山은 높이가 762미터로 그 생김새가 학이 날아오르는 형국이라고 한다. 가뭄이 심하면 기우제를 지내는 이 산에는 비학상천형飛鶴上天形의 대지大地가 있는데, 묘를 쓰기만 하면 오랜 가뭄이 든다 하여 이 부근에 사는 사람들은 묘가 있으면 기어이 묘를 파내고 말았다고 한다. 한때 황보, 김, 이씨들이 이 산에 암장을 하였다가 큰 소동이 여러 번 일어났다는 얘기가 있다.

송라면 대전리 듬실 뒤에 있는 고마재는 고마령이라고도 부르는데, 영덕으로 통하는 큰 길목에 자리 잡은 고개였다. 이곳 대전리 이랑골에 아룡사亞龍寺라는 신라 때의 절이 있었다. 그러나 임진왜란 때 이 절의 스님들이 왜병과 싸우다가 패하자 왜병들이 불을 질러 폐사되었다고 한다. 이 절에는 거울 한 개와 3층의 사리탑이 있었는데, 거울은 보경사로 옮겨졌고, 3층탑은 광천리에 살고 있던 정모라는 사람이 일본인 소도小島와 공모하여 부산에 사는 일본인에게 파는 바람에 일본으로 옮겨갔는데 그 뒤 정모라는 사람은 갑자기 눈이 멀어서 죽었다고 한다.

원주시 부론면에 있는 법천사지지광국사현묘탑은 일본인들이 가져갔다가 해방 후에 반환받아 지금 서울 경복궁에 있지만, 아직까지 되돌려받지 못한 아룡사 터의 삼층석탑은 얼마나 아름다웠을지 상상만 해볼 뿐이다. 그러나 그 또한 부질없는 일이리라. 송라면 조사리 근처인 방화지 위에도 신라 때에 창건한 지정사至精寺라는 절이 있었지만 그 역시 임진왜란 때 왜병에 의해 불에 타서 폐사지가 되고 말았다.

송라면 중산리 학산동에는 광흥사라는 절이 있었다. 고려 고종 때 원진국사圓眞國師가 이 절에 머무른 적이 있었는데, 그는 비바람에도 아랑곳하지 않고 법당에 가서 기도를 드렸다. 그러던 어느 날 밤 큰 말만한 호랑이가 나타나 그에게 달려들었다. 그러나 원진국사는 조금도 놀라는 기색 없이 "내가 너에게 미진한 빚이 있으니, 내 어찌 죽는 것을 두려워하겠느냐. 다만 네가 내 몸은 먹되, 뼈는 편안한 곳에 묻도록 하여라" 하니 호랑이가 그의 말대로 원진국사의 뼈를 신구산 기슭에 묻었다고 하는데 그곳이 바로 원진국사비가 서 있는 곳이라는 이야기가 전한다. 그 당시 이공로가 지은 원진국사비에는 "국사가 공산公山의 염불사念佛寺에서 돌아가 신구산으로 이장하고 탑을 세웠다"고 기록되어 있다. 절은 그 뒤 선조 때에 헐렸고 이곳에 청하현의 동헌과 객사를 지었다고 한다. 현재 원진국사비는 북구 송라면 중산리 내연산 보경사에 있다.

송라면 조사리는 원각조사圓覺祖師가 태어났으므로 조사리라 지었는데, 조사진에 있는 신당 앞에 원각조사의 비가 세워져 있다.

내원암 서쪽에 있는 골짜기가 구기동인데 인조 때 부제학을 지낸 유숙
柳潚이 제자들을 데리고 내원암 근처에서 약초를 캐다가 구기자를 발견
하고는 골짜기 이름을 구기동이라고 지었다. 보경사 북서쪽에 있는 긴
골짜기를 내원곡이라고 부르는데, 내연산 밑에 있는 이 골짜기는 골이
깊고 기암괴석과 기화요초가 많으며 병풍암, 문수암, 삼구석, 일동석, 견
성대, 향문태 등의 경치 좋은 곳들이 많아 소금강이라고도 부른다.

개포介浦는 현의 동쪽 6리에 있는데, 일찍이 이곳에 병선을 배치했으
나 해문이 광활하기 때문에 항상 풍환이 발생하자 영일현迎日縣 경계인
통양포通洋浦로 옮겨 배치했다. 세상에 전하는 말로는, "신라 때에 군영
을 설치하고 해안 개포에 해자를 파서 왜구를 막았다" 하는데 그 길이는
각각 2리이고, 깊이는 두어 길이 되었으며, 그 유적이 아직도 남아 있다.

이행李行은 청하현을 두고 다음과 같은 시를 지었다.

청하 고을 생김은 궁벽하게 넓은 바닷가에 있다네. 밭도 좋고 호구도 많아서
대개는 부창에 못지 않았건만, 왜적이 일어나면서부터 쇠하고 죽는 것 날로
심하였네. 동네와 마을이 언덕이 되고 풀밭 되어 오랫동안 노루와 사슴 노는
고장 되었었네. 현관이 성을 쌓고 만호에 신부를 두고, 배를 지어 개포에 대
니, 수륙의 군사 위력이 생겨 서로 흩어져 있던 옛 백성 사방에서 모여들어,
밭 갈고 집 지어서 제자리로 돌아갔네. 민후는 나의 친구, 일 본 것이 두 해 남
짓, 애써서 백성 진휼하고 개연히 의창도 회복했네. 또 관사도 지었으니 차츰
청당이 마련되었도다. 손님과 나그네 잠자리 편하고 이속들도 기황을 면하였
네. 예전부터 수령의 직분은 이 밖에 다른 것은 없는 것일세.

청하읍성은 청하면사무소, 청하농협, 청하초등학교를 에워싸고 있는 성으로 둘레가 3,744미터에 높이가 2.7미터이다. 1427년(세종 9)에 청하현감으로 부임한 민인閔寅이 조정에 상소하여 안동, 봉화, 풍기, 영천 등지의 장정들을 모아서 돌로 성을 쌓고 여첩女堞을 두었으며, 고종 때인 1895년에 의병대장 신돌석이 이곳에 주둔한 왜군을 습격하여 전멸시켰다. 그후에 산남 의병대장 정용기鄭鏞基가 두 차례나 이 성에 있던 왜군을 쳐서 많은 인명을 살상하였는데, 그때 성의 피해가 심했다. 1914년 이후에 무너져서 현재는 절반가량만 남아 있다.

청하면 덕성리는 본래 청하군 현내면의 지역으로 청하 객사의 이름인 덕성관德城館의 이름을 따서 덕성리라고 하였다. 이곳 청하 역시 다른 지역의 관아터와 비슷하게 청하성 내 높은 곳에 자리 잡고 있다. 비학산, 내연산, 호학산들이 병풍처럼 둘러싸고 있는 청하현의 객사 터는 현재 청하초등학교로 변모하였는데, 그 현을 거쳐간 비석 하나 없이 태극기만 바람에 펄럭인다. 청하현의 동헌이 있던 자리에는 현재 동광학원의 건물이 들어서 있다. 그 서쪽이 청하성의 서문이 있었던 곳이며, 청하성의 동문이 있던 동문껄 마을에는 시장이 들어섰다.

덕성리에 있는 청하향교는 1398년(태조 7)에 고현리에 세웠다가 그 뒤에 서정리로 옮겼는데, 1713년(숙종 39)에 다시 이곳으로 옮겼으며 1950년에 대성전을 중수하였다.

현재 남아 있는 건물은 6칸의 대성전과 명륜당 동재 및 천화루闡化樓 그리고 신문神門 등이다. 청하면사무소는 옛날 청하현의 형방이 있었던 곳이고, 청하초등학교 교정에는 청하현의 연무대가 있었다. 덕천리의 관동에는 송라도의 찰방이 있었다. 송라도찰방은 청하의 송라, 영해의

병곡, 영일의 대송, 홍해의 망창, 영덕의 남역, 장기의 봉산, 경주의 육역을 관할하였던 곳이다. 명안리 점마 남서쪽에 있는 고개인 엿재는 신광면 반곡리로 넘어가는 고개로 올라가는데 여섯 굽이, 내려가는데 여섯 굽이가 된다고 해서 붙여진 이름이다. 이곳 청하면 일대에 신라 군사와 고구려 군사가 싸웠던 흔적들이 여러 지명으로 남아 있다. 남쪽에 있는 신당인 제당祭堂은 매년 정월 열닷새에 동제를 지내며 9월 중순에는 날을 가려 별신굿을 하면서 고기를 많이 잡게 해달라고 비는데, 이때 "도씨 터전에 김씨 골목이라" 하면서 흥겹게 굿을 한다고 한다.

한편 새바우 서북쪽 바닷가에 있는 조경대照鏡臺는 높이가 300자이고, 둘레가 1,000자인 큰 바위가 솟아 있다. 앞에 있는 동해바다가 거울같이 밝게 비춰주므로 조경대라고 하였는데, 1626년(인조 2)에 부제학 유숙柳潚과 경주부윤 이정신李廷臣, 청하현감 유사경柳思璟 등이 이곳에서 구기주를 마시며 즐기다가 마침 임시라는 사람이 고래를 잡는 것을 보고 신기하게 여겨서 유숙이 거울 경鏡자를 고래 경鯨자로 바꾸고 그 뜻을 시로 지었다고 한다.

신흥리 번현 남쪽에 있는 오줌방우라는 바위는 바위 아래에서 물이 나오는데, 마치 여자가 오줌을 누는 것 같아서 붙여진 이름이라 한다. 고현리의 까치고개는 하방 동북쪽에 있는 고개로 옛날 암행어사가 이 고개를 넘을 때 난데없는 까치가 머리 위를 돌면서 세 번 울고 가므로 다시 돌아와서 원집에 와서 잤는데, 그날 밤에 이 고개를 넘던 행인들은 모두 도둑에게 피살되는 일이 벌어져 다행히 목숨을 구했다고 한다.

청하면 청계리의 도치재 밑에 있는 골짜기인 도칫골은 고구려 군대가 말을 타고 도치(도끼)를 메고 이곳에 주둔했다 하여 붙여진 이름이고, 진

등 동북쪽에 있는 거진재는 진등에 진을 치고 있던 고구려 군대가 백리두들에서 신라군과 싸우다가 달아난 고개라고 한다. 예대구라고 불리는 여대두들은 회학지 밑에 있는 들판으로 신라 군사가 고구려 군사와 백리두들에서 크게 싸워 이기고, 이곳에서 항복한 고구려 장수를 예로써 대접한 곳이다. 배암골 앞에 있는 사암巳岩배기라는 목은 뱀의 목처럼 생겼는데, 명나라 장수 이여송이 혈을 질렀다고 한다.

활무덤골에 있는 큰 무덤은 궁총이라고 부르는데, 진등과 거진 사이에 있다. 회학제(호학지, 중방지)라고도 불리는 회학지回鶴池는 중방이 앞에 있는 못으로 호학산 밑에 있다. 신라 때 판 것으로 추정되는데, 1932년에 크게 중축하여 넓이가 10만 9,091평방미터이며 몽리 면적이 148만 7,610평방미터에 달한다. 청진리靑津里는 푸른나리(푸나리, 대곳이, 죽곳이)라고도 부르는데, 푸른 대나무가 많아서 그렇게 불렀다.

박효수朴孝修가 시에서 "회오리바람 문득 일어 바다를 뒤엎으니, 하늘과 물이 서로 어울려 어둡고도 침침하다. 은산의 일만 봉우리 낮았다 다시 솟으니, 백 천의 천둥소리와 북소리 일시에 일어나서, 부상이 떠나갈 듯 지축이 흔들리니, 누구의 장난인가. 경(숫고래), 예(암고래)의 짓일세"라고 읊었던 청하의 바다는 지금도 푸르게 출렁이고 있다.

경남 산청 단성 ― 문익점과 목화의 고장
경남 함양 안의 ― 안의현감 박지원의 사상과 저술이 무르익던 곳
경남 합천 삼가 ― 한국전쟁의 상흔을 깊이 간직한 고을

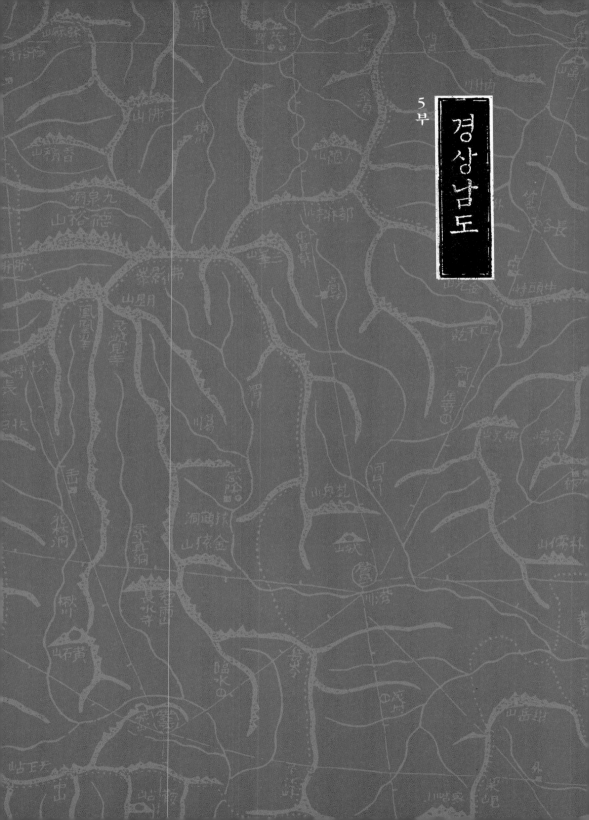

5부

경상남도

경남 산청 단성

1장

문익점과 목화의 고장

속세가 시끄러울 때는 속세를 떠나면 좋으련만 그러지 못하면서도 항상 어딘가로 가고 싶어하고 못내 그리워하는 것이 사람의 마음이리라. 떠나고 돌아오는 것이 습관이 된 나도 돌아오면 두고 온 산하가 그리워 잠을 설치기도 하는 것은 무슨 심사인가. 그때마다 내 가슴 깊은 곳을 휘젓고 지나가는 풍경이 있는데 그곳이 경상남도 산청군 단성면 운리雲里에 자리 잡은 단속사斷俗寺이다.

보물 제72호와 제73호로 지정되어 있는 신라 탑 두 기와 상처투성이의 당간지주만 남아 있는 폐사지라 더욱 애착이 가기도 하지만 구름 머무는 마을이라는 운리에 '속세와의 인연을 끊는다' 는 뜻을 지닌 단속사가 있기 때문일 것이다.

단속사에 대한 가장 오래된 기록은 『삼국유사』「신충패관」에 나오는

면화시배지 문익점이 목화씨를 들여와 제일 먼저 심었다는 단성면의 면화시배지이다.

두 가지 창건설이다. 하나는 어진 선비 신충信忠이 763년(경덕왕 22)에 두 사람의 친구와 지리산에 들어가 중이 되었는데 그 절이 지금의 단속 사라는 설이고, 다른 하나는 748년(경덕왕 7)에 이준이라는 사람이 작은 절을 고쳐 큰 절로 지은 뒤 단속사라고 하였다는 설이다.

조선 전기의 뛰어난 문장가였던 김일손金馹孫이 지리산을 답사하고 지은 『속두류록續頭流錄』에는 이 절에 신라 경덕왕의 초상화가 있었다고 기록하고 있으며, 『신증동국여지승람』에는 신라의 뛰어난 화가 솔거가 그린 유마상이 있었다고 적혀 있다. 그러나 신라의 명찰이었던 이 절은 선조가 임금의 자리에 오른 해인 1567년 지방 유생들에 의해 불상과 경 판이 파괴되면서 사라지고 말았다. 여말 선초의 문신 강회백이 지은

단속사지 삼층석탑 신충 이라는 사람이 신라 경덕왕 때 두 사람의 벗과 함께 지 리산에 들어가 중이 되어 절 을 지었다는 단속사 터에는 동·서로 삼층석탑만 남아 있다.

「단속사 견매斷俗寺 見梅」라는 시 한 편이 남아 있다.

한 기운이 돌고 돌아갔다 오나니
천심天心은 섣달 전의 매화에서 볼 수 있고,
스스로 큰 솥에 국맛을 조화하는 열매로
부질없이 산중에서 떨어졌다 열렸다 하네.

지금의 단성은 원래 단성군이 있던 곳으로 『세종실록지리지』에는
"동쪽으로 진주 경계까지 12리이고, 남쪽으로 같은 주 경계까지 8리이
며, 서쪽으로는 같은 주 경계까지 17리이고, 북쪽으로는 산음현 경계까
지 21리인데, 서울과 거리는 880리이다"라고 기록되어 있으며, 『신증동
국여지승람』에는 다음과 같이 실려 있다.

강성현江城縣은 본래 신라 궐지군闕支郡이다. 경덕왕이 궐성闕城이라 고쳤
고, 고려에서는 강성현이라 고쳤다. 뒤에 군으로 승격하였고 현종이 진주에
예속시켰으며, 공민왕이 감무를 두었다. 본조 공정왕조恭靖王朝에는 임시로
우접한 영선永善의 명진현溟珍縣을 합쳐서 진성현珍城縣이라 하였는데, 세종
조에 명진을 다시 거제에 예속시켰다. 단계현丹溪縣은 본래 신라 적촌현赤村
縣이다. 경덕왕이 단읍이라 고쳐서 궐성군 속현으로 만들었고, 현종이 합주
에 예속시켰으며, 공양왕이 도로 강성에 예속시켰고 조선시대에 단성군이 되
었다.

단성, 신등, 신안, 생비량면을 관할했던 단성군은 1914년에 산청군에

소속된 하나의 면이 되었는데 단성읍성의 안쪽에 있던 마을이 성내리였다. 성내리에는 동헌 터 서쪽에 강가새미라는 샘과 관아의 밭이었던 관죽전官竹田, 그리고 군기를 넣어두던 창고인 군기고 터가 있었다고 하는데, 지금은 그곳에 사는 사람들도 그곳이 어디인지 알지 못했다. 다만 남사리에 고즈넉한 옛집들이 여러 채 남아 있을 뿐이다.

성주 이씨, 밀양 박씨, 진양 하씨 등의 여러 성씨들이 수백 년간 살면서 많은 선비들이 과거에 급제하여 큰 마을을 이루었던 이곳의 집들이 대대적으로 지어진 것은 1920년대다.

세종 때 영의정을 지낸 하연의 후손인 하영국이 살고 있는 하영국 가옥에는 하연이 7세 때 심었다는 마을에서 가장 큰 감나무가 있고 이 마을에서 가장 큰 집인 최재기 가옥은 1920년대 초에 그의 아버지가 지었다고 한다. 가장 오래된 집인 이상택 가옥(18세기 초에 지음)은 성주 이씨의 종가인데 70여 년 전에 지은 사랑채 사양정사와 묘한 대조를 이루고 있다. 그러나 이 마을을 빛내는 것은 집들이 아니라 고색창연하게 남아 있는 오래된 나무와 담장들이다.

남사리에서 성내리로 가는 길목에 자리 잡은 사월리에 문익점 면화시배지가 있다. 고려 공민왕 때 과거에 올랐던 문익점은 정언正言으로 있을 때 서장관書狀官이 되어 원나라에 갔다가, 목화 종자를 구해서 돌아왔다. 그는 장인 정천익鄭天益에게 부탁하여 목화 종자를 심게 하였더니, 3년 만에 많은 목화를 수확하여 전국 각지로 퍼져나갔다. 씨앗을 발라내는 기구와 실 뽑는 기구는 모두 정천익이 만들었다. 문익점은 어머니가 별세하자 당시 해적이 한창 기승을 부려 사람들이 모두 도망쳐 숨는 와중에도 떠나지 않고 3년상을 마칠 정도로 효성이 극진하였다. 조

남사리 두 그루의 나무가 솟을대문 역할을 하는 아름다운 돌담길을 거닐면 마치 잃어버린 옛고향을 찾아온 듯하다.

선 태종 때에 참지정부사參知政府事 강성군江城君(죽은 다음에 올려주는 직책)으로 추증되었다. 사적 제108호로 지정되어 있는 문익점 면화시배지에 오면 다른 곳에서는 볼 수 없는 목화를 볼 수 있다.

이중환은 『택리지』에서 가장 농사가 잘되는 곳의 표본으로 나락(쌀)이 잘되고 목화가 잘되는 곳을 꼽았는데, 어느 사이에 이 나라에서 목화가 사라지고 이곳 면화시배지에서만 겨우 볼 수 있게 되었다.

발길을 돌려 강에 누각이 있다는 강루리江樓里로 향했다. 앞에는 경호강의 맑은 물이 유장하게 흐르고, 뒤에는 넓은 들이 열려 있으며, 들 건너에는 크고 작은 산들이 솟아 있어서 경치가 매우 아름답다. 그러나 동쪽에 있는 웅장한 바위벼랑은 여름철이면 비바람에 무너져 가끔씩 돌이 강까지 굴러떨어지곤 했다고 한다.

지금의 단성이 강성군이었을 때 태수가 손님들과 함께 기생들을 데리고, 강에 배를 띄운 채 술을 마시며 즐기고 있는데, 돌이 배로 떨어져 배에 타고 있던 사람들이 모두 물에 빠져 죽고 군인郡印마저 잃어버렸다고 한다. 그뿐만이 아니다. 강루리에는 경형俓炯, 담분淡扮, 유취柳翠, 매연梅姸 등 여섯 개의 루가 있었는데, 이곳의 경치가 너무 아름다워 단성 고을을 지나는 사람은 반드시 이곳에 머무르며 경치에 취하여 세월 가는 줄 모르고 놀기만 했다고 한다. 이 소식을 전해들은 세종이 노하여 강루라는 정자 하나만 남기고 헐어버린 뒤 강성군을 현으로 강등시키고 고을을 지금의 소재지로 옮겼다고 한다. 지금 이곳에는 안동 권씨 33세손인 권두호 씨가 풍류를 즐기고 학자들과 교류하는 장을 만들기 위해 1919년에 지은 읍청루가 있으며 물을 바라본다는 관수헌觀水軒만 낡아가는 채로 서 있다.

조선시대만 해도 단성군의 영역이었던 신등면 모례리에 있는 둔철산屯鐵山은 높이가 812미터로 옛날 이곳에서 철이 많이 났기 때문에 붙여진 이름이다. 둔철산에 있는 정취암은 사창징이(사창과 정자나무인 청심정이 있었기 때문에 지어진 이름이다) 남쪽에 있는 절로 휘돌아 깎아지른 벼랑에 걸려 있는 정취암에서 내려다본 세상은 그림 같다. 이 절에 문익점의 후손에 얽힌 전설이 남아 있다.

문익점의 동생 문익하益夏의 둘째 아들 가학可學이 암자에서 공부를 하는데, 정월 보름날이 되자 암자에 있던 중들이 모두 달아났다. 가학이 그 까닭을 묻자 해마다 요괴가 나타나서 젊고 잘생긴 상좌 중을 잡아가므로 이를 피하는 것이라 했다. 그는 남자로서 요괴 하나를 이기지 못하고 달아날 수 없다며 좋은 술과 안주를 준비시켜놓고 혼자 지키고 있었다. 그런데 새벽녘이 되자 과연 어여쁘게 단장한 여인이 들어와 요염한 몸짓으로 아양을 떨었다. 그는 술을 마시고 노는 척하면서 틈을 엿보아 준비해둔 밧줄로 그 여인을 묶고 죽이려 했다. 여인은 울면서 나는 본래 늙은 여우인데, 만일 나를 살려주면 마음대로 둔갑할 수 있는 장신술藏身術의 비서를 주겠다고 했다. 그래서 그 여인을 따라가니 높은 바위틈에서 그 비서를 꺼내주었다. 그가 약속대로 그 여인을 풀어주고 그 책을 읽고 있는데, 그 여인이 나타나더니 마지막 장을 빼앗아 달아나버렸다. 그런 연유로 그 책에 쓰인 대로 바위, 돌, 나무, 짐승으로 마음껏 둔갑할 수는 있지만, 밧줄의 끝 토막을 감추는 것은 할 수 없었다고 한다. 그 뒤 가학은 군자금을 모으려고 둔갑술을 부려 궁중으로 몰래 들어가서 여러 번 나랏돈을 내오다가 마침내 잡혀 죽었는데, 그 뒤 단성 고을에 살던 문씨들도 모두 동래부東萊府로 귀양을 보냈다고 한다.

율곡사 대웅전 신비로운 전설을 간직한 이 절은 그 창건 설화만큼이나 아름다운 건축물로 정수산의
산세와 어우러져 웅장한 멋을 자랑하고 있다.

나라 곳곳을 돌아다니다 보면 개에 얽힌 일화들이 많이 남아 있다. 대부분이 위기에 처한 주인을 구하고 죽은 의견義犬인데, 신등면 가술리에 세워진 개의 비碑에는 여주인을 구하고 죽은 개에 관한 이야기가 서려 있다.

옛날에 서북쪽에 있는 깐치미 마을에 예쁘고 젊은 과부가 살고 있었다. 어느 날 새벽 과부가 물을 길러가는데 지나가던 중이 그 과부를 보고 욕심이 생겨 덤벼들자 뒤따라가던 그 집 개가 중을 물어죽이고 자신도 죽고 말았다. 죽은 개의 의기를 가상히 여긴 마을 사람들이 비를 세우고 거기에 그 개 모습을 새겨놓았다고 한다.

한편 율현리에 있는 율곡사栗谷寺는 『신증동국여지승람』에는 척지산尺旨山에 있다고 실려 있는데 지금은 정수산으로 알려져 있다.

율곡사는 경상남도 신청군 신등면 율현리에 위치한 절로 대한불교조계종 제12교구 본사인 합천 해인사의 말사이다. 651년(신라 진덕여왕 5)에 원효대사가 창건하였고 930년 신라가 망하기 직전에 감악스님이 중창하였다. 그후 『율곡사기』에 기록된 바로는 1373년(고려 공민왕 22)에 정순이, 조선 1641년(인조 19)에 벽각성필스님이 중건하였고, 1714년(숙종 40)에 봉성치헌이 중건한 뒤 1897년에 구봉혜은이 중수하였다고 나와 있다. 남아 있는 절 건물들로는 보물 제374호로 지정된 대웅전과 규모가 작은 칠성각과 관심당 그리고 여염집과 비슷한 요사채가 있을 뿐이다.

바라볼수록 아름다운 율곡사 대웅전에는 대목大木에 관련된 전설 하나가 전해내려온다. 이 법당을 중창할 때 어떤 목공이 찾아와 절을 짓는 일을 자청하였다고 한다. 그런데 이 목공은 석 달 동안 다른 일은 전혀

하지 않고 목침만 만들고 있었다. 이를 답답하게 여긴 이 절의 스님이 목공을 시험하기 위해 목침 하나를 몰래 숨겼다. 목침을 다 만들었다고 생각한 목공이 수를 세어보니 목침 하나가 모자라는 것이 아닌가. 갑자기 안색이 새파랗게 변한 목공은 "내 정성이 부족하여 목침 하나가 모자라니 이와 같은 귀중한 법당을 건립할 수 없다"라고 말한 후 연장을 챙겨서 절을 떠나려고 했다. 이에 당황한 스님은 숨겨놓았던 목침을 내놓고는 사죄하였다. 목공은 그제야 마음을 돌리고 목침을 조립하기 시작하였다. 그때 못 하나 쓰지 않으면서 목침을 짜올리는 그 빼어난 솜씨가 신기에 가까웠다고 전해진다. 그래서 이 법당은 못을 전혀 쓰지 않고 조립한 절이라 하여 목침절 또는 몽침절이라고 불리기도 했다. 또한 대웅전 아래의 땅에서는 여름철엔 차디찬 영천靈泉이 샘솟고 겨울철에는 따뜻한 물이 나온다고 한다.

율곡사 대웅전은 조선 중기에 지어진 건축물로 정면 3칸에 측면 2칸의 단층 팔작지붕인데 규모는 그다지 크지 않고 흔히 볼 수있는 다포식 계통의 집이지만, 산골짜기의 산세와 어우러져 묘한 아름다움을 드러내고 있다.

대웅전 앞에 서서 대웅전의 문들을 바라보니 내소사나 불갑사의 문살보다 예술성은 떨어지지만 율곡사의 문살 또한 아름답기 그지없다. 율곡사 대웅전의 문틀은 정면 세 칸 중 가운데가 사분합문이고, 좌우에는 삼분합문을 달았다. 특히 사분합문에는 손품을 적잖이 들인 예쁜 꽃 창살을 달았고, 삼분합문에는 빗살과 띠살문 위에 팔각의 붙박이창을 두었으며 궁판을 두 겹이나 덧대는 등 다양하게 만들었다. 기둥 위에는 평방을 얹고 사면을 돌아가면서 내외삼출목에 공포(처마끝의 무게를 받치려고 기둥머리에 짜맞추어 댄 나무쪽들)를 받쳤으나 첨차(삼포三包 이상의 집에 있는 꾸밈새)에는 쇠서(전각 기둥 위에 덧붙이는 소의 혀 모양으로 된 장식)가 달리지 않았다. 이와 같은 건축 기법은 조선 초기의 다포식 건축물에서 주로 볼 수 있다. 그러나 공포의 상단 부분에서 외목도리를 고정시키고 있는 조각물의 형태로 보아 이 대웅전의 건립 연대는 조선 중기임을 미루어 짐작할 수 있다.

산청군 신안면 안봉리 안봉 동남쪽에 높이 솟아 있는 바위를 새심바위라고 부르는데, 이 바위에서 상사풀이를 했다고 하며, 선유동仙遊洞은 조선 명종 때 덕계德溪 오건吳建이 풍류를 즐기며 공부한 곳으로 선유동이란 세 글자가 새겨져 있다.

산청군 시천면에는 남명 조식曺植이 제자들을 가르치던 산천재와 조식을 모신 덕천서원이 있고 비구니도량 대원사와 내원사가 있다.

정윤의鄭允宜의 시에, "첫 새벽에 말을 달려 외딴 성에 들어오니, 울타리엔 사람 없고 살구 맺었다. 포곡새는 왕사王事 급한 줄 알지 못하고, 숲을 격해 종일토록 봄갈이만 권한다"라고 하였던 단성에서의 하루는 이렇게 저물고 경호강의 물은 그때나 지금이나 변함없이 바다를 향해 흘러가고 있다.

　전라북도 장수에서 백두대간의 육십령을 넘으면 남덕유산에서 아름
답기로 소문난 화림동 계곡이 나온다. 그 계곡에서 맨 처음 만나는 정자
가 거연정居然亭이다. 정면 3칸에 측면 2칸으로 지어진 거연정은 1613년
당시 중추부사였던 전시숙全時叔이 이주하면서 건립하였으며 1885년에
후손들이 중건하였다. 화림교 앞에 세워진 화림제전공유허비의 비문에
는 "옛 안의현安義縣 서쪽 화림동花林洞에 새들(신평新坪) 마을이 있으니
임천이 그윽하고 깊으며 산수가 맑고 아름답다. 화림제전공이 세상이
어지러워지자 이곳에 은거하였다"라고 씌어 있다.

　거연정은 도로변에서 아치형으로 연결된 화림교를 지나면 만나게 되
는 데 커다란 바위 위에 8각 주초석을 세우고 네 모서리에 활주를 세워
안정감을 배가시킨 조형미가 돋보이는 아름다운 건축물이다.

거연정　화림동 계곡의 정
자 중 가장 아름다운 정자인
거연정은 1613년에 전시숙
이 건립하였다.

바로 아래쪽에 조선 전기의 문신 정여창鄭汝昌이 지었다는 군자정이 있고 얼마쯤 내려가면 동호정이 보인다. 거기서 조금 더 내려가면 농월정弄月亭이 있다.

조선 선조 때 관찰사와 예조참판을 지낸 박명부朴明榑가 정계에서 은퇴한 뒤 지었다는 농월정은 정면 3칸에 측면 2칸으로 뒤쪽 가운데에 한 칸짜리 바람막이 작은 방이 만들어져 있다. 농월정 뒤편의 소나무 숲도 근사하지만 그 앞 물길 너머로 줄지어 서 있는 소나무 숲은 바라보기만 해도 가슴이 확 트이던 곳이었다. 그러나 2003년 가을에 농월정이 원인 모를 불로 재가 되어버리는 바람에 지금은 그을린 기둥만 두어 개 남아 있을 뿐이다. "천하의 일은 뜻을 세우게 되는 것이 우선이다. 뜻이 지극

농월정 조선 선조 때 관찰사를 지낸 박명부가 지은 농월정은 달바위라고 부르는 넓은 반석 위에 세워졌는데, 아쉽게도 천하일품인 이 정자가 몇 년 전에 화재가 나서 지금은 사라지고 말았다.

해진 뒤에는 기氣가 따르게 마련이다"라고 말했던 박명부의 기상은 어디로 가버렸는가?

아쉬움을 안은 채 화림동 계곡을 지나면 함양군 안의에 이르게 된다. 안의의 진산은 성산城山이며, '비단내'라는 아름다운 이름을 지닌 금천변에 광풍루光風樓가 우뚝 솟아 있다. 광풍루는 정면 3칸, 측면 2칸의 누각으로 1412년(태종 12) 안의현감 전우가 객사의 누각으로 처음 지을 때 선화루라고 하였던 것을 성종 25년 정여창이 현감으로 부임한 뒤 중건하며 광풍루라고 이름을 바꾸었다. 그후 정유재란 때 불에 타버렸던 것을 다시 복구하고 숙종 때 중건하였다.

광풍루 옆에 이어서 지은 제월당이라는 누각이 하나 더 있었다는데 지금은 찾을 길이 없다. 조선 전기의 문신 노숙동은 이 누각에 올라 "10리에 뻗은 시내와 산이 옛 고을을 둘렀고, 두어 집 울타리는 성긴 숲에 보인다"고 노래했다.

행정구역상 함양군 안의면은 조선시대만 해도 안음현安陰縣의 중심지였다. 안음의 옛 이름은 이안利安으로 본래 신라의 마리현馬利縣이었다. 고려 의종 때 감음현感陰縣으로 불리던 당시 이곳에 살던 자화子和라는 사람이 현의 아전이었던 인량仁梁과 함께 임금과 대신을 저주했다는 무고를 받았다. 자화는 강의 복판에 내던져지고 현은 강등되어 부곡으로 만들어졌다. 그 뒤 조선 태종 때 관아를 이곳으로 옮기고 안음현을 두었다.

조선 중기의 학자인 동계桐溪 정온鄭蘊의 4대손으로 이인좌李麟佐와 함께 반란을 일으켰던 정희량鄭希亮도 안의 사람이다.

이조참판을 지낸 정온은 광해군 때 영창대군의 처형을 반대하다가 10여 년간 귀양살이를 했다. 병자호란 때에는 청나라 군사가 남한산성을 포

위하자 명나라를 배반하고 청나라에 항복하는 것은 옳지 못하다고 주장하였다. 인조가 청태종에게 항복하기 위해 성에서 내려가자 스스로 칼로 배를 찔러 죽으려 했다. 이 광경을 목격한 정온의 아들이 창자를 배에 넣고 꿰맨 덕에 가까스로 깨어났다고 한다. 그러나 정온은 전쟁이 끝나고 청나라 군사가 물러가자 고향으로 돌아가 다시는 조정에 나가지 않았다.

안음에 거주하다 순흥으로 이사한 정희량은 1728년(영조 4) 이인좌, 박필현朴弼顯 등과 함께 반란을 공모하였다. 그들은 영조가 임금에 오른 뒤 벼슬에서 물러난 소론 일파의 호응을 받아 군사를 일으켜 청주를 습격하였다. 한때 안음, 거창, 합천, 삼가 등의 고을을 제압하였으나 오명항吳命恒이 이끄는 관군에 패배하였다. 그 뒤 정희량은 거창에서 체포되어 참수당했다.

이중환이 "안음 동쪽은 거창이고 남쪽은 함양이며 안음은 지리산 북쪽에 있는데, 네 고을은 모두 땅이 기름지다. 함양은 더구나 산수굴山水窟이라 부르며, 거창 · 안음과 함께 이름난 고을이라 일컫는다. 그러나 안음만은 음침하여 살 만한 곳이 못 된다"고 말한 이유가 결국 정희량의 난에서 비롯된 것이다.

『신증동국여지승람』의 「연혁」 편에는 "역적 정희량이 역모하여 혁폐하고, 현의 땅을 함양과 거창에 분속시켰다"라고 기록되어 있는데, 그 뒤 안의 사람들뿐만 아니라 경상도 사람들은 벼슬길에 오르지 못하다가 100여 년의 세월이 흐른 1815년에야 다시 복권이 되었다. 하지만 1914년 일제에 의한 행정구역 개편 때 안의군은 면으로 바뀌어 오늘에 이르렀다. 『동국여지승람』 「안음현조」에 기록된 "억세고 사나우며 다투고 싸움하기를 좋아한다"는 이야기 탓인지 함양군 사람들은 흔히 "안의 송

장 하나가 함양 산 사람 열을 당한다"라고 말한다. 그만큼 안의가 질곡
의 역사를 안고 있다는 의미일 것이다.

당시는 안의현이었다가 현재는 거창군 위천면 강천리로 행정구역이
바뀐 강동 마을에 정온의 고택이 있고 여든이 넘은 종부가 그 집을 지키
고 있었다. 그곳에 가서 종부에게 들은 바로는 정희량의 난 이후 정국에
서 소외받은 그들은 같은 파벌끼리 혼사를 맺어 그 맥을 이어갔다고 한
다. 현재 정온 가문의 종부는 경주에서 13대 만석꾼으로 이름난 최부잣집
의 큰 딸이고, 그의 동생은 하회 유성룡 가문의 종부이며, 정온댁 종부의
시고모는 해남 윤선도 가문으로 시집을 갔다고 한다. 그 말을 들으니 요
즘 재벌이나 정관계의 고위 인사들의 서로 얽히고 설킨 혼맥을 보는 듯했
지만 혼맥을 통해 파벌의 끈을 이어갔다는 사실에 가슴이 먹먹해졌다.

안의에는 중요민속자료 제207호로 지정된 옛집 허삼둘 가옥이 있다.
이 집은 1918년 윤대홍이라는 사람이 진양 갑부였던 허씨 문중에 장가

허삼둘 가옥 1918년 윤대
홍이라는 사람이 진양 갑부
인 허씨 문중에 장가들어 부
인 허삼둘과 함께 지은 집으
로 안주인인 허삼둘의 이름
을 붙인 것이 이채롭다.

들어 부인 허삼둘과 함
께 지은 것으로, 집 이
름을 윤대홍의 이름을
따르지 않고 여주인인
허삼둘의 이름을 붙인
것이 이채롭다.

이 집에 들어서 보면
여느 집과는 달리 경제
적 실권을 쥐고 있던 안
주인의 의견이 존중되

어 지어졌음을 첫눈에 알 수 있다. 산청 남사리의 옛집들이나 악양의 조부잣집처럼 조선 후기 신분제도의 철폐와 신흥 부농층이 출현하면서 1920년대에 나라 곳곳에 세워진 상류 계층 주택의 건축적 요소와 서민 계층의 주택이 결합된 형태를 띠고 있다. 특히 허삼둘 가옥의 부엌문은 ㄱ자형 안채의 꺾인 모서리 부분에 들어서 있어 독특한 형태를 표현하고 있다.

허삼둘 가옥에서 50미터쯤 골목길을 따라가면 옛 시절 안의현청이 있던 안의초등학교에 이른다. 북학파의 대표적 실학사상가인 연암 박지원은 55세 되던 해 안의현감으로 부임하여 5년 동안 머물면서 40여 권의 저술을 남겼고 그런 연유로 안의초등학교엔 박지원의 사적비가 서 있다. 또한 교정에는 땅을 다질 때 썼던 도구를 비롯해 대형 맷돌과 여러 종류의 민속자료들이 보존되어 있다. 그 자료들을 바라보며 나라 곳곳에 늘어만 가는 폐교에 문, 옹기, 농기구, 짚풀 공예품 등을 전시하는 자그마한 민속박물관을 만들었으면 좋겠다고 생각해보았다. 초등학교를 돌아보고 다시 버스 정류장 근처로 오자 대낮이었는데도 낮술을 마신 두어 사람이 말다툼을 하고 있었다. 아무도 말리지 않고 멍하니 싸우는 모습을 바라보는 광경을 보면서 문득 박지원에 얽힌 일화가 생각났다.

비가 주룩주룩 내리는 어느 봄날이었다. 연암은 하릴없이 대청을 서성이다가 홀연히 쌍륙을 가져다가 오른손을 갑甲 왼손을 을乙로 삼은 뒤 교대로 주사위를 던지며 쌍륙을 두었다. 그 옆에 아무도 없는데 혼자 놀이를 하고는 웃으며 일어나 누군가에게 편지 한 장을 썼다.

사흘간이나 비가 주룩주룩 내리는 바람에 어여쁘던 살구꽃이 죄다 떨어져 땅을 분홍빛으로 물들였습니다. 긴 봄날 우두커니 앉아 혼자 쌍륙놀이를 하고 있습니다. 오른손은 갑이 되고 왼손은 을이 되어 "다섯이야!" "여섯이야!" 하고 소리치는 중에도 너와 내가 있어 이기고 짐에 마음을 쓰게 되니 문득 상대편이 적敵으로 느껴졌습니다. 알 수가 없었습니다. 내가 나의 두 손에 대해서도 사사로움을 가지고 있는 것인지, 내 두 손이 갑과 을로 나뉘어 있으니 이 역시 물物이라 할 수 있을 터이고, 나는 그 두 손에 대해 조물주의 위치에 있다 할 수 있지 않겠습니까? 그러하건만 사사로이 한쪽을 편들고 다른 한쪽을 억누름이 이와 같습니다. 사흘간 내린 비로 살구꽃은 대부분 떨어졌지만 곧 꽃망울 터트릴 복사꽃은 장차 그 화사함을 뽐낼 것입니다. 나는 또다시 알 수가 없습니다. 저 조물주가 복사꽃을 편들고 살구꽃을 억누르는 것 역시 사사로움이 있어서 그런 것은 아닌지.

연암이 편지를 쓰는 것을 지켜보던 손님은 웃으며 "저는 선생님이 혼자 쌍륙놀이를 하시는 것이 놀이에 뜻을 두어서가 아니고 글을 쓰기 위해서라는 것을 처음부터 알았습니다"라고 말했다.

연암이 쌍륙놀이를 하고 느낀 생각이 어쩌면 그리도 현재의 상황과 흡사한지 감탄스러울 따름이다. 저와 생각이 같으면 좋은 사람[君子]이고 저와 생각이 다르면 나쁜 사람[小人]인 이 시대는 예나 지금이나 변함이 없는 듯하다.

안의에서 지곡면의 개평리 정여창鄭汝昌 고택으로 가는 길. 옆 마을의 교회에는 '단군상 건립을 철폐하라' 는 플래카드가 내걸렸다. 이 땅이 누구의 땅인가 나 자신에게 묻는다. '곁방살이가 안방을 차지한다' 는 우리 속담은 얼마나 선견지명이 있는 말이었던가. 흔히 '뼈대 있는' 고장을 가리키는 '좌안동, 우함양'이라는 말의 본거지인 이 고장에서 단군을 멀리하는 현실을 어떻게 이해해야 할까?

'좌안동, 우함양'은 수도인 한양에서 볼 때 낙동강의 동쪽인 안동은 훌륭한 유학자를 많이 배출한 땅이고 낙동강 서쪽인 함양에서는 빼어난 인물들이 태어난다는 의미를 담고 있다. 이러한 '우함양'의 기틀이 된 사람이 안음현감을 지냈던 정여창이었다. 정여창은 조선 성종 때의 문신으로 본관은 경남 하동이고 자는 백옥, 호는 일두였다. 그의 아버지는 함길도병마우후 증한성부좌윤을 지냈던 육을六乙이었지만 정여창이 여덟 살 되던 해에 세상을 떠났다.

혼자 독서하던 정여창은 김굉필金宏弼과 함께 김종직金宗直의 문하에서 학문을 연마하였는데 특히 그는 『논어』에 밝았고 성리학을 깊이 연구하였다.

성종 임금이 성균관에 유서를 내려 행실에 밝고 경학에 밝은 사람을 널리 구하자 성균관에서 그를 제일 먼저 천거하였지만 사양하였고 다시 1483년 8월 성균관 상사에서 그를 이학理學으로 추천하였지만 역시 벼슬에 나가지 않았다. 정여창은 1486년 극진한 간호에도 불구하고 어머니가 이질에 걸려 죽자 최복(아들이 부모, 증조부모, 고조부모의 상중에 입는 상복)을 벗지 않고 3년 동안 시묘하였다. 그 뒤 하동 악양동에 들어간 그는 섬진나루에 집을 짓고 대나무와 매화를 심은 후 한평생을 그곳에서 지내고자 하였다.

그후 1490년 참의 윤취가 효행과 학식이 뛰어난 선비라 하여 정여창을 천거하여 소격서참봉에 제수되었지만 그는 자신의 직분을 들어 사양하였다. 성종은 정여창의 사직상소문의 글에다 "경의 행실을 듣고 나도 모르게 눈물이 났다. 행실을 감출 수 없는데도 오히려 이와 같으니 이것이 경의 선행이다"라고 쓰고 사임을 허가하지 않았다. 그 해에 별시문과에 합격한 정여창은 예문관검열을 거쳐 당시 동궁이었던 연산군을 보필하였지만 강직한 그의 성품 때문에 연산군이 그를 좋아하지 않았다.

1495년(연산군 1)에 안음현감에 제수된 정여창은 일을 공정하게 처리해 정치가 맑아지자 백성들로부터 칭송이 그치지 않았다. 그는 물어본 뒤에 시행하였고 멀리에서도 그를 찾아와 판결을 받았다고 한다. 또한 벼슬길에 올라서는 세자에게 강론하는 시강원설서를 지낼 만큼 학문이 뛰어났다. 그러나 연산군 때에 그의 스승인 김종직과 더불어 무오사화에 연루되어 함경도 경성에 유배되었다가 거기서 죽었다. 그 뒤 갑자사화 때 부관참시되었다.

정여창이 어린 시절 아버지와 함께 중국 사신을 만났는데, 그를 눈여겨본 중국 사신은 "커서 집안을 크게 번창시킬 것이니 이름을 여창이라 하라"고 말했다고 한다. 정여창은 중국 사신의 말처럼 학문과 덕망이 출중하여 김 굉필, 조광조, 이언적, 이황과 더불어 조선 성리학의 5현으로 추앙받았다.

정여창은 댓잎 네 개가 붙어 있는 개ㅹ자 형상이라 개평이라는 이름이 붙었다는 개평리에서 태어났다. 중요민속자료 제186호로 지정되어 있는 그의 고택은 후손인 정병호 씨의 이름을 따서 정병호 가옥으로 불리고 있는데 이 집이 사람들에게 회자되기 시작한 것은 대하소설 『토지』가 텔레비전 드라마로 방송되면서부터였을 것이다. 『토지』의 무대인 하동 평사리에서 최참판 댁 가옥의 모델을 구하지 못한 제작진들이 이곳 정병호 가옥을 최참판 댁으로 설정하였고 정면 5칸에 측면 2칸의 ㄱ자 팔작지붕인 이 집 사랑채가 사람들의 머릿속에 각인된 것이다.

수승대 삼국시대에 백제인들이 신라로 가는 사신을 위해 위로 잔치를 베풀던 곳이다.

돌을 모아서 산과 골짜기를 만들고 갖가지 나무가 심어졌을 사랑채 앞마당에는 늙은 소나무가 을씨년스레 집을 지키고 있었다. 마루에 걸터앉아 따스한 겨울 햇살을 받았지만 사람의 온기가 느껴지지 않는 이 집의 구석구석은 바라볼수록 안쓰럽기만 했다.

조선 전기의 문신 배둔裵屯은, 지금은 한적한 면소재지로 역사의 한 귀퉁이를 차지하고 있는 안의를 이렇게 노래했다.

아침에 산음(지금의 산청)을 떠나 저물녘에 안음에 왔다. 홀로 동헌에 기댔는데 가을밤이 깊어온다. 한 점 등잔불은 방의 반쯤을 밝히는데, 두어 마디 피리소리는 앞 숲을 격했다. 세상은 흥하고 망하였으나 산천은 옛 그대로이고, 천 가지로 영화는 슬프다. 벌써 늙었구나. 삼각산과 한수가 그리워 읊조리기도 한다.

한편 조선시대 안음현이었던 경상남도 거창군 위천면 강천리에는 수 승대搜勝臺가 있다. 맑은 물이 흐르고 조촐한 정자와 누대가 들어서 있 는 수승대는 거창 사람들의 소풍이나 나들이 장소로 애용되는 곳으로, 여러 이야기들이 전해온다.

거창군은 예로부터 지리적으로 백제와 맞붙은 신라의 변방이었기 때 문에 항상 영토 다툼의 전초기지였다. 그때나 지금이나 약소국이 강대국 에 대해 느끼는 설움은 깊고도 깊어 신라로 간 백제의 사신은 온갖 수모 를 겪는 일은 예사요, 아예 돌아오지 못하는 경우도 더러 있었다. 그렇기 때문에 백제에서는 신라로 가는 사신을 위해 위로 잔치를 베풀고 근심으 로 떠나보내지 않을 수 없었다. 그 잔치를 베풀던 곳이 이곳으로, 근심[愁] 으로 사신을 떠나보냈다[送] 하여 '수송대愁送臺'라고도 불렀다고 한다.

三

嘉

경남 합천 삼가 _{三章}

한국전쟁의 상흔을 깊이 간직한 고을

『신증동국여지승람』 삼가현 「풍속조」에 "습속이 굳세고 사납다"라고 기록되어 있고, 윤자영尹子濚은 시에서 삼가현의 지형에 대해 "남쪽으로 가는 시냇물이 급하고 북쪽에서 오는 산 형세가 높다"고 하였다. 이곳 삼가현은 경상남도 합천군 삼가면 지역에 있었던 조선시대의 현이다.

본래 신라의 가주화현加主火縣이었는데, 경덕왕이 가수嘉壽(嘉樹로 쓰기도 함)라 고쳐서 강주康州의 속현으로 삼았다가 고려 현종이 합주(지금의 합천)에 이속시켰다. 조선 태종 때 삼기현三岐縣과 가수현을 합쳐 삼가현을 만들었고, 그 뒤에 관아를 가수로 옮겼다.

1895년(고종 32)인 삼가군이 되어 진주부에 속했다가 다음 해에 경상남도의 관할이 되었으며, 1914년에 14개 면 중 율원, 신지 등은 거창군에 넘어갔고 나머지는 합천군에 편입되어 오늘에 이르렀다.

기양루 임진왜란 당시 이순신 장군이 머물렀다는 기양루는 경상남도 문화재자료 제93호로 지정되어 있지만, 현재의 모습을 보면 그 가치가 제대로 인정받지 못하는 듯하다.

삼가현의 경계는『신증동국여지승람』에 의하면 동쪽으로 의령현宜寧縣 경계까지 13리, 남쪽으로 진주 경계까지 14리, 서쪽으로 단성현 경계까지 13리, 북쪽으로 합천군 경계까지 25리이고 서울과 거리는 783리이다.

현재의 삼가면은 본래 삼가군의 지역으로 삼가현청이 있었으므로 현내면이라고 하였고, 금리는 금산 밑이 되므로 금산 또는 금동이라고 불렀다.

금리 63번지에 있던 삼가의 객사인 봉성관鳳城館 자리에는 현재 삼가면사무소가 들어서 있다. 그러나 그 어디에도 객사의 흔적은 남아 있지 않다. 객사가 사라진 것은 1949년 가을에 공비들의 방화 때문이라고 한다.

『신증동국여지승람』에 객관 남쪽 7보쯤에 있었다고 기록되어 있는 관수루觀水樓는 1470년 여름에 현감 정자숙이 건립하였으며 절도사 이극균이 기문을 남겼다는데 지금은 그 흔적조차 남아 있지 않으며, 관수루 서편에 있었다던 정금당淨襟堂 역시 찾을 길이 없다.

도계문루라고도 부르는 기양루崎陽樓는『신증동국여지승람』에 나와 있지 않지만, 삼가현청 안에 있던 관청의 부속건물로 이 건물에서 명장 이순신 장군이 머물렀다는 기록이 남아 있다. 경상남도 유형문화재 제93호로 지정되어 있는 이 정자는 현재 고물상이 옆에 자리를 잡아 을씨년스럽기가 그지없다. 그보다 더 가관인 것은 이 고을을 거쳐간 수령 방백들의 송덕비가 여느 지역과는 달리 4열종대로 나란히 서 있는 모습이었다. 여기저기 있던 비석들을 뽑아다가 한자리에 모아놓은 것인데, 20여 기의 비석들이 감옥의 죄인들처럼 갇혀 있는 것을 보자 못내 마음이 무거웠다. 불과 100여 년 전만 해도 이곳 기양루 동쪽에 자리 잡은 동헌에서 수령들의 고함소리가 터져나왔을 법도 한데 개짖는 소리도 사라진 겨울 삼가는 세월의 흔적조차 감춘 채 고요하기만 하다.

일부리와 경계에 있는 동문꺼리 마을은 동문이 있었던 곳이고, 하금 동쪽에 있는 옥골목은 삼가현의 감옥이 있던 곳이지만 그 옛날을 회상시켜줄 그 어떤 것도 남아 있지 않았다. 그런 현상은 읍성 역시 마찬가지이다. 읍성은 성의 둘레가 987.5미터이고 성안에 샘이 둘이나 있었다지만, 어디서 그 성의 자취를 찾을 수 있을지 막막하기만 했다.

수령 방백들의 송덕비
이 지역 사람에게 들은 바에 따르면 이 고을을 거쳐간 수령 방백들의 송덕비들이 여기저기 흩어져 있던 것을 한 자리에 4열종대로 모아 놓았다 한다.

이방한李邦翰은 삼가현을 두고 "한 줄기 성긴 가지는 신라적 나무요, 사방 창에 푸른 빛 띤 것은 사공의 산이다. 남북으로 보내고 맞이하느라 겨를 없는데, 다만 시냇가 백로만이 한가하구나"라고 묘사하였고, 이구李懼는 그의 시에서 "한줄기 시냇물도 북포에 통하고 두어 마을 뽕나무재 나무는 서쪽 밭둑에 그늘졌다"라고 읊었다. 한편 『신증동국여지승람』「산천조」에는 삼가현의 산천에 대해 이렇게 기록되어 있다.

황산黃山은 삼가현의 서쪽 47리 지점에 있었고, 자굴산은 현의 동쪽 17리 지점에 있었으며, 악견산嶽堅山은 현의 동쪽 40리 지점에 있었다. 심천深川은 객관 남쪽을 흐르는 물로 물의 근원이 화지현花旨縣에서 나오며 관수루 앞을 지나서 단성현丹城縣의 단계천丹溪川(현재 경호강)에 들어간다. 율연은 현 동쪽 2리 지점에 있는데, 노인이 전하기를 "합포 장수 김광부가 패전한 곳이라 하여 이곳에서 목욕하는 자가 가끔 칼을 건져낸다"고 하였다.

유린역有麟驛이 있으므로 유린 또는 동리라고 했던 동리의 인평 뒤에 위치한 북산은 나무를 베거나 낙엽을 긁으면 화재가 난다는 산이라서 나무를 하지 않는 풍습이 남아 있고, 유린 동남쪽에 있는 종무박골은 옛날에 종이를 만들었던 곳이다.

두 물이 합하기 때문에 이름 지어진 두모리斗毛里(두무실)의 동구지 먼 당은 해마다 섣달 그믐날이면 당산제를 지내는 곳이고, 배끝마 동남쪽에 있는 어름소는 늦게까지 얼음이 언다는 곳이다.

문송리의 홍첨지골은 담배밭골 서쪽에 있는 골짜기로 옛날에 홍첨지라는 사람이 살았다는 곳이고, 사당골 북쪽에 있는 오개골은 옛날에 오가가 살았다는 곳이다.

소오리 농집골에 있는 농집골재는 교동에서 어전리 어은으로 넘어가는 고개이고, 향교 서남쪽에 있는 골짜기인 도둑골은 예전에 도둑이 숨어 살았다는 골짜기이다.

남산 서쪽에 있는 문둥골은 문둥병에 특효인 샘이 있었던 곳이고, 향교 동남쪽에 있는 등성이는 아전 염씨들이 많이 살았던 곳이다. 양전리의 마쟁잇재는 강성에서 하판리 마쟁이로 넘어가는 고개이고, 어전리의 바람골재먼당은 호랑이매 동쪽에 있는 산으로 바람이 센 곳으로 소문이 자자하다. 토실 바깥쪽이어서 바끝토실 또는 외툴이라고 부른 외토리 장성 밖에서 어전리로 가는 고개가 도토릿재이고, 안동에서 산청군 생비량면으로 넘어가는 고개가 매추나뭇골재이다.

토동 동남쪽에는 옛날 원집이 있던 원촌 마을이 있고, 토실마을은 외토리에서 가장 큰 마을로 조선시대에 아곡면소가 있었던 곳이다.

용이 하늘로 올라갔다는 전설이 서린 용흥리 실월 서남쪽 위에 있는 구시랑먼당이라는 산은 지형이 구수(구유) 같다고 하며, 성월 동남쪽에서 의령군 대의면 행정리로 넘어가는 고개가 마당재이다. 웃침실 동남쪽에서 의령군 대의면 신정리로 넘어가는 고개가 매뱅잇고개이고, 아랫침실에서 쌍백면 외초리 사인으로 넘어가는 고개가 짐골재이며, 봉악재 동쪽에서 동리로 넘어가는 고개가 큰고개이다.

삼가면에서 가장 큰 마을인 일부리의 이부 동쪽에 있는 산인 관어대는 그 밑으로 강물이 흘러 그림처럼 아름답고, 넙덕동 북쪽에 있는 도독골은 옛날에 도둑이 숨어 살았다는 곳이다. 삼가군 내면 지역으로 널재 아래쪽이 되므로 아랫널재 하판이라고 부른 하판리의 마장골은 옛날에 말을 길렀다는 곳이고, 지동 동남쪽에 있는 뿔당골과 지동 남쪽에 있는 밭인 웃구사는 예전에 절이 있다가 폐사된 곳이다. 지형이 학처럼 생긴 학리의 지그미마을은 학리에서 가장 큰 마을로 옥녀직금형의 명당이 있다고 하며, 옻밭골은 금천 북쪽에 있는 마을로 옻나무가 많았다고 한다.

쌍백면은 원래 삼가군의 백동면 지역으로 이곳의 대곡리는 큰 골짜기이므로 한실 또는 대곡이라고 하였고, 대현리의 한태재는 한태골에 있는 고개로 의령군 궁류면 평촌리로 넘어가는 고개이다. 잣나무가 많아서 백역이라는 이름으로 불리는 백역리의 대장골재는 자시에서 하허동으로 넘어가는 고개이고, 황하골 동북쪽에서 대양면 도리로 넘어가는 고개는 웃톳골재이다. 삼리는 거창, 산청, 합천으로 가는 세 갈래의 길이 있어 삼거리라 부르던 것이 삼리로 바뀌었고, 삼거리 남쪽에 있는 샘은 주막새미라고 부르는데 그곳에 주막이 있었으며 삼거리 서북쪽에 있는 들을 넓은들이라고 부른다.

안계리의 소두방재는 은월에서 평지리 가말못으로 넘어가는 고개이고, 안동에서 하부골로 넘어가는 고개는 하부릿고개이다.

외초리 내초동 북동쪽에서 의령군 대의면 신전리 곡소로 넘어가는 고개가 장구붓재이고, 육리 반개골에서 운곡리 원앞으로 넘어가는 고개는 허릿재라고 부른다.

장전리는 긴밭이 있으므로 진밭골 또는 진밭이라 부르는데 진밭골 동북쪽에 있는 마을은 주막이 있어서 진밭골주막이라고 불렸으며, 진밭골 주막에서 운곡리 원 앞으로 넘어가는 고개는 장승이 서 있어서 장승배기라고 부른다. 대나무가 많아서 죽전 또는 대밭이라고 부른 죽전리에는 이부잣집골이라는 골짜기가 있는데, 옛날에 이씨 성을 가진 부자가 살았다는 곳이다.

삼가현 관내에도 여러 역원이 있었는데, 유린역은 현의 동쪽 3리 지점에, 오동원梧桐院은 현의 남쪽 1리 지점에, 도두원都豆院은 현의 남쪽 11리 지점에, 입석원立石院은 현의 동쪽 16리 지점에, 내선원內禪院은 현의 서북쪽 46리 지점에 있었으며 율원栗院, 망현원網峴院, 항여원項餘院 등이 삼가현 관내에 있던 원이다. 삼가현에 있던 금성산 봉수는 남쪽으로 단성현 입암산笠岩山에 응하였고 북쪽으로는 합천군 소현所峴에 응하였는데, 봉수가 사라진 그 자리를 전화가 대신하더니 지금은 누구나 들고 다니는 휴대폰이 그 역할을 대신하고 있다.

거창군 신원면은 본래 삼가군의 지역으로 율원栗院이 있으므로 율원면이라 불리다가 1914년 군면 통폐합 당시에 거창군에 편입되었다.

참외막이 있으므로 외막골이라고도 불렀던 과정리 일대에서 거창양민학살 사건이 발생했다. 한국전쟁이 한창이던 1950년 12월 5일에 공산군 500명 쯤이 거창군 신원면 경찰지서를 습격하여, 경찰관 10여 명이 죽거나 다쳤다. 경찰지서에 주둔했던 나머지 경찰관들이 지서를 공산군들에게 내주고 거창읍으로 달아나자 신원면은 공산군의 세상이 되었다. 그 뒤 1951년 2월 8일에 11사단 산하의 공비토벌 전담부대가 신원면을 수복하였다. 그 당시 11사단 소속이었던 이 부대는 경찰관들만을 과정리에 남겨놓은 채 산청군으로 철수하였다. 이튿날에 다시 지서가 공산군들의 습격을 받자 신원면으로 되돌아와 공산군들과 접전을 벌여 양쪽에서 수십 명이 죽었다.

그 다음 날인 2월 10일에 연대장인 오익경 대령의 명령을 받은 제3대대의 대대장 한동석 소령이 공산군에게 협력한 신원면 주민을 가려낸다는 이유로 대현리, 중유리, 과정리, 와룡리 등에 남아 있던 사람들을 모두 과정리에 있는 신원국민학교에 모이도록 했다. 그날 신원국민학교의 교실과 복도에는 500명이 넘는 사람들로 붐볐는데, 그 속에는 젖먹이 아기에서부터 90세 노인까지 있었다. 군인들은 이들을 모두 박산 아래 골짜기로 몰아넣고는 무차별적으로 총을 쏘았고, 그 뒤 근처에 쌓아두었던 장작더미를 가져다가 송장 위에 덮고 불을 질렀다. 박산골은 순식간에 불바다가 되었는데 그 시체 속에서 한 여자가 살아나왔다.

이토록 처절하고 참혹했던 사건이 세상에 알려진 것은 한 달 보름이 지난 1951년 3월 29일에 거창 출신의 국회의원이었던 신중묵 씨의 입을 통해서였다. 온 나라가 벌집 쑤셔놓은 듯이 들끓었지만 정부에서는 아무런 공식 발표도 하지 않았으며, 거창양민학살 사건에 대한 이야기가 전 세계로 퍼져나가자 영국의 신문들은 "한국에서 민주주의를 기대하는 것은 쓰레기통에서 장미꽃이 피기를 기다리는 것과 같다"고 논평했고, UN이 발칵 뒤집혔다.

국회에서는 마침내 조사단을 구성하여 1951년 4월 7일에 현지로 보냈다. 그러나 조사단이 신원면에 채 닿기도 전에 공비의 습격을 받았는데, 나중에 알려진 바로 이는 그때 헌병사령관이며 경남지구 계엄사령부 민사부장이던 김종원 대령이 거창학살사건을 감추려고 꾸민 가짜 공비 사건임이 밝혀져 세상을 또 한 번 놀라게 했다. 소대 병력의 국군이 공비 복장을 하고 숨어 있다가 국회의원들에게 총을 쏘았던 것이다.

이렇듯 일이 복잡하게 돌아가자 1951년 4월 24일에 이승만 대통령이 담화문을 발표했는데, 내용인즉 신원면 지구의 공산군 소탕을 위해 그 주민들에게 여러 차례에 걸쳐 소개령을 내렸음에도 듣지 않으므로 한동석 소령이 공비에 협조한 주민 187명을 적법한 절차에 의해 처형했다는 것이다.

그러나 박산골에서 죽임을 당한 사람들은 재판을 받지 않았고, 그 수 또한 정부에서 발표한 것의 두 배를 훨씬 넘는 500여 명이었다. 뒷날 시신을 수습하는 과정에서 거창사건 유족회가 밝힌 바에 따르면, 그곳에는 젖먹이에서부터 열서너 살에 이르는 어린이들까지 아무 죄 없는 아이들이 절반쯤이나 섞여 있어 그들이 모두 공비에게 협조했다는 것이 거짓임을 증명했다. 또한 유족들이 작성한 사건 보고서에 따르면 그때 공비 협력자로 희생된 사람들은 719명이었다. 박산골, 탄량골, 청연마을과 덕산리에서 희생당한 사람들과 합해졌기 때문이다.

1951년 5월 14일에 국회에서는 '거창사건의 비합법적인 형행' 을 규탄하는 결의문을 채택하였고, 결국 그 사건에 관련된 사람들이 군법회의를 통해서 형을 선고받았다. 그러나 그들은 그 이듬해 풀려났으며 거창 사람들의 한은 풀리지 않았다. 제주 4·3사건과 함께 한국전쟁의 아픈 상흔으로 남은 거창양민학살 사건은 우여곡절을 겪으면서도 아직껏 해결의 실마리를 찾지 못하고 있다.

과정리 안쪽에 있는 마을은 내세안內世安마을이고, 내세안 서쪽에 있는 마을은 외세안마을이다. 과정 서쪽에 있는 산이 박산인데 지금도 박산골에 가면 그때 토벌대가 신원면 주민들을 향해 쏘았던 총알자국이 바위와 벼랑에 수도 없이 쏟아진 것을 확인할 수 있다.

박산골 한국전쟁이 한창이던 1951년 2월, 이곳 박산골에서 719명의 민간인들이 11사단 소속 군인들에게 희생되었다.

큰재 밑에 있어서 대현리라는 이름이 붙은 대현리의 내탄량內呑梁마을이나 바깥탄량마을 역시 그날의 상처를 안고 있지만, 겉으로 보기엔 언제 그런 일이 있었느냐는 듯 평화롭기만 하다. 중유리의 복수나뭇골은 논골 서넘쪽에 있는 골짜기로 복숭아나무 형국이라고 하고, 청수리의 예밭골 동쪽에 있는 골짜기인 도독골은 깊숙하고 으슥하여 도둑이 살았다고 한다.

조선 전기의 문신 강혼姜渾이 그의 시에서 "옆 고을에 까마귀 울어 해가 지는데, 눈 갠 강변 길이 꼬불꼬불하다. 곳곳에 인가는 숲을 의지했는데, 흰 널판과 쌍사립문이 대울타리에 비친다" 하였고, "연기는 막막하고 달은 쓸쓸한데, 은하수 비꼈고 북두칠성 나지막하다. 지난 봄 따뜻하던 밤 생각나누나. 배꽃 활짝 피어 집도 환한데 두견이 우네"라고 노래하였던 삼가는 차디찬 겨울 햇빛 속에서 천천히 저물어갈 뿐이다.

전북 고창 무장 - 손화중의 비결 탈취 사건

전북 김제 만경 - 부잣집 손주며느리와 이라소리 이야기

전북 완주 고산 - 조용히 와서 하룻밤 자니 세상 생각을 잊다

전북 고창 무장 장

손화중의 비결 탈취 사건

    고창에서 무장으로 가는 길에는 비산비야非山非野라는 말 그대로 산인지 들인지 모를 정도로 끝없이 들판이 펼쳐져 있다. 유네스코세계문화유산으로 지정된 고창 고인돌군 중 아담하면서도 격조 있는 도선리 고인돌이 있는 도선리를 지나 아산을 거쳐 가면 무장이 멀지 않다. 무장현茂長縣의 백제 때 이름은 송미지현松彌知縣이었다. 신라 때 무송茂松이라고 고쳐서 무령군의 영현이 되었고, 고려에서는 그 이름을 그대로 두었다. 장사현長沙縣은 본래 백제의 상로현上老縣이었는데, 신라에서 장사라고 이름을 고쳤고, 조선 태종 때 두 현을 합해서 지금의 이름인 무장으로 부르기 시작했다. 그후 세종 때에 현감을 두었다가 1914년 행정구역을 통폐합하면서 고창군에 속하게 되었다.

    무장현은 그 당시 해리, 무장, 공음, 상하, 성송, 대산, 심원면과 아산

선운사 도솔암의 마애불이 마애불의 배꼽 속에 숨겨져 있는 비결을 꺼내는 날 새로운 세상이 열린다는 전설이 전해 내려온다.

면 일부를 거느렸는데 『신증동국여지승람』에는 고창현의 경계까지가 14리이고, 남쪽으로 영광군 경계까지 23리이며 서울까지 653리 떨어져 있다.

『신증동국여지승람』에는 무장에 대해 "풍속은 고기잡이와 사냥을 숭상한다"라고 기록되어 있다. 무장에 속해 있던 산이 선운산으로 『악지樂志』에 "선운산곡禪雲山曲이 있는데, 백제 때 장사 사람이 싸움에 나갔다가 기한이 지나도 돌아오지 않자, 그의 아내가 그리워서 이 산에 올라가 바라보며 노래한 곡이다"라고 기록되어 있다.

무장 땅을 두고 정곤鄭坤은 기문에서 "장사와 무송이 합해져 이루어진 무장은 전라도의 서쪽 지방으로 큰 바닷가에 있는데, 전조前朝 말기

진무루 무장읍성은 무장 고을의 승려들과 장정 2만 명을 동원하여 넉 달 동안에 쌓은 성이라고 하는데 그 남문인 진무루는 '나라 안에서 제일 아름다운 초등학교 정문'이라는 재미있는 별명을 가지고 있다.

에 바다 도적이 한창 설쳐 백성이 생업을 잃고 흩어져서 온 마을이 쓸쓸하게 빈 지가 오래더니"라고 하면서 이 고을이 변방에 위치해 있었음을 설명해주고 있다.

무장읍성의 남문인 진무루는 무장 시내 쪽으로 세워져 있는데 초등학교 학생들이 학교를 오갈 적에 들락거려서 나라 안에서 제일 아름다운 초등학교 정문이라는 찬사를 받고 있다. 진무루는 1417년(태종 17)에 세워졌으며, 무장읍성은 당시의 병마사였던 김저래金著來가 고을의 승려와 장정 2만 명을 동원하여 넉 달 동안 공사를 벌인 끝에 완성했다고 한다.

『세종실록지리지』에는 읍성의 둘레가 658보라 하였고, 『문종실록』에는 "읍성은 그 둘레가 1,470척이고 높이가 7척이며, 적으로부터 몸을 가릴 수 있도록 성벽 위에 낮게 쌓은 담장인 여장女墻이 471개가 있었고, 옹성을 갖춘 문이 두 개에 성 둘레에는 2,127척의 해자가 파여 있다"고 기록되어 있다.

진무루를 지나 읍성으로 들어서면 무장객사가 먼저 눈에 띈다. 1481년(선조 14)에 건립된 무장현의 객사는 전라북도 유형문화재 제34호로 지정되어 있다. 객사 건물은 주관主館과 좌우 익헌으로 구성되어 있는데, 정면 3칸에 측면 3칸의 홑처마 맞배지붕으로 지어져 위엄과 은은한 아름다움을 지니고 있다. 주관의 계단 난간석에는 태극 무늬가 그려져 있고, 계단 양옆의 축대 돌에는 연꽃과 화병에 담긴 꽃 문양이 새겨져 있다. 주관은 궐패闕牌를 모셔두고 매달 초하루와 보름에 현감과 대소 관헌이 모여 한양의 대궐을 향해 배례를 하던 곳이다. 좌우 익헌은 왕명을 받고 지방에 파견된 관리들의 숙소로 쓰였다. 객사 왼편 나무숲 우거진 옆에 무장을 거쳐 간 수령 방백들의 영세불망비 수십여 기가 세워져

무장객사 전라북도 유형 문화재 제34호로 계단 양 옆의 축대에 새겨진 화병에 담긴 꽃 문양이 독특하다.

있다.

초등학교 운동장 안쪽에 멀리서 손짓하듯 서 있는 건물이 무장동헌이다. 1914년 무장과 흥덕현이 고창에 통폐합되기 전까지 무장현감의 집무실로 쓰이던 무장동헌은 1565년(명종 20)에 세워졌는데, 정면 6칸에 측면 4칸의 팔작지붕 집이다. 얼마 전까지만 해도 무장초등학교의 육중한 건물에 가려 답답했었는데 이렇게 시원하게 트이다니, 나는 무장동헌의 마루에 앉아 고즈넉이 드리운 무장의 역사를 떠올려본다.

한동안 무장초등학교로 쓰이다가 학교가 2004년에 옮겨갔으므로 원형을 보존할 수 있는 중요한 계기인 것은 틀림없지만 과연 잘 유지될 수 있을지 지켜볼 일이다.

이곳 무장동헌을 조선 전기의 문신 유순柳洵은 다음과 같이 노래했다.

10년 전에 이곳을 지났는데 지금껏 몸과 마음이 맑아라. 아관정위에 몸이 또 다시 이르러 붉은 작약 떨기를 바라보니 눈이 다시 밝구나. 창 밖 청산은 예전 그대로인데, 숲 사이 꾀꼬리는 새[新] 소리를 들려주네. 마루에 앉아 지난해 생각 희미한데, 그 당시 이름 써두지 않은 것이 후회되누나.

이곳 무장 땅에도 재미 있는 이름들이 많다. 고창군 해리면 사반리는 지형이 뱀이 앉아 있는 형국이라 사반巳盤이라고 불렸고, 송산리 학산에서 상하면 송곡리로 넘어가는 고개는 매우 높고 험해 도둑이 많이 출몰한 탓에 마흔 명쯤 모여서 떼를 지어 고개를 넘어 다녔다고 하여 마흔테밋재라고 부른다.

고창군 공음면 석교리의 석교포는 돌로 만든 다리가 있어 독다리 또는 석교라고 불렸는데, 석교 서쪽에 있는 들을 석교들로 불렀다.

조선시대에 이 일대에서 거두어들인 세미稅米를 석교창에 쌓아두었다가 이 포구를 통해서 서울로 옮겨갔다고 하는데, 1924년에는 이곳 갯벌을 막아 들로 만들었다.

공음면 칠암리의 원칠암 앞들에는 장군수將軍水라는 샘이 있었다. 이물을 먹으면 힘이 세어진다고 하여 이름이 높았는데, 어느 날부터 갑자기 물이 흐려져 지금은 먹지 못하는 샘이 되고 말았다. 성송면 산수리는 예로부터 산수가 아름답다고 알려져 산수리라고 불렸고, 하고리에는 조선 태종 때 무송과 장사를 합하면서 폐현이 된 무송현 터가 남아 있다.

고창군 심원면 용기리 남쪽에 있는 삼망산三望山은 삼보래기라고 부르는데, 그 산 위에 오르면 이 지역에서 삼신산이라고 부르는 정읍의 영주산(두승산), 부안의 봉래산(변산), 고창의 방장산을 바라볼 수 있다고 하여 붙은 이름이다. 월산리의 욕실은 월선 남쪽에 있는 들로 선운산의 선운사에 있던 검당선사黔堂禪師가 목욕을 했던 곳이라고 한다.

무장은 금구 원평과 더불어 동학의 세력이 가장 강한 지역이었다. 그것은 인근의 여러 고을에서도 전폭적인 지지를 받았던 접주 손화중孫華仲이 그곳에 근거지를 두었기 때문이다. 프랑스의 한 선교사가 사진을 보고 만들었다는 판화 속에서 손화중은 팔짱을 낀 채 미소를 짓고 있다. 그를 감시하는 병사도 바지 주머니에 손을 넣은 채 웃고 있다. 죽음을 목전에 둔 사람과 그를 지켜보고 있는 사람의 각기 다른 웃음 속에 우리 민족의 비극을 읽을 수 있다.

손화중은 어려서 아버지 슬하에서 한문을 공부하였고, 20대 초반에 처남 유용수柳龍洙를 따라 십승지十勝地(난세에 숨어들기 좋은 피난지)를

찾아서 지리산 청학동靑鶴洞으로 들어갔다. 그 무렵 영남지방에서는 동학이 요원의 불길처럼 번져가고 있었다. 동학이라는 새로운 사상에 빠져든 손화중은 입교 2년 만에 고향 정읍에 돌아와 포교에 전념했다. 처음 부안에 거처를 정하고 포교하다가 정읍 농소리, 입암 신금리, 무장 쪽으로 옮겨 다니며 여러 포의 접주를 전전했다.

그 당시 손화중과 전봉준의 관계를 미루어 짐작하게 하는 이야기가 기록으로 남아 전한다.

당시 다섯 살이던 손옹(손화중의 둘째 아들)이 어머니 유씨 부인으로부터 들었다는 증언에 의하면, 전봉준은 당시 무장현 괴치리槐峙里 사천砂川 마을 조그마한 오두막집으로 이사해서 한 1년쯤 되었을 때부터 가끔 찾아왔다고 한다. 출입하는 도인들 가운데 전봉준은 유독 키가 작고 샛별 같은 눈을 지닌 사람이었다. 교인들이 앉으면 으레 동학과 시국에 관한 이야기였지만 손화중은 '아직 일어날 때가 아니다'고 주장하였다고 한다. 유씨 부인의 기억 속에서 잊혀지지 않는 것은 눈이 내리는 어느 겨울날 해질 무렵 전봉준이 찾아와 뒷골방에서 그날 밤을 새우고 다음날 새벽 닭이 울도록 격론을 벌인 일이었다(최현식, 『갑오동학혁명사』에서 재인용).

1893년 근방 여러 고을에서는 동학 접주 손화중을 모르는 사람이 거의 없었다. 그가 무장현 아산면의 선운사 도솔암 암벽에 비장되어 있는 검당선사의 비결을 꺼냈기 때문이다. 전하는 이야기에 따르면, 선운사 동쪽 3킬로미터 지점에 도솔암이라는 암자가 있는데, 그 암자 뒤에 50여 척 높이의 층암절벽에는 미륵이 하나 새겨져 있다.

도솔암 신라 진흥왕이 창건했다는 설과 백제 고승 검당이 창건했다는 설이 전해지는 도솔암은 기도에 효험이 있는 절로 알려져 사람들이 많이 찾는 절이다.

이 미륵상(마애불)은 1,300년 전에 살았던 검당선사의 진상으로 그 배꼽 속에는 신비스런 비결이 하나 숨겨져 있었다고 한다. 그 비결이 세상에 나오는 날에는 한양이 망한다는 전설이 끈질기게 전해져왔는데, 결국 손화중이 그 비결을 꺼내자, 그가 왕이 될 것이라느니, 새로운 세상이 열릴 것이라느니 하는 소문이 줄을 이어 무장접주 손화중포에는 수많은 사람들이 몰려들었다.

그후 전봉준, 김개남과 함께 창의문을 발표한 손화중은 가장 많은 세력을 규합하여 황룡강전투에서 혁혁한 공을 세웠다. 그러나 손화중은 2차 봉기가 일어났을 때 공주로 가지 않고, 광주 일대를 지키고 있었다. 우금치 싸움이 패배로 돌아가고 태인에서 농민군의 주력부대가 해산하자, 그는 재실지기였던 이봉우에게 이렇게 말했다고 한다. "그동안 내가 너에게 진 빚을 갚겠다. 나를 고발하여 큰 상을 받으라." 손화중은 서울로 끌려가 재판을 받았고, 그 이듬해 전봉준과 함께 한날 한시에 처형당했다.

손화중의 손자 손홍렬 씨의 말에 의하면, 손화중의 아내는 동학농민혁명이 실패로 돌아가자 다섯 살 어린 아들 응수의 손을 잡고, 어린 딸은 등에 업은 채 옥구로 피신, 부잣집에 들어가 성을 바꾸고 식모살이를 하여 목숨을 부지했다고 하는데, 그 고통이 어떠했으랴. 비결에 거는 꿈이 너무 컸던 것일까.

어쨌거나 손화중의 비결 탈취 사건은 암울했던 시대의 모순을 극복하고 후천 개벽을 꿈꾸었던 민중들이 동학을 바탕으로 당시의 현실과 미륵설화를 절묘하게 조화시킨 것으로 이러한 사상은 결국 농민전쟁의 발단이 되었다. 그러나 정작 마애불의 배꼽 속에서 꺼낸 것은 아무것도 없었다는 이야기가 전해지는가 하면, 싱겁게도 다산 정약용의 『경세유표』
와 『목민심서』 또는 『미륵하생경』이었을 것이라는 말이 전해오기도 한
다. 그렇지만 그 사건이야말로 이 나라 민중의 역사에 커다란 획을 그은
것이었다고 볼 수 있다.

『신증동국여지승람』에는 "선운사 부근에 동백정冬栢亭이라는 정자가
있는데 현에서 북쪽 30리 떨어진 곳에 자리 잡고 있다. 산기슭이 바다
안으로 쑥 들어갔고, 세 면은 모두 물인데, 그 위에 동백나무가 푸르게
우거져 뻗친 것이 무릇 몇 리가 되니, 이는 호남에서 다시 없이 경치 좋
은 땅이다"라고 하였는데, 지금 고창 땅에서 동백정은 만날 수가 없다.

이 지역에서 태어난 인물로는 고려 말 신돈이 등용했던 신진 사대부
윤소종尹紹宗이 있는데, 그는 뒷날 조선 건국에 참여하였다. 윤소종은
공민왕 때에 장원급제하였고, 여러 벼슬을 거쳐 대사성에 이르렀으며,
조선 개국 후에 병조전서兵曹典書 수문전학사修文殿學士를 지냈다.

조선 전기의 학자 신숙주는 "외로운 성 위의 정자에 두 밤 자는데, 서
풍이 꿈속에 맑게 불어오네. 오동나무는 잔엽殘葉을 나부끼어 읊는 가운
데 늙어가고, 국화는 새 꽃을 늘어뜨렸는데 특별히 맑구나. 육지 끝 바
다 하늘에 먼 생각을 일으키고, 가을 깊은데 수자리(국경을 지키는 임무)
의 군악軍樂은 변방소리를 내네. 높은 시에 화답하려 하니, 어찌 시를 지
어 성명을 기록한다 하리"라고 노래했는데 그 노랫소리는 들리지 않고
울창한 나무 사이로 무심한 바람만 지나가고 있을 뿐이다.

萬頃

전북 김제
만경 二장

부잣집 손주며느리와 이라소리 이야기

조선 전기의 성리학자이자 문신인 김종직金宗直은 만경을 바라보며 다음과 같은 시를 남겼다.

만경강 하류 완주군 동상면 사봉리에서 발원한 만경강은 김제시 진봉면 심포리에서 서해로 흘러든다.

만경성가 만 이랑의 연꽃 길, 가던 손 고삐 잡고 푸른 연기 속에 서 있네. 정정하게 서서 비 받으니 참 일산 이루고, 깨끗하게 물결 위에 서 있으니, 곧 신선이 되려 하는구나. 사향麝香처럼 방심芳心 깊이 사랑하지만, 한 되는 건 배만한 푸른 옆줄기 없는 것일세. 경렴당 아래에서 아득히 생각해보니 어느 때나 옥 차고 있는 성현 대할까.

김종직이 노래했던 것처럼 만경은 말 그대로 끝없이 펼쳐진 들녘으로 만경평야라고 불리는데, 동진강과 만경강 가에 있어 기름진 곡창지대를 이루고 있다. 김제평야와 만경평야를 일컬어 금만평야라고도 한다. 이 지역 사람들은 이 평야를 두고 '김제맹경 외애밋들'이라고 하는데, '외애밋들'은 '너른들' 곧 평야를 일컫는 말이다. 이 지역은 호남평야의 핵심을 이루는 지역으로 봉산들, 봉남들, 죽산들, 청하들, 만경들, 백구들과 같은 비옥한 땅으로 이루어져 있다. 1925년 대홍수 때에는 "김제맹경들에 배를 띄우고 고기를 낚았다"는 이야기까지 생길 만큼 너른 평야를 자랑한다. 또한 서해안에는 광활면 등의 간척지가 넓게 펼쳐져 있어 우리나라 제일의 곡창지대로 손꼽힌다.

만경군의 영역은 『신증동국여지승람』에 의하면 동으로는 김제군의 경계까지 9리였고, 남으로 같은 군 경계까지 15리, 북으로 전주부의 경계까지 11리, 서로 바닷가의 언덕에 이르기까지 30리, 서울까지의 거리는 564리였다.

만경의 백제 때 이름은 두내산현豆內山縣이었으며, 통일신라시대의 경덕왕이 만경현으로 고쳐 김제군 영현으로 만들었다. 고려시대에는 임피현에 붙였고, 1105년(예종 1)에 감무를 두었다가 후에 현령으로 승격시켰다. 조선시대에는 그대로 두었다가 1620년(광해군 12)에 흉년이 들어 고을 사람들이 모두 흩어지자 현을 폐한 다음 김제에 편입시켰고, 1622년에는 전주에 편입시켰다. 1637년(인조 15)에 다시 현이 되었고 1895년(고종 32)에 다시 군이 되었다. 1914년 군면 통폐합이 되기 전까지 만경, 공덕, 청하, 성덕, 진봉 등 5개 면이 만경군의 영역이었다.

『신증동국여지승람』의 "진봉산進鳳山은 길곶리吉串里에 있다. 동진東津·신창진新倉津 두 물이 바다로 들어가는 북쪽에 몇 봉우리 산이 높이 솟았고, 낙명이라는 대가 있다"라는 기록에 등장하는 진봉산은 진봉면 심포리에 있는데 남명산으로도 불린다. 높이가 72.2미터밖에 안 되지만 그 일대에서는 가장 높아서 아침 햇빛을 가장 먼저 받는다고 한다. 심포리는 '짚은 개'라고도 불리는데 현재는 갯벌과 백합의 주산지로 백합죽이나 횟집을 찾는 사람들이 줄을 잇고 있다.

김제시 진봉면 심포리에 있는 망해사望海寺는 만경강이 서해와 만나는 지점에 자리 잡은 절로 이름 그대로 바다를 바라보는 절이다. 백제 의자왕 때 부설거사가 창건했다는 이 절에는 낙서전樂西殿, 법당, 종루, 청조헌聽潮軒 등이 조촐하게 들어서 있는데, 낙서전이나 청조헌 등의 이름까지도 모두 바다를 보고 파도소리를 들으며 즐기는 곳이라는 뜻을 지니고 있다. 망해사의 낙서전은 1624년(인조 2)에 진묵대사震默大師가 지었다고 전해지는 건물로 한 면이 바다 쪽으로 튀어나온 ㄱ자 건물이다. 낙서전의 마루에 걸터앉아 바다 건너 고군산군도를 바라다보면 가슴이 활짝 열리는 듯하다.

이 절과 인연이 깊은 진묵대사는 석가의 소화신이라 불릴 만큼 법력이 높았던 조선 중기의 스님으로 김제 만경 태생이다. 선으로 마음을 가라앉히고 불경을 읽는 일로 일생을 마친 그의 행적은 전설로만 남아 세상에 떠돌았다. 오랜 세월이 지난 뒤 은고隱皐 김기종金箕鐘이 전해오는 이야기를 모아 초의선사草衣禪師에게 전기를 쓰도록 부탁했다. 그렇게 해서 1857년(철종 8) 『진묵조사유적고』가 간행되었다. 은고隱皐 김기종 金箕鍾이 전해오는 이야기를 모아 초의대사草衣大師에게 전기를 쓰게 했다. 진묵대사와 오랜 교분을 맺었던 봉곡鳳谷 김동준金東準의 일기에 "이분은 중이기는 하나 유림의 행동을 하였으니 슬픈 마음 참을 수 없다"라고 한 것으로 보아 진묵대사는 승려의 신분에도 불경뿐만 아니라 유학

망해사 극락전 바다가 내려다 보이는 망해사에서 극락전은 가장 크고 아름다운 법당이다.

에도 조예가 깊었음을 알 수 있다.

그는 홀로 된 모친을 전주 왜막촌倭幕村에서 봉양하였는데, 도술로 모기를 물리쳤다는 일화가 남아 있다. 모친이 세상을 뜨자 애통한 나머지 다음과 같은 글을 지었다.

어머니 태 가운데에서 있던 열 달의 은혜를 어떻게 보답하랴……. 슬하에서 3년을 봉양해온 일 잊을 수 없도다. 오래오래 사실 줄 믿어왔는데 자식 된 심정 원망스럽기만 하여라. 100년을 다 살지 못하신 어머니의 짤막한 수명이신가……. 도시락 표주박을 허리에 차고 길에 걸식하는 중이 된 신세로 아직도 시집을 보내지 못한 누이동생이 애처롭구나. 불단만 오르내리고, 절간만 찾아다니는 중이 되어 첩첩한 산중을 헤매는 걸자 혼령은 어디 계신지 아아 슬프기만 하여라.

어머니에 대한 효성이 지극했던 진묵대사는 그의 모친이 세상을 떠나자 만경 북면北面 유앙산維仰山에 장사를 지냈다. 그곳은 오늘날의 성모암 옆자리로 연화부수형連花浮水形의 명당이다. 이 자리에 묘를 쓰면 자손이 고귀하고 화려하게 된다고 한다. 어머니를 모신 그날 진묵대사는 목수를 불러 현판을 만들고 스스로 붓을 들어 이렇게 썼다.

여기 이 묘는 만경현 불거촌에서 나서 출가 사문이 된 진묵일옥의 어머니를 모셨는바 누구든지 풍년을 바라거나 질병이 낫기를 바라거든 이 묘를 잘 받들지니라. 만일 정성껏 받든 이가 영험을 못 받았거든 이 진묵이 대신 결초보은하리라.

그후 마을 사람들이 봉분封墳을 가다듬고 향화를 올리면 여러 가지 영험이 있다는 소문이 나서 오늘날까지 참배객들이 줄을 잇고 있다. 한편 진묵스님이 남긴 다음의 시를 보면 호탕한 그의 성품을 읽을 수 있다.

하늘을 이불 삼고, 땅으로 요를 펴놓으니 산은 절로 베개로다. 달은 등불이 요, 구름은 병풍이라. 바닷물로 술잔을 하여 거나하게 취한 끝에 일어서서 춤을 추고 싶은데 긴 소맷자락이 곤륜산에 걸릴까 걱정되누나.

그가 임종시에 지은 게송偈頌에는 "또한 정장로靜長老에게 소속되다"라고 하였는데, 이것으로 보아 서산대사 휴정의 문파였다고 추정할 수도 있으나 확실한 증거는 찾을 길이 없다. 다만 선禪의 경지에서는 서산대사를 능가한 스님이라고 볼 수도 있을 것이다.

그러나 서산대사가 임진왜란이라는 미증유의 국난을 맞아 직접 승병을 이끌고 현실에 뛰어들었던 것과는 달리, 진묵대사는 깊은 산에서 수행에 전념하면서 많은 사람들에게 희망을 주는 수련법을 택하였다. 진묵대사는 술을 곡차穀茶라 일컬으며 즐겼고 봉곡과 많은 수창酬唱(서로 주고받으며 읊는 시)을 남겼으나 오랜 세월 동안 흩어져서 전하지 않는다.

『신증동국여지승람』에 "군산도郡山島는 현의 서쪽 바다 가운데 있는데, 주위가 60리이다. 벼랑에 배를 감출 만한 곳이 있어 모든 조운하는 자는 모두 여기서 순풍을 기다린다. 섬 가운데 마치 임금의 왕릉 같은 큰 묘가 있었는데, 근세에 이곳 고을 수령이 그 묘를 파내어 금은기명을 많이 얻었는데, 사람들이 고발하자 도망하였다 한다. 『대명일통지大明一統志』에 '12봉이 성처럼 서로 잇대어 있고, 옛날에 군산정이라는 객관이 있었으며, 오룡묘五龍廟가 있었다' 한다"라고 기록되어 있는데, 망해사 부근에서 만경강 건너편에 보이는 곳이 군산 일대이다.

『신증동국여지승람』에는 "와보도蝸步島, 궁지도宮地島, 망지도望地島, 횡건도橫建島, 허내도許內島, 가외도家外島 등의 섬들이 있으며 조수가 물러나면 육지와 연결된다. 이상의 모든 섬은 모두 군산도에 가까이 있다"고 실려 있는데, 대부분의 바닷가가 간척되면서 지금은 사라져버리고 말았다. 그뿐만이 아니라 만경현의 북쪽 8리에 있었다는 몽일포夢一浦나 현의 남쪽 15리에 있었다는 부포釜浦와 현의 동쪽 2리에 있었고 둘레가 1만 8,100척이었다는 능제陵堤는 찾을 길이 없다.

광활한 만주 벌판처럼 넓게 펼쳐진 광활면을 보더라도 만경군이 실재했던 당시에는 끝없이 이어진 갯벌이었음을 짐작할 수 있다. 일본인들이 산미증식계획의 일환으로 은파리, 옥포리, 창제리에 이르는 지역에 방조제를 쌓으면서 이 지역들이 육지가 되었다. 1923년 일본인 농장주가 동진강 어귀를 따라 당시 진봉면이었던 학당에서 거전에 이르는 10킬로미터의 방조제를 쌓았는데, 1924년 완공될 당시의 이름은 동진방조제였다. 이 방조제의 건설로 논 2,000정보가 만들어졌고, 이곳에서 생산된 쌀은 윤기가 있고 맛이 좋았으므로 군산항을 통해 전량 일본으로 실려 나갔다.

만경군 지역이었던 청하면 장상리는 '부잣집 손주며느리와 이랴소리'라는 재미있는 전설이 서려 있는 곳이다. 옛날 이 마을에 천석꾼 김씨가 손주며느리와 함께 살았는데, 이 손주며느리가 기운이 무척 세어서 사람들에게 여장군으로 널리 소문이 났다. 그러자 김씨는 이러한 사실을 안 조정에서 손주며느리를 죽일까 두려워 야반도주를 시키기로 했다. 손주며느리는 많은 의복과 곡식을 소 등에 싣고 떠났는데, 짐이 너무 무거워 청하산 고갯길을 넘을 수가 없었다. 이에 끙끙대는 소를 짐을 실은 채로 번쩍 들어 자기 머리에 이고 가자 머리 위에서 배가 눌린 소는 고통스러워 소리를 질렀다. 그러나 그녀는 소가 지쳐서 걸을 수 없을 때마다 머리에 이고 도망을 갔는데, 그때마다 소가 더 힘들어하는 것을 알고는 "이랴, 이랴" 하고 다그치며 고개를 넘었다. 그 뒤로 '이랴' 라는 말이 소를 다그쳐 몰 때 사용되는 소리가 되었다고 한다.

청하면 동지산리에 있는 궁동弓洞 마을은 마을 앞에 화살을 만드는 나무를 많이 심어 지어진 이름이고, 만경강 가에 있는 척산 마을은 뒷산 날맹이(산봉우리의 전북 사투리)가 길게 뻗어나가서 붙은 지명이다. 『신증동국여지승람』에 "신창진은 현의 북쪽 15리에 있다"라고 기록된 신창진은 새창이라고 불리는데 만경교가 생기기 전에 나룻배로 사람들이 오고 갔던 곳이다.

만경 출신으로 이름을 날린 인물 가운데 고려시대의 무신이며 재상을 지낸 두경승杜景升이 있다. 만경 두씨의 시조인 두경승은 학식은 없었으나 자질이 순후하고 꾸밈새가 적으며 용력이 있었다. 의종 때 공학군에 뽑혔다가 대정隊正으로 후덕전의 견룡牽龍이 되었다. 정중부의 난 때 사람과 재물을 겁탈하는 무인들이 많았으나, 경승은 홀로 전문을 떠나지 않고 추호도 범함이 없었다. 명종 때 김보당, 조위총의 난리 평정에 공을 세운 두경승은 이의민과 함께 문하시중이 되었다가 1196년에 중서령中書令이 되었다. 그러나 다음 해 새로 정권을 잡은 최충헌은 두경승을 자연도로 귀양보냈고 결국 그는 그곳에서 울분이 터져 피를 토하고 죽고 말았다.

서거정은 이곳 만경군을 두고 다음과 같은 시를 남겼다.

물나라의 풍경 고향과는 달라서, 벼슬 형편 나그네 회포 한가지로 아득하네.
청산이 끊어진 곳, 땅도 따라 다하고, 백조白鳥 날아가는 강가엔 하늘 다시 길
구나. 저녁 비 올 때에 구름이 칠흑 같고, 밤바람 그치니 달빛이 서리 같네.
작은 누 하룻밤은 물 가운데 서늘한데, 근년 들어 야윈 얼굴 심랑沈郎보다 갑
절 더하네.

전북 완주 고산 _{三章}

조용히 와서 하룻밤 자니 세상 생각을 잊다

만물은 가고 또 가도 다 돌아가지 않으니

겨의 다 돌아간 것 같으나

아직도 다 돌아가지 않았네.

가고 또 가도 끝내 끝이 없으니

어디에서 돌아가게 되는가?

대야댐 일제시대에 조성된 댐으로 만경강 상류에서 완주, 전주, 김제, 익산 일대의 수원이 되고 있다.

서경덕徐敬德의 시 한 편을 읽으면 어차피 오고 가는 것, 돌아간 것에 연연하지 말아야지 하면서도 그러지 못한다. 고산엔 아직도 연연해 할 곳이 남아 있으니 이를 어찌한단 말인가.

사람들은 좋은 절 하면 양산의 통도사나 합천의 해인사 그리고 순천의 송광사를 떠올린다. 그러나 규모는 작지만 아담하면서도 맛깔스런 절이 많다. 그나마 작은 법당이나 요사채라도 있으면 다행이지만 어떤 절은 아무런 흔적도 없는 곳이 더러 있다. 한때는 대단한 사세를 자랑하던 절이 지금은 절 건물은커녕 겨우 부서진 탑의 파편이나 기와 조각 몇 개밖에 남아 있지 않은 폐사지가 있다. 그 대표적인 절터가 익산의 미륵사지나 남원의 만복사지, 그리고 완주군 고산면의 봉림사지일 것이다.

완주군 고산면 삼기리, 지금은 17번 일반국도가 선형개선에 따라 새롭게 닦이고 있는 그곳에, 생각하면 가슴 아픈 절터인 봉림사지라는 폐사지가 있다.

삼기초등학교 뒤편 나지막한 봉림산 서쪽 기슭에 세워진 봉림사는 신라 때 세워진 절터로 추측만 할 뿐, 언제 세워졌고 언제 폐사가 되었는지 확인할 길이 없다. 다만 고구려의 반룡산 연복사에 기거하던 보덕화상이, 그 당시 실권자였던 연개소문이 밀교를 받아들이자 신통력으로 하룻밤 새에 전주의 고덕산으로 당을 옮겼고, 그의 제자들이 그때 세운 몇 개의 절 중 하나일 것이라는 전설만 남아 있다. 이곳에는 봉림사지라는 표지판 하나 세워져 있지 않다. 지금은 무성한 고추밭 가장자리에 감나무 한 그루가 무심히 서 있고, 밭고랑 이곳 저곳에 천년의 세월 동안 비바람에 씻긴 기왓장들만 남아 있다. 그리고 몇 걸음 내려온 곳에 있는 논 가운데에는 미처 캐내지 못한 채 박혀 있는 거대한 초석들과 맷돌들이 그 옛날 번성했던 봉림사의 이야기를 들려주고 있다.

봉림사지가 여느 폐사지와 다른 점은 절터에 있었던 귀중한 문화유산들이 일제강점기 때 군산의 한 일본인 농장으로 옮겨졌고, 1970년대에는 전북대 박물관 앞으로 옮겨져, 고향을 그리워하면서도 돌아가지 못하고 타향살이를 하고 있다는 사실이다.

1940년대 군산 개정의 발산리에 큰 농장을 가지고 있던 미치야라는 일본인이 자기 정원의 치장물로 조성하기 위해 석등(보물 제234호)과 오층석탑(보물 제276호)을 옮겨갔고, 그 뒤 해방이 되면서 미치야 농장 자리에는 발산초등학교가 들어섰지만, 유물은 아직도 그 자리에 남아 있다. 일제 잔재 청산 작업의 일환으로 하루 빨리 타향살이를 하고 있는 문화유산을 제자리로 되돌려놓기를 바랄 뿐이다.

그곳에서 멀지 않은 곳에 국보급에 속하는 절로 천년 고찰인 화암사花嚴寺가 있다. 『신증동국여지승람』에 "화암사는 주줄산에 있다. 가느다란 잎사귀에 털이 텁수룩한 나무가 있어 허리띠처럼 어지럽게 드리웠는데, 푸른 빛이 구경할 만하며, 다른 군에서는 볼 수 없는 것이다. 세속에서는 전단목이라고 부른다"고 기록되어 있다.

화암사는 신라 문무왕 때 처음 세워졌을 것이라고 추측할 뿐이다. 전설에 의하면 선덕여왕이 이곳의 별장에 와 있을 때 용추에서 오색찬란한 용이 놀고, 그 옆에 서 있던 큰 바위에 무궁초가 환하게 피어 있었으므로 그 자리에 절을 짓고 화암사라고 이름지었다고 한다. 또한 신라가 삼국을 통일한 뒤 원효대사와 의상대사가 이곳 화암사에서 수행했다는 기록이 남아 있다.

원효와 의상, 두 스님이 이곳에 머무를 때 법당인 극락전에 봉안되었던 수월관음보살은 의상대사가 도솔산에서 직접 친견했다는 수월관음의 모습을 사람 크기만하게 그려서 모신 것이라는 기록이 남아 있다. 화암사 동쪽에 원효대사가 수도했다는 '원효대'의 전설이 전하고, 불명산 정상에서 남쪽 아래에 있는 의상대는 의상대사가 정진한 흔적을 남기고 있다.

원효와 의상 이후 고려시대에는 화암사를 비롯한 사찰 기록은 거의 없고, 1425년(세종 7)에 전라관찰사 성달생成達生의 뜻에 따라 당시의 주지 해총海聰이 1429년까지 4년에 걸쳐 이 절을 중창해 이때 화암사가 대가람의 면모를 갖추게 되었다고 한다. 그후 화암사는 임진왜란을 겪으며 극락전과 우화루를 비롯한 몇 개의 건물만 남기고 모조리 소실되었으며 훗날에 지어진 명부전과 입을 놀리는 것을 삼가라는 뜻을 지닌 철령재, 산신각 등의 건물들이 ㅁ자 형태로 지어져 오늘에 이르고 있다.

화암사 극락전(보물 제663호)은 중국 남조시대에 유행하던 하앙식下昻式 건축기법으로 지어진 우리나라 유일의 목조 건축물로 건축학을 공부하는 사람들의 필수 답사처이기도 하다. 형태는 정면 3칸, 측면 3칸에

화암사 극락전 극락정토를 상징하는 극락전은 우리나라에선 유일한 하앙식 구조를 보여주어 학술적 가치로도 크게 인정받는다.

맞배지붕이고 중앙문은 네 짝으로 된 분합문이며 오른쪽과 왼쪽문은 세 짝으로 된 분합문이다.

극락전은 남쪽을 향하여 1미터 정도의 높은 기단 위에 세워졌고, 전면은 처마를 앞으로 길게 빼내기 위해 하앙을 얹은 후 서까래를 이중으로 가공했다. 하앙이란 하앙부재를 지렛대와 같이 이용하여 외부 처마를 일반 구조보다 훨씬 길게 내밀 수 있는 건축기법으로, 특히 건물의 높이를 올려주는 장점을 지니고 있다. 그렇게 지어진 하앙식 건물은 비바람을 막아주면서도 유연한 자태가 빼어났기 때문에 우리나라에서는 삼국시대부터 유행한 것으로 알려져 있었다. 그러나 그 현존 양식을 찾지 못하다가 1978년에야 문화재관리국에서 처음으로 밝혀냈다. 중국이나 일본에는 이와 같은 하앙식 건축물 구조의 실례가 많이 남아 있다.

화암사에서 가장 좋아하는 절 건물을 꼽으라면 나는 아무래도 적묵당을 꼽지 않을 수 없다. 휘적휘적 산길을 걸어왔는데 절은 텅 비고 사람의 기척이 없을 때 짐 부리듯 마음과 몸을 내려놓고 적묵당의 기둥에 기대어 앉으면 돌아갈 길도 그만 잊게 된다.

세월의 비바람에 알맞게 씻긴 적묵당은 우화루와 극락전 사이에 세워진 후원을 겸한 건물로 날개를 맞대고 서 있다.

고려시대의 문신 백문절白文節은 화암사에 대해 이렇게 읊었다.

어지러운 산 틈새로 급한 여울 달리는데, 우연히 몇 리 찾아가니 점점 깊고 기이하네. 소나무·회나무는 하늘에 닿고 댕댕이 줄 늘어졌는데, 백 겹 이끼 낀 돌다리는 미끄러워 발 붙이기 어렵구나. 말 버리고 걸어가니 다리는 피곤한데, 길을 통한 외나무다리는 마른 삭정이일세. 드물게 치는 종소리는 골을 나오기 더디고, 구름 끝에 보일락 말락 지붕마루 희미하다. (중략) 열 발짝 못 걸어서 소나무 사립문 있는데, 두드리면 산새들은 모두 놀라 날아가네. (중략) 조용히 와서 하룻밤 자니 문득 세상 생각을 잊어버려, 10년 홍진紅塵에 일만 일이 틀린 것 알겠구나. 어찌하면 이 몸도 얽맨 줄을 끊어버리고, 늙은 중 따라 연기와 안개에 취해볼까. 산중은 산을 사랑해 세상에 나올 기약이 없고, 세속 선비도 다시 올 것 알지 못하는 일, 차마 바로 헤어지지 못해 두리번거리는데, 소나무 위에 지는 해는 세 장대 기울었도다.

그윽하면서도 조용한 절 화암사를 알고 난 뒤 내 가슴 한 귀퉁이에는 항상 그 절이 남아 머물러 있는 듯하다.

봉림사지와 화암사를 품고 있는 고산은 본래 백제 고산현(난등량현難等良縣이라고도 한다)이었는데, 신라 때 전주에 속하게 되었다. 고려 현종顯宗 때까지 그대로 두었다가 후에 감무를 두어 진동珍同을 겸임하게 하였다. 조선 태조 때 나뉘었고 그 뒤에 현이 되었다가 다시 군이 되었다. 고려 때 문장가인 이규보는 그의 기에서 고산을 두고, "높은 봉우리 우뚝한 재가 만 길이나 벽처럼 서 있고, 길이 좁아서 마을 내려서야 다닐 수 있다"고 하였고, 조선 전기의 문신 윤자운尹子雲은 "산은 가까운 성곽 따라 둘러 있고, 물은 먼 마을을 안고 흐르네"라고 하였으며, 세종 때의 문신 정지담은 "지경이 고요하니 백성 풍속 후하고, 구름 깊으니 동부가 깊숙하다"고 노래했는데, 지금은 완주군에 딸린 한가한 면일 따름이다.

고산면 읍내리에는 객관 동쪽에 요산루樂山樓라는 누각이 있었는데, 권건權建은 다음과 같은 시를 남겼다.

그림 기둥 조각 난간 제작이 공교로운데, 경영經營한 것은 응당 농사일 위해 서리라. 날카로운 산봉우리 뒤로 둘러 있고, 논두렁 밭두렁은 동서로 엇비슷하구나. 못 수면에는 갈매기 그림자 깨끗하게 잠기고, 담장머리엔 버들가지 바람에 가볍게 나부끼네. 주인의 마음 바탕 얼마나 너그러운가, 기묘한 경치 다 거두어 눈 가운데 놓는다.

읍내리의 뒷동산이라 부르는 사인봉에는 조선 선조 때 사람으로 의주목사를 지냈으며 기축옥사의 주동자 정여립鄭汝立을 탄핵하는 상소를 올렸던 이이의 문인 서익徐益이 살았던 곳이다. 서익의 흔적은 자포골 동북쪽의 만경강가에 세워진 세심정에도 남아 있다. 정자 밑으로 흐르는 만경강에 마음을 씻었다고 하여 이름 붙여진 세심정은 터만 남고 사라졌었는데 근래에 다시 세웠다.

중리 북쪽에 있는 빙고멀은 전에 석빙고가 있어서 지어진 이름이고, 부평 서쪽에 있는 오리정五里亭 터는 고을 원님이 취임할 때 관원이 영접하던 곳이라 한다. 상리 북쪽에 있는 피장이 마을은 백정들이 모여 살았다고 해서 붙여진 이름이고, 화정리花亭里는 꽃이 많이 핀다고 하여 화전 또는 화정이라 불렀다. 고산면 양야리의 오도치五道峙는 완주군 소양면 대흥리로 넘어가는 고개이고, 고르미재는 대향리에서 경천면 가천리 대석으로 넘어가는 고개이다.

고산면 삼기리의 명칭은 삼기정三奇亭의 이름에서 비롯되었으며 삼기정의 이름은 이곳의 냇물과 돌, 소나무, 이 세 가지가 아름다워 붙여진 이름이다.

삼기정은 1439년(세종 21) 고산현감으로 부임한 최득지崔得之가 세운 정자이다. 당시 하연河演이 전라도관찰사가 되어 관내를 순시하던 도중 고산면에 들렀는데, 이곳에 있는 냇물과 돌과 소나무 등이 한데 어우러져 한폭의 그림 같은 경관을 이루었으므로 '세 가지 것이 기이하다' 고 하여 이 정자의 이름을 삼기정이라고 짓고 기문을 청한 최득지에게 주었다 한다.

삼기리 백현 마을은 고갯마루 턱 뒤쪽에 잣나무가 있어서 지어진 이름이고, 백현 남쪽에 있는 작은 산 인봉印峯은 예전에 어느 통인이 산 옆의 흐르는 내에서 도장을 잃어버렸다고 해서 생긴 이름이다. 백현사栢峴寺 옆에는 영건청이라는 이름의 집터가 있는데, 백현사를 지을 때 고을 선비들이 머물렀던 곳이고, 백현 가운데에 있는 정안당靜安堂에는 우암 송시열의 글이 있다.

고산면 성재리 청골 동남쪽에는 안수봉 또는 제봉산, 문필봉이라고 불리는 안수산安峀山(552미터)이 있다. 고산 읍내에서 바라보면 봉우리가 마치 닭 벼슬처럼 보이기도 하고 붓처럼 보이기도 해서 문필봉이라고도 부르는데, 이 산 중턱에 있는 절이 안수암이고 안수산 북쪽에 있는 바위는 고양이처럼 생겼다고 해서 고양이 바위라고 부른다. 안수산 북쪽 골짜기에는 어떤 사람이 8남 8녀를 낳고 살았다 해서 '팔남팔녀八男八女난골' 이라는 이름이 남아 있다. 아이를 적게 낳아 인구가 줄고 국가 경쟁력이 떨어질 것을 우려하는 요즘 같으면 대접을 받겠지만, 당시 가난하기 그지없던 시절에 열여섯 자식을 기르느라 얼마나 고생했을까 생각하니 마음이 짠해졌다.

비봉면 내월리의 문드러미재는 별치재·문드름이재·문수치라고 부르는데, 용천내에서 익산시 여산면 원수리의 내동으로 넘어가는 고개로 서울에서 고산 고을로 넘어가는 관문이었다고 한다. 내월리의 동리에는 신독재 김집金集과 월곡 유종흥柳宗興을 모신 봉양서원鳳陽書院이 있고, 어우당 유몽인柳夢寅, 취흘 유숙柳潚, 성재 유중교柳重敎의 호상을 모시고 제사를 지내는 삼현사三賢祠가 있다.

비봉면 수선리水仙里는 지형이 수선화처럼 생겨 수선리라고 하였는데, 수선리에서 화산면 화월리 창곡으로 넘어가는 바랑재는 중이 바랑을 지고 넘어가는 형국이라 하여 바랑재라고 이름 붙여졌고, 구례실에서 대치리 웃대치로 넘어가는 아홉싸리고개는 아홉 번이나 굴곡이 지는데, 임진왜란 때 이 고개에서 아홉 사람이 피난을 하였다는 이야기가 전한다.

고산면 수만리는 예부터 이곳에 물이 가득하게 될 것이라고 하여 수만 또는 단지처럼 오목하다고 하여 단지동이라 하였는데, 그 말이 들어맞기라도 하듯 현재는 그곳에 동상저수지와 대야댐이 만들어졌다. 화산면 춘산리에 있는 예봉산禮峯山은 여수개 동북쪽에 있는 고개로 임진왜란 때 명나라의 장군 이여송이 이곳을 지나다가 명산이라 하여 배례를 하고 지나갔다고 하며, 덕동 동남쪽에 있는 왕수봉王首峯은 왕이 나올 못자리가 숨어 있다고 하고, 덕동 서쪽에 있는 '인장수 꼭대기' 라는 등성이는 인씨 성을 가진 장수가 태어날 곳이라는 전설이 서려 있다.

만경강 상류에 자리 잡은 고산은 지금도 곶감과 대추가 많이 나기로 소문이 자자하고 그 아래 봉동은 『택리지』에 기록된 것처럼 지금도 생강이 많이 난다. 하지만 현감 최득지가 세웠다는 삼기정 아래에 푸른 냇가와 늙은 소나무는 지금 사라지고 없다. 그때도 있었다는 말바위 밑으로는 논다랭이에 봄풀만 완연할 뿐이다.

전남 나주 남평 — 정여립 역모 사건의 최고 희생자 이발의 고향

전남 화순 능주 — 운주사 부부 미륵불의 전설

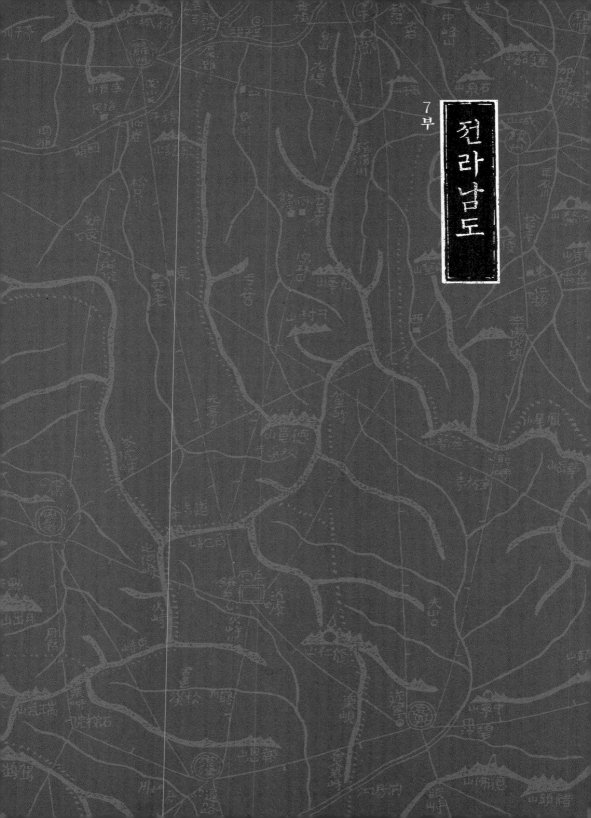

전남 나주 남평

일 장

정여립 역모 사건의 최고 희생자 이발의 고향

고려시대의 문신 김극기가 지은 시에는 당시 남평의 실상이 잘 묘사되어 있다.

지석강 남평읍을 휘감아도는 지석강은 노동천, 남평천, 구치천, 대촌천을 받아들이고 영산강으로 흘러든다.

저녁에 남평군에 오니, 거친 연기에 눈이 어지럽구나. 죽루로 객관을 열었고, 가시나무 사립문으로 인가를 가렸네. 마을에는 즐거운 소리 적고, 시내와 산은 비참한 기색이 많구나. 누가 원이 되어 정치 잘하여서, 백성을 잘 살리어 노래 부르게 할꼬.

나주시 남평면은 조선시대에 남평현이 있던 곳이다. 본래 백제의 미동부리현未冬夫里縣이었는데, 신라가 현웅玄雄이라고 고쳐서 무주武州의 영현으로 하였고, 고려 때 지금의 이름인 남평 혹은 영평永平이라고도 하였으며, 1172년(명종 2)에 감무를 두었고, 1390년(공양왕 2)에 화순 감무를 겸하였다가 1394년(태조 3)에 현으로 복구되었고 1413년(태종 13)에 준례에 따라 현감 고을로 고쳤다.

1895년(고종 32)에 군이 되었다가 1914년 군면 통폐합 당시 나주군에 편입되었는데 현재의 남평, 다도, 봉황, 금천, 신포의 5개 면과 광산군 본량면의 지역이 남평현의 영역이었다.

나주호는 다도면 판촌리, 궁월리, 마산리, 대처리에 걸쳐 있는 넓은 인공 호수로, 1976년 3월에 물에 잠기기 시작하여 홍수 때에는 이곳이 물바다로 변하자, 이처럼 호수를 만들어 홍수 걱정을 덜게 되었다고 한다.

『신증동국여지승람』에 의하면 남평현의 경계는 동쪽은 능성현綾城縣 경계까지 18리, 화순현和順縣 경계까지 14리, 남쪽은 나주 경계까지 36리, 서쪽은 같은 고을 경계까지 24리, 북쪽은 광산현 경계까지 10리이고, 서울에서 763리 떨어져 있다.

조선 선조 때의 사람으로 동인의 영수였던 이발李潑은 "이 고장의 풍속은 순박하다"라는 시를 남겼는데, 당대의 빼어난 인물이었던 이발이 정여립과 맺은 인연으로 기축옥사가 일어나 이 지역이 쑥대밭이 되고 말았으니 순박함은 정녕 무엇을 의미한단 말인가?

남평군 어천면 지역이었다가 금천면으로 이름이 바뀐 고동리의 방목들은 잠오룡과 석등 서쪽에 있는 넓은 들로 옛날에 마소를 놓아먹였다는 곳이고, 마을 뒷산에 바위가 많아서 이름 지어진 광암리의 건방죽골은 광석 동쪽에 있는 골짜기로 방죽이 있었으나 메워지고 지금은 없다고 한다.

신가리의 사챙이 마을은 원곡리와 촌곡리의 경계에 있는 마을로 사창

이 있었던 곳이고, 원곡리 미곡 동북쪽에 있는 광탄마을에는 옛날 영산
강이 앞으로 흘러 큰 여울이 있었다고 한다.

월산리에 있는 시릿골재는 월정에서 시릿골을 지나 봉황면 옥산리로
넘어가는 고개이고, 월산리에서 가장 큰 마을인 월정月汀마을은 마을 앞
으로 내가 돌아 흘러 반달 같은 모양을 이루고 있다. 촌곡리의 살챙이
(선창이)는 마정 서북쪽에 있는 마을로 예전에 배가 드나드는 선창이 있
었다고 하며, 신추 동쪽에 있는 연곡마을은 '연꽃의 잎이 물 위에 거꾸
로 떠 있는 형국'이라는 연화도수형蓮花倒水形의 명당이 있다고 한다.

남평현 군내면이던 남평면 광리리의 새여울은 광리 동남쪽에 새로 조
성된 마을로 마을 앞을 흐르는 지들강에 여울이 있어서 지어진 이름이
고, 광촌리에 있는 높은 재는 정광에서 정광산 봉우리를 지나 광주시 대
촌면 양고리로 넘어가는 고개이다.

바로 그 근처에 있는 발람재는 정광에서 정광산을 지나 노동리로 넘
어가는 고개인데 바람이 세어서 바람재라 하고, 새터에서 수원리 검단
이로 넘어가는 고개는 골짜기가 깊어서 시무재 또는 심재라고 부른다.

새터 동쪽에 있는 골짜기인 원영굴은 많은 군사가 영營을 두고 오래
주둔했다는 곳이고, 바랑골 서쪽에 있는 매방애골은 전에 매와방애가
있어 매갈이를 했다는 곳이다. 남평리에는 옛 남평현의 동헌 터가 남아
있고, 교원리의 육림들은 원머리 서쪽에 있는 넓은 들로 남평리와 산포
면 등수리에 걸쳐 있다.

노동리 하노동 동남쪽에 있는 무젯등은 봉우리의 높은 등성이에서 무
제를 지냈다는 곳이고, 하노동에서 화순군 화순읍 앵남리 앵남으로 넘
어가는 고개가 염재이다.

수원리의 노인봉은 '높은 산'이라는 이름으로 불리고, 마당거리 동남쪽에 있는 새여울이라는 마을은 마을 앞으로 흐르는 드들강에 여울이 있어 생긴 이름이며, 수청 남쪽에 있는 쇠앙치배미는 송아지 한 마리와 바꾸었다는 논이다. 수원리에서 으뜸 되는 마을인 수청水淸마을은 뒤쪽에 높은 산과 검당산이 있어 물맛이 좋고, 수청에서 광주광역시 북구 대촌동으로 넘어가는 고개는 고갯길이 10리가 된다고 해서 십리치 또는 대죽령 한댓재라고 부른다.

우산리에 있는 도장같이 생긴 인암 앞쪽에 있는 들 배나드리는 배가 드나들었다는 곳이고, 우산리에서 가장 큰 마을인 비나리는 앞 동포강에 배가 드나드는 나루가 있었다고 한다.

풍림리 죽림 서남쪽에 있는 문바우라고 불리는 문암은 남평 문씨의 시조가 태어났다는 곳이다.

남평군 도천면 지역이던 다도면 궁원리는 지형이 활처럼 생겼으므로 궁원이라고 지었고, 대초리의 가운데를 이루었던 넓은 들 너드릿들은 나주호가 들어서면서 사라지고 말았다. 조선 초기의 것으로 판명된 분장회청사기(분청사기)를 구운 가마터도, 고인돌이 많이 산재했던 남대마을도 물 속에 잠겨버리고, 남대 북쪽에 있던 진고산들도 역시 푸른 물살 속에 잠겨 있을 뿐이다.

덕동리의 뒷등은 내동에서 봉황면 송현리로 넘어가는 고개이고, 평사촌 동쪽에 있는 삼정三井마을은 삼정승이 날 명당이 있다는 곳이며, 안마을 북쪽 건지산 봉우리에 있는 신틀바위는 어느 장군이 신을 삼아 신고 갔다는 곳이다.

마산리 일봉암 중턱에 불회사佛會寺가 있다. 이 절은 384년(백제 침류

불회사 대웅전 인도의 승려 마라난타가 창건했다는 불회사는 임진왜란과 한국전쟁 당시 모두 불에
탔고 이 대웅전만 그대로 보존되었다 한다.

왕 1)에 인도의 승려 마라난타가 창건하였고, 656년(백제 의자왕 16)에 희연조사가 중창하였으며, 1404년(태종 2)에 원진국사가 중창하였다. 그후 임진왜란과 한국전쟁 당시에 불에 탔으나 대웅전만은 옛 모습 그대로 보존되어 있다.

불회사 대웅전은 전라남도 유형문화재 제3호로 지정되어 있고, 불회사 입구에 있는 불회사 석장승은 중요민속자료 제11호로 지정되어 있다. 일봉암은 하평 서남쪽에 있는 산으로 불회사 창건에 관한 이야기를 간직하고 있다. 불회사를 지으려고 상량식을 올리려 하였으나 그 준비가 늦어지자 국사가 이 봉우리에 올라가 간절히 기도를 올려 지는 해를 멈추게 하여 그곳에 암자를 지었다는 이야기인데, 현재는 무제를 지내고 있다.

『신증동국여지승람』에 "덕룡산德龍山은 현에서 남쪽으로 30리 떨어져 있다. 중봉산中峯山은 현에서 동쪽으로 10리 떨어져 있다"고 기록되어 있다. 덕룡산은 봉황면과 다도면의 남부 지역에 경계를 이루고 있는 산이다. 이 산줄기는 남북 방향으로 이어져 산등성이 좌우로 깊은 계곡과 맑은 물이 흐르는 골짜기를 이룬다. 이 물이 흘러서 만봉저수지와 영산강 유역의 4개 댐 중 하나인 나주댐을 형성하며, 이 댐 주변에는 비자나무 숲이 우거지고 동쪽에는 운홍사가 있다.

불회사를 나와 818번 지방도로를 타고 내려가다 다도면 소재지에서 임정리로 들어가면 폐사지인 운홍사지가 나타난다. 운홍사는 신라 헌강왕 때 창건된 절로 조선 후기에는 다산 정약용과 교류를 나누었던 나주 출신의 초의선사가 15세 때 이곳에서 출가했다고 한다. 그러나 한국전쟁의 소용돌이 속에 절 건물이 불에 타서 없어지고 지금은 완전히 폐사

운흥사지 석장승 험악한
표정을 짓고 있는 여느 장승들
과 달리 합죽한 입으로 웃고
있는 할아버지 장승과 할머니
장승의 표정이 재미있다.

가 된 채 절 입구를 지키고 있던 돌장승 한 쌍만 남아 있다.

중요민속자료 제12호로 지정된 이 장승들 중 할머니 장승 등 뒤에 '강
희康熙 58년'이라는 글씨가 새겨져 있어 세워진 때가 1719년(숙종 45)임
을 말해준다.

몸통에 상원주장군이라는 명문을 새긴 할아버지 장승도 네모난 돌기
둥 모양의 머리에 둥근 눈방울과 덩실한 코를 가졌고 턱에는 수염을 두
갈래로 늘어뜨렸다. 험악한 표정을 짓고 있는 여느 장승들과는 달리 합
죽한 입으로 얌전하게 웃고 있는 할아버지 장승은 높이가 2.7미터이다.

할머니 장승 역시 동그란 쌍꺼풀 눈을 갖고 있고, 몸을 움츠리듯 하면
서 이를 많이 드러내고 웃는 모습이 아무래도 뭔가 쑥스러우면서도 재

철천리석불입상 불신과 광배가 한 돌에 조각되었고 얼굴과 신체의 중량감, 옷주름의 형식적인 처리로 보아 고려초부터 성행한 거불 양식임을 알 수 있다.

미가 나서 못 참겠다는 표정이다.

불무에서 화순군 도암면 벽지리 벽동으로 넘어가는 고개는 여우가 많았다고 해서 여시고개이고, 앞재는 인암에서 앞들을 지나 다도면 판촌리 도마로 넘어가는 고개이다.

쟁기머리는 마산리에 있던 마을로 지금은 나주호에 잠기고 말았는데, 이곳에서 고인돌이 발굴되고 조사됨으로써 선사시대의 생활 모습이 밝혀지는 계기를 만들었다.

방산리의 먹뱅이는 한적골 서남쪽에 있는 마을로 먹방이 있던 곳이다. 신동리의 망가릿재는 신촌에서 봉황면 각동리 망가리로 가는 고개이고, 갱갱굴에서 봉황면 철천리 수각으로 넘어가는 고개는 고개가 매우 가파르고, 판촌리의 고마에서 남평면 상곡리로 넘어가는 행군재는 고려 군사가 이 고개로 넘어왔다고 한다. 본래 남평군 죽곡면이었던 봉황면 철천리의 선동마을에는 보물 제462호로 지정되어 있는 철천리석불입상이 있고, 보물 제461호로 지정되어 있는 칠불석상이 있다.

이곳 남평 출신으로 이름이 높은 사람이 고려 때 사람인 문공유文公裕이다. 문공유는 벼슬이 지문하성사知門下省事 집현전대학사集賢殿大學士에 이르렀고, 경정敬靖이라 시호하였다. 문극겸文克謙은 공유의 아들로, 처음에는 선대의 음으로 벼슬자리에 보직되었으나, 의종 때에 과거에 급제하여 여러 번 전직하다가 정언正言이 되었다. 그러나 곧은 간언諫言 때문에 황주판관黃州判官으로 좌천되었고 다시 진주판관晉州判官으로 좌천되었다. 그러다가 유사有司가 "극겸은 곧은 신하인데 외관外官으로 계속 내보내 간언하는 길을 막는 것은 옳지 않다"고 아뢰자 드디어 전중내급사殿中內給事에 전직되었다. 정중부의 난 때에는 명망 때문에 화를 면하였고, 뒤에 벼슬이 중서문하판병부사中書門下判兵部事에 이르렀다. 충숙忠肅으로 시호하였으며, 명종 묘정에 배향되었다. 문달한文達漢은 극겸의 6세손인데 우왕 때에 대호군大護軍에 제수되고 여러 번 전직하여 문하평리門下評理에 이르렀고, 순평군에 봉직되었다.

이곳 남평에서 조선 선조 때 기축옥사 당시 동인의 영수이면서 가장 크게 화를 당했던 이발이 태어났다. 이발은 직제학과 전라관찰사를 지낸 이중호의 둘째 아들로 1568년(선조 1)에 생원이 되고 1573년(선조 6)에 문과에 장원으로 급제하여 벼슬이 부제학에 이르렀다. 이중호의 큰아들 이급은 생원으로 정읍현감을 제수받았으며, 셋째 아들 길은 생원으로 1577년(선조 10)의 알성시에 부장원으로 뽑혀 벼슬은 홍문관 응교에 이르렀다. 이발은 중후하고 엄정하였으며 성격이 분명하여 시비를 논하기를 좋아하였다. 젊을 때부터 학문에 뜻을 두어 척암惕菴 김근공金謹恭과 습정習靜 민순閔純의 문하에서 배웠고, 유성룡을 비롯하여 수우守愚 최영경崔永慶과 친하였다. 학문에 힘써서 홍가신洪可臣, 허당許鏜, 박의朴宜, 윤기신尹起莘, 김영일金榮一, 김우옹金宇顒 등과 뜻을 같이하는 벗이 되어 서로 원대한 포부를 기약하였다.

알성시謁聖試에 장원이 되어 명성이 자자하였던 이발은 곧 이조정랑이 되었는데 그는 정암 조광조의 지치주의至治主義를 이념으로 삼아 사론士論을 주도하고 왕도정치를 제창하여 기강을 확립하였으며 시비를 분명히 가렸다. 그는 경연에 출입하면서 사정을 가르치는 것을 자기소임으로 여겨 조금도 구차하게 합하려는 뜻이 없었다. 이발은 1584년 동인과 서인을 화해시키고자 애쓴 이이가 죽자 동인의 거두로서 서인의 거두였던 심의겸을 탄핵하여 파직시켰고, 그후 동인이 정권을 잡게 된다. 그러나 서인들과 알력이 생겨 1589년(선조 22) 9월 부제학이었던 이발은 '시사불가위時事不可爲'라는 말을 남긴 채 고향으로 돌아왔다. 그리고 한 달 뒤 기축옥사가 일어났다.

기축옥사가 전개되면서 동인 타도의 기치를 높이 들고 제일 처음 동인 공격의 포문을 연 사람이 호남 출신 생원 양천회였다. 양천회는 11월 3일 올린 상소에서 "이발, 이길, 김우홍, 백유양, 정언신 등이 정여립과 함께 역모를 꾀했다"고 했다. 이어 11월 12일 예조정랑 백유함白惟咸이 같은 내용의 상소를 올렸고, 그 뒤 정여립의 조카 정집의 공초 과정에서도 이발과 정언신鄭彦信 등 여러 사람들이 정여립의 역모에 관여했다는 내용이 나왔다. 이발은 정여립 역모 사건이 벌어지자 자신도 화를 면하지 못할 것을 알고, 조용히 서울 길을 떠나 교외에서 명을 기다리고 있다가 잡혀와 대궐 뜰에서 국문을 받았고, 북도로 귀양길에 올랐으며 결국 온몸에 살이 온전한 곳이 없을 만큼 혹독한 고문을 받고 죽었다.

남평읍을 휘감아돈 지석강은 노동천, 남평천, 구치천, 대촌천을 받아들여 끊임없이 흘러간다. 이곳에서 이발은 서울에서 근친하러 왔다가 돌아가는 도중에 임금과 어머니를 생각하며 아름다운 시 한 편을 남겼는데, 그 시구들이 강물 위에 푸른 물살로 흔들거리고 있다.

남녘길 아득한데 새 날아가고,

서울은 저기 저 서쪽 구름 가에 있네.

아침에 간밤 꿈을 기억해보니,

모두가 어머니와 임금의 생각이라.

  이렇듯 가슴 아픈 사연을 아는지 모르는지 그저 묵묵히 흐르는 지석
강은 서쪽으로 흐르다가 지석산紙石山(드들매) 절벽을 휘돌아 북쪽으로
향한다. 남평면 서산리의 드들산 밑에는 깊고 푸른 강물이 절경이라 드
들강 유원지가 조성되어 있고 봉산의 동쪽의 드들강에는 원래 셋이었으
나 하나는 깨져버리고 두 개만 남은 삼형제바우가 있으며 그 바위 아래
에 용왕수 바위가 있다. 서우내 마을에는 휴암休菴 백인걸白仁傑을 배향
한 봉산서원蓬山書院이 있고 옛 시절 주막이 있던 주막리의 남쪽에 남평
문씨 시조비가 세워져 있다.

綾州

전남 화순 능주 二장

운주사 부부 미륵불의 전설

　오랜만에 남도로 향했다. 갈재 너머 장성 나주를 지나 화순군 능주면에 접어들었다. 멀리 무등산이 아스라이 보이고 과거의 영화를 잃어버린 능주는 한가롭기만 하다.

　능주의 백제 때 이름은 이릉부리군爾陵夫里郡 또는 죽수부리竹樹夫里로 불렸다. 신라 때 능성현綾城縣으로 고쳤고, 고려시대 초기 나주에 복속시켰다. 그후 조선시대로 들어오면서 1416년(태종 16)에 화순군을 합쳐서 순성현으로 고쳤다가 1632년(인조 10)에 인조의 어머니인 인헌왕후仁獻王后 능성 구씨綾城具氏의 관향貫鄕이라는 이유로 능주목으로 승격되었다. 그뒤 1895년(고종 32) 지방관제 개정에 의하여 화순군을 편입하였던 능주군은 1914년 군면 통폐합에 따라 도리어 화순군에 편입된 뒤 면이 되고 말았다. 그런 연유로 이곳 능주를 지금도 나주처럼 목사 고을로 부른다.

운주사 천불천탑의 전설을 간직하고 있는 운주사에는 11세기 초반에서 15세기에 걸쳐 수백여기의 탑이 만들어졌으리라 추정되지만 이미 그 자취를 찾을 수 없어 아쉬울 뿐이다.

능주면 남정리에는 조선의 대표적 개혁사상가였던 정암靜菴 조광조趙光祖의 흔적이 남아 있다. 당시 사람들은 그를 일컬어 광자狂者(미친 사람) 또는 화태禍胎(화를 낳는 사람)라고 불렀다. 예나 지금이나 적당히 머리 조아리고 요령껏 사는 사람들이 판을 치는 세상에서 원칙에 철저하고 배움과 행동을 일치시키려 했던 그의 앞선 실천이 도리어 화를 가져오는 미친 짓으로 보였기 때문일 것이다.

조광조는 평안북도로 귀양 가 있던 김굉필金宏弼에게서 열일곱 살의 어린 나이에 성리학을 배웠다. 그는 성리학만이 당시의 사회모순을 해결하고 새 시대를 이끌어갈 수 있는 이념이라고 확신했다. 중종의 절대적인 신임을 받던 조광조는 30대의 젊은 나이에 사정의 최고 책임자인 대사헌에 오르면서 개혁의 강도를 한층 더 높였다. 그러나 중종반정의 공신들 가운데 문제가 있는 사람들을 명단에서 삭제하려 했던 그의 개혁작업이 훈구척신파들의 반발을 불러일으켰다.

마침내 1519년(중종 14) 11월 15일 밤 훈구척신파였던 홍경주洪景舟는 은밀하게 임금을 만나 "조광조 일파가 붕당을 지어 중요한 자리를 독차지하고 정국을 어지럽히니 죄를 밝혀 벌을 주라"고 청했고 임금은 그의 요청을 받아들였다. 개혁의 동반자였던 중종의 사림 견제 심리까지 더해지면서 기묘사화가 일어났고, 조광조를 비롯한 사림파들이 줄줄이 잡혀 들어갔다. 1519년 11월에 조광조가 능주로 유배되면서 결국 조광조의 개혁정치는 실패로 돌아갔다.

훗날 이이는 『석담일기石潭日記』에서 "하늘이 그의 이상을 실행하지 못하게 하면서도 어찌 그와 같은 사람을 내었을까?"라고 말하며 조광조의 실패를 안타까워했으며, 그에 대해 "자질과 재주가 뛰어났음에도 불구하고 학문이 부족한 상태에서 정치 일선에 나아가 개혁을 급진적으로 추진하다가 결국 실패하고 말았다"라고 평가했다.

조광조는 그해 12월 20일 적소에서 자신의 죽음을 예감한 듯, "신하 한두 사람 죽이지 못한대서야 임금이라고 할 수가 있겠는가"라고 이해할 수 없는 말을 뇌까렸고 곧바로 사사賜死의 명을 받았다. 그때 그의 나이는 서른여덟이었다. 조광조는 죽기 전에 "임금을 어버이같이 나랏일을 내 집같이 걱정하였노라. 밝고 밝은 횃불이 세상을 굽어보니 거짓 없는 이 마음을 훤히 또 비추리"라는 시 한 편을 남겼다.

조광조의 유배지에는 우암 송시열이 지은 조광조 적려유허추모비謫廬遺墟追慕碑가 있고, 그가 거처했던 집은 초가집으로 남아 있는데, 상상 속에서나 볼 수 있는 조선 선비 같은 그의 모습이 사당 안에 모셔져 있다.

남거리와 정자리의 두 자를 따서 지은 남정리에는 구진 다리가 있다. 운교 밑에 있는 이 다리는 구름만 끼어도 물이 불어난다고 하여 그렇게 불리는데 아무리 살펴보아도 그렇게 큰 피해를 입을 것 같지는 않았다.

정자가 있어 정재물이라고 불렸던 이 마을에 능주성의 북문이 있어 북문거리라고 일컬었다지만 북문이나 성은 흔적도 없고 운산 밑에 향교만 보일 뿐이다.

남정리를 지나 관영리에 이르렀다. 이곳 관영리에는 당시 능주목의 관청이 있었다. 현재 능주면사무소가 들어선 자리가 능주현의 관아가 있었던 곳이고, 동헌에는 능주목의 정문인 죽수부리문이 있었다고 한다. 능주동헌의 봉서루鳳棲樓에 올랐던 성임成任은 다음과 같은 시를 남겼다.

날마다 달려 잠시도 한가하지 못한데, 여기 오르니 다시 한 번 근심스런 마음

영벽정 지석강의 상류에 자리 잡은 영벽정은 수목이 우거지고 맑은 물이 흘러서 뱃놀이 하기에 더없이 좋은 곳이라고 한다.

풀리네. 마을이 바다에 가까우니 봄은 항상 이르고, 소나무와 대나무에 닿았으니 역시 여름에도 춥네. 발을 걷으니 산빛이 그림기둥에 침노하고, 해가 비끼니 꽃 그림자가 새긴 난간에 올라오네. 길손 되어 무한히 집을 생각하는 마음, 글 구절을 가지고 억지로 스스로 위안하네.

하지만 그 옛날 나그네의 심사를 어지럽히던 봉서루나 동헌의 자취는 그 어디에서도 찾을 길이 없다. 두리번거리며 바라본 길 옆에는 광주선 기차가 머무는 자그마한 능주역이 있었다. 그러나 이 길도 지금은 한산하기만 하고 새로 만들어진 우회도로만이 쌩쌩 지나가는 차들로 붐빈다. 그 아래로 난 길을 따라가면 영벽정映碧亭에 이른다. 지석강의 상류

강변에 세워진 영벽정은 수목이 우거지고 맑은 물이 흘러서 뱃놀이 하기에 좋은 곳이라 하지만 배는 보이지 않았다. 영벽정은 연주산連珠山 아래에 있는데 조선 초기의 문신 김종직金宗直은 그 연주산을 바라보며 다음과 같은 시를 남겼다.

연주산 위의 달은 소반 같은데, 풀과 바람, 나무 없고 이슬 기운 차네. 천 뭉치 솜 같은 구름 모두 없어지려 하고, 한 덩이 공문서 보잘것도 없다. 시절은 다시 중추中秋 아름다운 것을 깨닫겠는데, 길손의 회포 누가 오늘밤 위안될 줄 알았으리. 갈 길은 또 서쪽 바다 따라 돌아가나, 손가락 끝으로 장차 게(딱따비과 게) 배꼽이나 뼈개리라.

연주산 동남쪽 어딘가에 산위에 비스듬히 걸린 등잔 모양을 닮은 등 잔거리형의 명당이 있다고 하고, 영벽정 건너편 산 아래에 조광조를 모신 죽수서원竹樹書院이 있다. 이 연주산 자락에서 바라보면『신증동국여지승람』에 나와 있는 능주의 진산인 운산雲山이 선명하게 보인다.

죽수서원의 돌 계단에 앉아 바람에 흔들리는 시누대(일명 해장죽) 잎 스치는 소리를 들으며 가고 오는 세월을 회상하다가 지석강의 발원지인 쌍봉사雙峯寺로 향했다. 쌍봉사에 관한 기록이『신증동국여지승람』에는 "쌍봉사는 중조산에 있다"고 기록되어 있는데, 고려시대의 문신 김극기 는 쌍봉사에 와서 다음과 같은 시를 남겼다.

단청한 집이 붉고 푸른 숲 사이에 서로 비치니, 지경의 한가한 것 속된 눈으로 일찍이 보지 못하던 것이었네. 학은 푸른 고궁에 날아서 지둔支遁(남북조

시대의 승려)을 하직하고, 물고기 금빛 못에 놀면서 혜관에게 감사하네. 어지
러운 봉우리는 옥잠같이 난간에 이르러 빼어났고, 여울은 구슬패물처럼 뜰에
떨어지는 소리로세. 말하다가 조계물을 보니, 일만 길 하늘에 연해 노여운 물
결 일어나네.

쌍봉사는 신라 경문왕 때 철감선사澈鑑禪師 도윤道允이 이곳의 산수가
수려함을 보고 창건한 절이라고 한다. 여러 기록으로 보아 이 절은 철감
선사가 주석하던 시기에 사세가 크게 일어났을 것으로 추정되는데, 그
래서인지 이 절에는 신라의 문화재 중에서도 가장 빼어난 것 가운데 하
나인 철감선사탑(국보 제57호)과 여러 점의 문화유산이 있다. 놀라운 신
심信心이 아니라면 만들 수 없을 것 같은 부도 옆에는 보물 제170호로 지
정된 철감선사탑비가 비신이 없어진 채 서 있다. 뿐만 아니라 이 절에는
법주사 팔상전과 함께 우리나라 목탑의 원형을 추정할 수 있는 대웅전
(당시 보물 제163호)도 있었는데, 1984년 4월 초에 불에 타버렸다. 새로
지어진 탑을 보니 아쉽기만 하다.
『조선사찰자료』에 수록된 「도선국사실록」은 어느 학승이 1743년(영
조 19)에 지어서 간행한 글인데, 도선국사의 행장과 월출산 일대의 지세
와 사찰에 대해 이렇게 기술하고 있다.

우리나라의 지형은 떠가는 배와 같으니 태백산, 금강산은 그 뱃머리이고, 월
출산과 영주산은 그 배꼬리이다. 부안의 변산은 그 키이며, 영남의 지리산은
그 삿대이고, 능주의 운주는 그 뱃구레이다. 배가 물에 뜨려면 물건으로 뱃구
레를 눌러주고, 앞뒤에 키와 삿대가 있어, 그 가는 것을 어거해야 솟구쳐 엎

쌍봉사 철감선사가 창건했
다고 알려진 쌍봉사에는 철
감선사탑을 비롯한 신라의
빼어난 문화재들이 여러 점
있다.

어지는 것을 면하고 돌아올 수 있다. 이에 사당과 불상을 건립하여 그것을 진압하게 되었다. 특히 운주사 아래로 서리서리 구부러져 내려와 솟구친 곳에 따로 천불천탑을 설치해놓은 것은 그것으로 뱃구레를 채우려는 것이고, 금강산과 월출산에 더욱 정성을 들여 절을 지은 것도 그것으로써 머리와 꼬리를 무겁게 하려는 것이었다.

전남도청에서 펴낸 『전남의 전설』에는 도선국사와 운주사의 전설이 다음과 같이 실려 있다.

도선이 여기에 절을 세우기 위해 머슴을 데리고 와서 천상天上의 석공들을 불러 용강리 중장터에 몰아놓고, 단 하루 사이에 천불천탑을 완성하고 새벽 닭이 울면 가도록 일렀다. 천상에서 내려온 석공들은 절 위의 공사바위에서 돌을 깨어 열심히 일했으나, 도선이 보기에 하루 사이에 일을 끝내지 못할 듯싶으므로 이곳에서 9킬로미터쯤 떨어져 있는 일괘봉에 해를 잡아놓고 일을 시

운주사 와불 세상이 바르지 못한 탓에 거꾸로 누워 있다는 부부 미륵불은 세상이 바뀔 때 바로 세워진다는 전설을 간직하고 있다.

켰다. 해가 저물고 밤이 깊었지만 천상에서 내려온 석공들은 그에 아랑곳하지 않고 열심히 일했다. 이때 이들의 일손을 거들어주던 도선의 머슴들이 지친 나머지 한 가지 꾀를 생각해냈다. 어두운 곳에 숨어서 닭 우는 소리를 흉내낸 것이다. 일을 하던 석공들은 '꼬끼오' 하고 가짜로 우는 닭소리를 듣고

모두 하늘로 올라가버렸다. 이 때문에 운주사에는 미처 세우지 못한 와불이 생겼고, 6킬로미터쯤 떨어진 곳에 있는 도암 하수락 일대의 돌들은 천상의 석공들이 이곳으로 돌을 끌고오다 버려두고 가서 중지된 형국을 하고 있다.

운주사의 누워 있는 미륵(와불)은 야트막한 산 꼭대기에 있는 한 쌍의 부부 미륵이다. 미륵들은 머리를 낮은 곳으로 두고 다리를 산 위쪽으로 둔 채 다시 일어나지 못할 것처럼 누워 있다. 전설에 의하면 남편 미륵이 12미터이고 부인 미륵이 9미터에 이르는 이 부부 미륵불은 세상이 바르지 못한 탓에 거꾸로 누워 있는 것이라고 한다. 이 미륵이 일어설 때 세상이 바로 서리라 했다는데.

운주사에 과연 천 기의 석탑과 천 기의 석불들이 실제로 세워졌을까? 그렇지는 않았을 것이다.

불교에서는 천千을 만수로서 무량무수의 여래를 표상하고, 천불신앙은 과거 장엄겁, 현재 현겁, 미래 성숙겁의 삼세 삼천 불 가운데 현재 현겁에 대한 신앙을 가르친다. 그렇기 때문에 이곳에 천불과 천탑을 세운 것이 아니라 천불신앙에 근거한 천불천탑이었을 것이고, 그것도 하룻밤 사이에 도력으로 세운 것이 아니라, 11세기 초반에서 15세기에 걸쳐 만들어졌을 것이라는 말이 맞을 것이다. 그러나 수백여 기에 이르렀을 탑과 석탑들이 이 절이 폐사된 뒤로 수없이 사라지고 말았다.

운주사가 소속되어 있던 능주목은 화순군의 한 면인 능주면으로 변한 채, 지금 한가하게 구름 머무는 운산 아래에 있고 능주 땅을 잠시 거닐었던 우리는 이제 발길을 돌린다. 말도 많고 탈도 많은 세상 가운데 운주사는 그저 말 없이 그 자리를 지키고 있을 뿐이다.

제주 남제주 대정 – 아름다운 백록담을 품은 한 많은 유배지

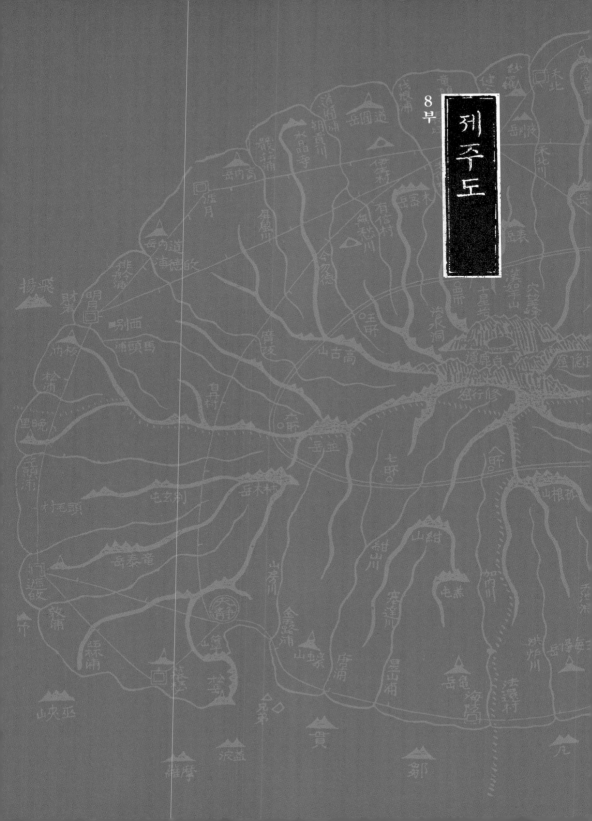

8부

제주도

大靜

제주 남제주 대정

一章

아름다운 백록담을 품은 한 많은 유배지

우리나라의 가장 남쪽 땅인 마라도는 남제주군 대정읍의 마라리에 있
는 섬이다. 모양이 가파리(가오리)처럼 생겨서 그렇게 불리었다는 가파
도에서 남쪽으로 11킬로미터쯤 떨어진 이 섬은 10여만 평의 땅에 몇 가
구가 고기를 잡으며 살고 있다. 마라도는 샘이 없어서 빗물을 받아먹고
산다. 마라도에 처녀당(또는 할망당)이란 신당이 있는데, 그곳에 얽힌 전
설은 다음과 같다.

옛날에 가파도에 사는 고부 이씨가 가산을 탕진한 뒤 어찌할 도리가
없어 온 가족이 마라도에 들어가 개간이라도 하면서 살려고 하였다. 그
들은 섬으로 건너와 우거진 수풀을 태웠으나 뜻대로 되지 않았다.

그래서 가파도로 다시 돌아가려고 마지막 밤을 지내는데 꿈에 어떤 사
람이 나타나 현몽하기를 "처녀 한 사람을 놓고 가지 않으면 풍랑이 일어

마라도의 등대 우리나라
최남단의 섬 마라도는 대정읍
마라리에 있으며 섬의 가장
높은 곳에 마라도 등대가 자
리 잡고 있다.

서 돌아가지 못할 것이다"라고 하는 게 아닌가? 놀란 가족들은 고민 끝에 데리고 갔던 업저지(아이를 보는 계집애)에게 "애를 업을 포대기를 가져오라"고 심부름을 시켜놓고, 몰래 섬을 떠나오고 말았다. 오랜 세월이 지난 뒤 다시 들어가 보니, 업저지는 이미 죽어서 백골만 뒹굴고 있었다. 그것을 보고 불쌍하게 여긴 사람들이 사당을 짓고 그 처녀의 넋을 위로하는 제사를 지냈는데 지금은 그 처녀를 이 섬의 수호신으로 모시고 있다.

이 섬과 가파도가 외진 곳에 있는 것을 일컫는 말로 "마라도에서 진 빚은 가파도 좋고 마라도 좋다"는 우스갯소리가 있다.

대정현은 원래 제주도의 서도였다. 1416년(태종 16)에 안무사 오식吳湜의 건의에 의하여 한라산 남쪽 90리 땅을 나누어 서쪽은 대정현, 동쪽은 정의현으로 승격시킨 뒤 각각 현감을 두었다.

그 당시 대정현의 경계는 『신증동국여지승람』에 의하면 동쪽으로 57리에 정의현이 있으며, 남쪽으로 바다까지 10리, 서쪽으로 제주 경계까지 37리, 북쪽으로 제주 경계까지 32리였다.

대정읍 안성리는 당시 대정골성 동쪽 안이 되므로 동성 또는 안성이라 하였고 대정군청이 있었는데, 안성 남쪽에는 추사 김정희가 유배를 와서 지냈던 김추사 터가 있고, 보성초등학교 앞에는 이곳에 유배를 왔던 동계 정온鄭蘊 선생의 유허비가 서 있다. 여모창 서쪽에는 대정현의 사직단社稷壇이 있었고, 안성 북쪽에 있는 이별 동산은 대정현감이 집무를 마치고 떠날 때 이별했던 곳이라고 한다. 안성 서남쪽에는 성질이 못된 수월이라는 기생이 놀았다는 수월이못이 있고, 동 동네마을 남쪽에 있는 정호소(더리물이라고도 부름)라는 소는 그 깊이가 300여 길(약 549미터)이 될 만큼 깊다고 한다.

안덕면 화순리에 있는 안덕계곡은 일명 창천계곡이라고도 불리는데, 조면암으로 형성된 양쪽 계곡에는 기암절벽이 병풍처럼 둘러 있고, 계곡의 밑바닥은 매끄럽고 결이 고운 암반으로 이루어져 있으며 그 위를 맑은 물이 흘

러내린다. 전설에 의하면 옛날 하늘이 울고 땅이 진동하면서 태산이 솟아났는데, 그 암벽 사이를 시냇물이 굽이굽이 흘러서 치안치덕治安治德하던 곳이라 하여 안덕계곡이라는 이름을 붙였다고 한다. 예부터 많은 선비들이 찾아 즐기던 곳으로 이곳 대정에 유배되어왔던 추사 김정희와 동계 정온 등이 이곳에서 젊은이들을 가르쳤다고 한다.

『신증동국여지승람』에 "산방산山房山은 현의 동쪽 10리에 있는데 세상에서 전해오기를, '한라산의 한 봉우리가 쓰러져 여기에 서 있다'라고 하는데 산의 남쪽에 큰 돌구멍이 있어 물이 돌 위로부터 방울 방울 떨어져서 샘이 되었다고 한다. 어떤 중이 굴 가운데에 집을 짓고 살아서 그의 이름을 굴암窟庵이라 하였다"라고 실려 있다.

산방산은 안덕면 사계리와 화순리 경계에 신령스럽게 솟아 있는 산이다. 산방산 중턱에 산방굴사가 있으며 굴 안에 불상을 모시고 있는 이 굴은 고려시대의 고승 혜일蕙日이 거처했다고 알려져 있지만 산방굴사가 언제 창건되었는지는 확실하지 않다. 다만 조선 후기에 대정고을로

유배를 왔던 김정희가 자주 찾아왔었다고만 알려져 있다. 산방굴사의 천장에서는 약수가 떨어지고 있는데, 이 물은 산방산을 지키는 여신 산방덕이 흘리는 슬픈 사랑의 눈물이라는 다음과 같은 전설이 남아 있다.

이 산에 빼어난 미모를 지닌 산방덕이라는 선녀가 살고 있었다. 그녀는 가난한 청년 고승을 만나 열렬하게 사랑을 나눈 끝에 결혼하여 행복한 가정을 꾸리게 되었다. 그런데 이 고을의 사또가 산방덕을 한 번 보자 욕심이 생겨 고승을 관가에 잡아들인 뒤 억울한 누명을 씌워 재산을 빼앗고 귀양을 보내고 말았다. 사람 사는 세상이 온통 죄악으로 가득 차 있다는 사실을 깨달은 산방덕은 산방굴로 다시 들어가 바위로 변하여 못다 한 사랑을 아쉬워하며 지금껏 눈물을 흘리고 있다는 것이다.

이 산방굴사는 많은 사람들이 찾아와 기도를 드리는 곳이기도 하다. 그런데 신기하게도 사람들이 자식을 얻고자 기도를 드릴 때 아들을 낳으려면 약수가 많았고, 딸을 낳으려면 물이 부족했다고 한다. 한편 이 산방산이 생기게 된 연유에도 여러 가지 설이 있다.

옛날에 유독 힘이 세고 활 잘 쏘는 사냥꾼이 있었다. 어느 날 사냥꾼이 사냥을 하러 나섰는데 아무리 돌아다녀도 짐승은커녕 새 한 마리도 보이지 않았다. 결국 빈손으로 집으로 돌아가는데, 새 한 마리가 머리 위로 날아가 건너편의 바위에 앉는 것이 보였다. 사냥꾼이 재빨리 활 시위를 당겼는데, 새는 맞지 않고 조금 더 떨어진 바위로 날아가 앉았다. 사냥꾼이 다시 한 번 활을 당겼는데 이번에도 맞지 않았다. 화가 치민 사냥꾼이 세 번째 활 시위를 당기자 그 화살이 새를 맞히지 못하고 낮잠에 빠져 있는 하느님의 배를 맞히고 말았다. 화가 잔뜩 난 하느님은 벌떡 일어나면서 사냥꾼이 서 있는 한라산 정상을 발로 걷어차고 말았다.

그 바람에 한라산 정상 부분이 잘려나가 제주 앞바다에 떨어져 안덕면 사계리의 산방산이 되었고, 한라산 정상이 움푹 파인 후 백록담이 되었다고 한다.

이곳 산방굴을 두고 김자상金自詳은 그의 「기記」에서 "돌 기와가 저절로 덮어서 오랜 비가 새지 못하고, 돌 자리가 저절로 깔려 들불이 타지 못하고, 돌 벽이 저절로 서서 미친 바람이 흔들지 못하고, 돌우물이 저절로 솟아서 요수가 더럽히지 못한다"는 글을 남겼다.

한편 안덕면 사계리의 산방동 서쪽에는 광정당廣靜堂이라는 신당터가 있는데, 그 앞을 지나다니는 사람은 반드시 말에서 내려서 절을 하고 걸어가야 했다. 그런데 제주목사로 부임한 이형상李衡祥이 순시하러 이곳을 지나는데 과연 발이 떨어지지 않았다. 할 수 없이 말에서 내려 절을 했는데도 발이 떨어지지 않자 무당을 불러 굿을 했다. 그랬더니 이무기가 나타나 입을 벌리면서 덤벼들었다. 놀란 목사가 "이무기를 죽여라" 하고 소리 지르자 군관 한 사람이 칼을 들고 이무기에게 달려들어 이무기의 목을 베고 사당祠堂을 불태우고 말았다. 이어서 그는 제주도 안에 있는 사당 500채와 사원祠院 500채를 불살랐으며 무당들을 모조리 관노로 삼았다고 한다.

다음의 기록은 『신증동국여지승람』에 실린 제주도의 풍속이다.

백성의 풍속이 어리석고 검소하며, 또 초가가 많고 세민들은 부엌과 온돌이 없고 땅바닥에서 자고 거처한다. 남녀가 짚신 신기를 좋아하고 방아 없이 오직 여자가 손으로 나무절구에 찧는다. 등에 나무통을 짊어지고 다니며 머리에 이는 자가 없다. 잘사는 사람은 그렇지 않다. 남자나 여자나 관원을 길에서 만나면 여자는 달아나 숨고 남자는 길옆에 엎드린다.

위에 언급된 내용 가운데 남자나 여자나 길에서 관원을 만나면 숨거나 엎드렸다는 것을 보면 그 당시 뭍에서 왔던 관원들의 횡포가 어떠했을까 짐작할 만하다.

제주도의 한라산은 대정의 진산이자 남한에서 가장 높은 산으로 높이가 1,950미터이다. 『신증동국여지승람』「산천조」의 기록은 다음과 같다.

한라산은 주 남쪽 20리에 있는 진산이다. 한라라고 말하는 것은 은하수를 잡아당길 수 있기 때문이다. 혹은 두무악頭無岳이라 하니 봉우리마다 평평하기 때문이요, 혹은 원산圓山이라고 하니 높고 둥글기 때문이다. 그 산꼭대기에 큰 못이 있는데, 사람이 떠들면 구름 안개가 일어나서 지척을 구분할 수가 없다. 5월에도 눈이 있고 털옷을 입어야 한다.

한라산을 지붕 삼아 펼쳐져 있는 제주도에는 삼다三多, 즉 바람·돌·여자가 많다고 하며 유독 바람이 많이 부는데, 어느 시인은 삼다 가운데 바람에 대하여 "바람은 방향도 없고 그 방향은 몇백 번이나 바뀐다. 그 바람은 제주도의 하늘과 바다, 그리고 제주도를 사나운 짐승으로 만든다"라고 노래했다.

활짝 개는 맑은 날이 적고 바람이 많은 제주도 역시 한 많은 유배지였다. 그런 연유로 대정현으로 유배를 오는 사람이 많았는데, 동계 정온, 추사 김정희를 비롯해 우암 송시열, 면암 최익현이 제주로 유배를 왔었다. 김정희는 이곳에서 유명한 「세한도歲寒圖」를 남겼다.

한라산 정상에 있는 못인 백록담은 동서로 600미터, 둘레가 3킬로미터쯤 된다. 본래는 화산이 폭발한 분화구로 그 둘레에는 괴석들이 병풍을 친 듯 둘러 있고, 그 사이로 눈향나무, 구상나무, 철쭉 등이 우거진 숲을 이루고 있다. 특히 봄이 되면 군데군데 진달래 꽃밭이 넓게 펼쳐져 있어서 그 향기가 그윽하며, 바람은 숲을 스쳐 마치 피리를 부는 듯한 고운 소리가 난다. 겨울 동안에 쌓인 눈이 5월까지도 녹지 않고 남아 있어 한라산의 정취를 더한다.

한라산의 용진각과 탐라계곡의 유래에 대해서 다음과 같은 이야기가 전한다.

하늘에서 내려온 신선들이 백록담과 그 언저리 산의 아름다운 곳을 찾아 놀고 있었다. 그런데 백록담에는 선녀들도 내려와서 그 깨끗한 물에 목욕을 하고 놀다가 때가 되면 하늘로 올라갔다. 그러한 사실을 알게 된 한 신선이 목욕하는 선녀를 보고자 했다. 어느 날 그 신선은 다른 신선들이 모두 산 아래로 목욕을 하기 위해 떠난 뒤 혼자 남아 바위틈에서 목욕을 하는 선녀를 몰래 훔쳐보았다. 한창 목욕을 하던 선녀가 인기척을 느끼고는 그만 소리를 지르고 말았다. 그 바람에 옥황상제가 놀라게 되었고, 하늘나라에서는 큰 소동이 벌어졌다. 이 사실을 알게 된 신선은 겁을 먹고 산 아래쪽으로 도망쳐 뛰어내렸는데, 그 자리가 움푹 들어가서 용진각이 되었다. 신선이 옥황상제의 진노를 피하기 위해 급히 산 아래로 뛰어 내려갈 때, 그 자리마다 깊게 파여서 계곡이 되었고 그곳이 바로 탐라계곡이라고 한다.

안덕면 사계리와 화순리 경계에 있는 용머리는 바위가 용의 머리처럼 생겼다는데, 허리와 꼬리 부분이 멀찌감치 떨어져 있다. 그렇게 된 데에

한라산의 백록담 한라산에 봄이 오면 각종 나무들이 숲을
이루고 군데군데 진달래꽃이 피어 절경을 연출한다.

는 이런 사연이 있다. 중국의 진시황이 용머리 부분에 왕기王氣가 서려 있다는 사실을 알아차리고 고종달 또는 호종단이라는 사람을 보내어 살펴보게 했는데, 산방산에 영기가 있고, 그 남쪽 밑에 용이 있어서 용이 날 자리가 틀림없다고 하여 용의 허리와 꼬리를 끊어버렸다. 그때 산방산이 며칠에 걸쳐 소리를 지르며 울었고, 바위에서는 피가 흘렀다고 한다. 용머리 해안에는 이곳으로 표류해 왔다가 오랜 억류 생활 끝에 탈출한 뒤 『하멜표류기』를 지어 조선이라는 나라를 최초로 세계에 알린 네덜란드인 하멜의 기념비가 있다.

대정읍 상모리, 보성리, 동일리 경계에 있는 모슬봉은 높이가 186미터로 조선시대에 모슬악 봉수대가 있어서 동남쪽으로 송악, 서쪽으로 차귀악에 응하였다. 대정읍 상모리에 있는 송악산은 일명 저별악으로 해안에 접한 사면이 벼랑으로 되어 있고 위는 평평하다. 조선시대에 송악 봉수대가 있어서 서북쪽으로 모슬악, 동북쪽으로 군산봉수에 응하였다. 이 산에는 작은 봉우리들이 바다 위로 솟아 있어 아침저녁으로 천태만상을 만들어내며 때로는 신기루가 나타나기도 한다. 바다로 떨어진 절벽은 파도에 침식되어 단애를 이루며 북서쪽에는 여기암, 일명 장군석이 서 있는데, 옛날 도승道勝이라는 기생이 이곳에서 장군과 함께 춤을 추다가 떨어져 죽었다는 전설이 전해온다. 송악산은 이중으로 분화한 외륜화산外輪火山으로 알려져 지질학적으로 중요한 가치를 지녔으며, 작은 외륜산이 99개나 된다.

이곳 대정에 전해오는 설화가 오찰방吳察訪 이야기이다.

조선 현종 때 대정고을에서 아이가 태어났는데 이름을 오영관이라 불렀다. 오영관의 아버지는 부인이 아이를 뱄을 때 소 아홉 마리를 잡아먹였는데, 그렇게 해서 낳은 아들이 과연 천하에 장사였다. 오영관은 장난이 심했으므로 아버지가 아들을 혼내주려고 하자 아버지를 피하여 천애절벽인 칼바위까지 도망쳤다. 아버지가 아들을 발견하고 잡으려는 순간그는 아버지의 손에서 빠져 절벽 아래로 떨어지고 말았다. 아버지는 아들이 죽은 줄로만 알고 힘이 빠져서 집에 와보니 아들이 먼저 와서 기다리고 있었다. 이상하게 여긴 아버지가 아들이 잠든 사이에 옷을 벗겨보니 놀랍게도 아들의 어깻죽지에 날개가 돋아 있었다. 그 아들이 자라서벼슬을 하려고 서울로 올라갔는데, 때마침 무술이 뛰어난 도둑을 잡는다는 방이 붙어 있었다. 기회라 여긴 오영관이 도둑과 맞붙게 되었는데천기를 짚어본 도둑이 순순히 목숨을 내놓았다. 오영관이 도둑의 머리를 말에 묶어 궁중으로 들어가려고 하자 "제주 놈이 말을 탄 채 들어가서는 안 된다"고 하는 바람에 순순히 걸어서 들어갔다. 임금은 그가 무서운 도둑을 잡아온 것을 보고 역적질을 할 우려가 있다고 하여 하옥시켰다. 그러나 그가 제주도 사람이고 궁중에 들어올 때 순순히 걸어 들어왔다는 보고를 받고는 그에게 찰방 벼슬을 내려주었다고 한다.

고려가 원나라에 복속되어 있던 시절, 원나라의 조회를 기다리던 서림포西林浦가 대정현의 서쪽 12리에 있었고, 지금은 사라진 법화사法華寺는 대정현 동쪽 45리에 있었다는데, 그 법화사를 혜일慧日스님은 다음과 같이 노래했다.

법화암法華庵 가에 물화物華가 그윽하다. 대를 끌고 솔을 휘두르며 홀로 스스로 논다. 만일 세상 사이에 항상 머무르는 모양을 묻는다면, 배꽃은 어지럽게 떨어지고 물은 달아나 흐른다고 대답하리라.

― ㄱ ―

가락국 252
가야사 170~173
가야산 169, 170~174
가외도 337
가정사 112
가천역 28
가파도 377, 378
각연사 87~89
각인 271, 303
각황전 152
감악 79
감악사비 71
감악산 70, 71, 76
감악스님 291
갑령 256, 264
갑령재 256
갑오년 49
갑오동학혁명사 329
갑자사화 303
갑현원 262
갓바위미륵 240
강감찬 36
강루리 288
강성군 288
강성현 285

강조 72
강주 307
강호문 23
강혼 315
강화도 123, 124, 250
강회백 285
개산군 47
개성군 77
개포 273, 276
개풍군 77
객관중수기 33
객망산 136
거란군 70
거연정 295
거울 275, 278
거창 161, 298, 305, 311, 313, 314
거창군 299, 305, 307, 311, 313, 314
거창양민학살 312, 313, 314
검당선사 325, 327, 328
견명 249
견훤 106, 298, 305, 311, 313, 314
견훤군 127
결기군 211
결성 137, 211, 219

결성군 211
결성면 212, 217, 218, 220
결성읍 218
결성읍성 218
결성현 217, 218
경덕왕 23, 47, 59, 69, 77, 132, 143, 179, 198, 211, 225, 262, 272, 273, 284, 285, 307, 332
경문왕 371
경부선 163, 164
경사루 200, 201
경산 269
경산시 225, 230, 239, 240, 245, 249
경상남도 283, 291, 305, 307, 308
경상도지리지 262
경상북도 229, 247, 248, 249, 271, 273
경성 43, 303
경세유표 329
경순왕 79
경순왕릉 45
경원 254
경유후 72
경종 36, 144

경주   148, 225, 235, 237, 251,
      256, 262, 273, 278, 299
계룡산   117, 127
계립령   84
계봉산   1999
계유명전씨아미타삼존석상   157
계유정난   107
고구려   23, 33, 47, 59, 69, 70,
      77, 78, 83, 84, 95, 273, 278,
      279, 342
고구려군   69, 77
고군산열도→고군산군도   333
고덕산   342
고미탄   43
고부   250, 377
고산   132, 137, 156, 219, 341,
      346
고산사   219, 220
고양군   60
고양현   59
고종   23, 27, 69, 95, 101, 118,
      121, 171, 172, 180, 181,
      198, 225, 232, 233, 237,
      272, 273, 275, 277, 309,
      332, 354, 365
고종달   386
고창   319, 324, 325, 329
고창 고인돌군   319
고창현   320
곡창지대   331, 332
공덕사   199

공릉   71, 72
공민왕   57, 92, 229, 285, 286,
      291, 329
공산   238, 248, 275, 312
공세관   137
공수원   201
공양왕   40, 247, 248, 262, 285,
      354
공자   99, 118, 125, 126, 173
공조참판   139, 218
공주   118, 119, 120, 121, 137,
      157, 159, 160, 164, 165,
      197, 198, 203, 328
공주군   120
공주시   127, 201, 203
공직   106
곽충룡   132
관노방   232
관봉석조여래좌상   240, 241
관서정   239, 243
관수헌   288
광명사   251
광복단   213
광산현   354
광정당   381
광종   36
광천   216, 217
광천시장   216
광천원   297
광풍루   297
광해군   57

광흥사   72, 147, 186, 228, 297,
      332
괴산   48, 53, 84
괴산군   83, 90, 95, 96, 98
괴산군읍지   88
괴산원풍리마애불좌상   91
교하   57~60, 62
교하읍   57, 60
구도실   183
구봉혜은   291
구산문사선   250
구산선문   249
구양순체   272
구왕봉   91
구지현   155
국사봉   105
군산   127, 337, 342, 343
군산도   336, 337
군산항   337
군위군   247, 248, 249, 264, 269
군위삼존석불   256
군자산   87, 88
군자지   132
굴산사   149
굴화군   59
궁지도   337
권건   346
권극화   209
권근   52
권람   79, 106
권복   161

권우 78

권인룡 206

권장군 265

권제 79

권진 195, 259

궐리사 125, 126, 173

귀석사 101

극겸 361

극달화상 257

극락전 157, 170, 252, 343, 344, 345

금강산 371, 372

금단산 60

금당서원 101

금동아미타삼존불좌상 149

금락동 242

금산사 152

금성산 312

금오산 148

금오산실 148

금오신화 148

금호강 242

기묘사화 139, 366

기양루 308

기지시 132

기축옥사 140, 347, 354, 361, 362

기호흥학회 213

길상암 250

길수 262

김개남 328

김경창 207

김굉필 183, 302, 303, 366

김극기 239, 245, 353, 369

김기종 333

김대건 26, 27

김대년 194

김덕령 207, 208

김덕함 218

김동준 333

김득배 36

김득신 194

김만중 189, 194

김면 194

김명삼 233

김반 69, 148

김방경 36, 272

김백영 217

김보당 338

김복선 136

김복용 181

김부식 36, 252

김분 87

김수령 164

김시습 146, 147, 148, 152, 153

김시습전 152

김시약 206

김시휘 233, 235

김양행 194

김언정 249

김영일 361

김완 162

김용근 145

김우옹 361

김우홍 362

김을생 162

김일손 183, 184, 284

김자상 381

김자점 55, 187

김장생 200, 201

김재천 108

김저래 321

김정희 378~380, 382

김제 149, 164, 332, 333

김제군 332

김제맹경 외애밋들 332

김제역 163

김종근 213

김종서 107

김종직 164, 183, 302, 303, 331, 369

김종후 194

김좌진 211~213

김중산 194

김중원 314

김집 124, 139

김충갑 188

김취려 36

김치양 71, 72

김홍도 84~86

김홍운 183

김효인 272

김효종 147, 148

김휴 155

- ㄴ -

나당연합군 69, 77
나븐들 171, 173
나주 70, 354, 358, 365
나주댐 358
나주호 354, 360
낙동강 302
낙서전 333
난은별 77
남당 218
남덕유산 295
남명산 333
남연군 170, 171, 172
남원 249, 342
남이 장군 55
남인 44, 45
남제주군 377
남천사 203
남취홍 194
남평 353, 356, 360, 363
남평군 353, 354, 356, 360
남평면 353, 355, 360, 363
남평읍 362
남평천 362
남평현 353~355
남하정 140
남한산성 297

낭벽성 77
내물왕 48
내박소 174
내섭시윤 162
내소군 69
내연산 271, 274, 275~277
내원사 293
내원암 227, 276
노강서원 128
노동천 362
노산성 118
노서하전형 138
노성 117, 118, 119, 120, 127,
     129, 173
노성계 119
노성군 118
노성천 120, 121, 127
노성향교 121
노성현 118, 127
노숙동 297
노음죽현 47
노인봉 356
논산 117, 119, 128, 129, 173
논산시 117, 119
농민혁명 49
농월정 296
능성현 354, 365
능주 365, 366, 369, 371
님의 침묵 212

- ㄷ -

단계현 285
단성 285, 288, 293
단성군 285, 289
단성현 308, 309, 312
단속사 283, 284
단속사견매 285
단월역 84
단조역 76
단종 106, 107, 121, 162
달마상 90
답산부 78
당나라 29, 30, 70, 73, 78, 141,
     149
당쟁 45
당진군 30, 132, 135, 137, 173
당포성 35
대구 238, 241, 243, 245, 248
대량군 71, 72
대록군 155, 179
대명일통지 336
대박곡산 198
대사헌 45, 125, 139, 164, 366
대산현 143
대웅보전 152
대웅스님 249
대원군 147, 171~173
대원사 241, 293
대율리 256, 257
대장낙성회향법회 251

대정읍 377
대종교 213
대촌천 362
대한정의단 213
대한협회 213
대흥사 225
대흥현 206
덕가산 88
덕룡산 358
덕산군 168, 174, 175, 176
덕산도립공원 169
덕산온천 174, 176
덕산향교 168
덕성관 277
덕성산 273
덕천서원 293
덕풍현 167, 168
도계문루 308
도두원 312
도리산 273
도선국사 135, 219, 371, 372
도선국사실록 371
도선스님 157
도솔산 343
도솔암 148, 327
도윤 371
도의선사 249
도인 271, 272, 327
도천사 206, 208
도천산 229, 230, 235
독립 123, 181, 211, 212

독립기념관 195
독립선언서 212
독립운동사 211
동갑회 206
동국여지승람 252, 298
동래부 289
동문선 66, 167
동백정 329
동사강목 252
동소만록 140
동주막거리 120
동진강 331, 337
동진방조제 337
동학 123, 325, 327, 328
동학농민혁명 123, 181, 212,
　　　328
동호정 296
두경승 338
두타산 96
둔철산 289
등잔거리형 369

– ㅁ –

마곡사 152, 157
마골재 84
마라난타 170, 358
마라도 377, 378
마리현 297
마의산

마전 33, 34, 41, 42, 45, 69
마전군 33, 34
마전사 110
마전천현 33
마전향교 34, 35
마한 77
만가대 26
만경 172, 272, 331, 332, 335,
　　　338, 347, 349
만경강 331, 333, 337
만경군 332, 338, 339
만경성가 331
만경평야 331, 332
만당 212
만복사지 342
만수대 99
만수산 148, 149
만향정 199
망객산 136
망경대 160, 181
망지도 337
망해사 333, 337
매봉산 111, 173
매월당 146, 148, 153
매죽헌 120, 121
매천야록 73, 120
면 천 　29, 131, 132, 135,
　　　137~139, 141~156
면천군 132, 134, 137, 168
명나라 　62, 107, 163, 279, 298,
　　　349

명종   23, 160, 168, 186, 188, 211, 229, 293, 324, 348, 354, 361
모녀령 84
모덕사 199
모악산 149
목민심서 329
목빈고개 209
목암 249
목종 36, 71, 72
목천   156, 159, 162, 179, 180, 184, 189
몽뢰정 203
무극기 251
무극역 48
무락산 238
무란 28
무량사   147, 148, 149, 152, 202, 206
무량사석등 149
무송 319, 320
무신년 185
무열왕 77
무염국사 149
무오독립선언서 319, 320
무오사화 164, 183, 303
무장
무장객사 321
무장동헌 324
무장접주 328
무장현 319, 327

무학산 238
묵죽도 44
문 호장
문경현 83, 84, 87
문공유 360
문극겸 360
문달한 361
문무왕 77, 149, 170, 194, 255, 343
문원 271
문의 106, 200
문익점 286, 288, 289
문익점 면화시배지 288
문익하 289
문종 33, 36, 66, 69, 106
문종실록 321
문주왕 120
미곡현 105
미륵당미륵 186
미륵보살반가석상 157
미륵사지 342
미륵전 152
미륵하생경 329
미리내마을 26
미치야 343
민인 277

— ㅂ —

박곤 160

박명부 296, 297
박문수 181, 193
박상실 213
박세채 125
박엇금 108
박연 60
박의 361
박중손 65
박증 120, 121
박지원 300
박태상 78
박팽년 162
박필현 298
박효수 279
반구정 45, 67
반룡사 227, 228
반룡산 342
반정공신 55
반탄진 201
방장산 325
배둔 304
배현경 36, 134
백광훈 58
백담사 212
백두대간 84, 295
백련지 200
백록담 381, 383
백마강교 143
백문절 345
백운산 24, 27, 28, 31
백유양 362

백유함 362
백의정승 125
백제 77, 105, 118, 143, 155, 168,
　　　170, 179, 186, 193, 198,
　　　199, 201, 211, 305, 319,
　　　320, 332, 333, 346, 353,
　　　356, 358, 365
백족산 47, 53, 55
백현사 348
백화성 88
범일국사 149
법성사 273
법주사 106, 152, 371
법천사지지광국사현묘탑 275
법화경 41, 170
법화사 265, 387
법화암 387
벽각성필스님 291
병자호란 93, 123, 124, 146, 189,
　　　297
보각 251
보경사 271, 272, 275, 276
보경사부도 272
보덕사 172, 173
보덕화상 342
보령 137, 144, 212
보령시 143, 144, 216
보은군 105, 106, 108, 109, 110,
　　　112
보인리 242
보조국사 135

보현사 148
보현산 264, 266
복규 132
복지겸 36, 133, 134
봉래산 325
봉림사 268, 342
봉림사지 342, 346
봉사손 121
봉서루 367, 368
봉서사 149
봉성관 308
봉성치헌 291
봉양서원 349
봉의산 239
봉화 51, 181, 239, 274, 277
부관참시 303
부귀실 96, 101
부민원 53
부설거사 333
부안 325, 327, 371
부여 118, 143, 144, 149, 193, 198,
　　　208
부여군 118, 147, 193, 198, 201,
　　　203
부제학 64, 139, 278, 361, 362
북로군정서 213
북학파 300
분사대장도감 250
불교대전 212
불국사 240, 271
불회사 356, 358

비산비야 319
비슬산 250, 251
비암사 157
비학산 274, 277
비학상천형 274
비홍관 145
비홍산 144
빗돌대왕비 71

- ㅅ -

사가독서 183
사면군상 157
사비성 201
사중당 232, 235
삭녕 35, 43, 63, 69
삭녕현 33
산방굴사 379, 380
산방덕 380
산방산 379-381, 386
산신 70, 189
산천재 293
산청 300, 304, 311
산청군 283, 285, 293, 310, 313
삼가 298, 308, 315, 344
삼가군 307, 308, 311, 312
삼가현 307, 308, 309, 312
삼국사기 252
삼국유사 170, 249, 251, 252, 283
삼남대로 161

삼남지방 85, 168
삼동석 274
삼신산 247, 325
삼중대사 250
삼척부사 44, 45
삼학사 144, 146
삼한 40, 160, 181, 202
삽교읍 176
상로현 319
상모현 83
상왕산 169
상원주장군 359
서거정 73, 83, 165, 179, 237, 254,
    263, 339
서경덕 341
서기 140
서대문형무소 213
서림포 387
서방산 149
서북학회 213
서산대사 336
서우산 169
서익 347
서장관 286
서정리구층석탑 197
서주막거리 120
서진 169
서천 127, 137, 143, 144
서해 29, 60, 333
서해안고속도로 143
서희 36

석관포 216
석교창 325
석담일기 366
석당산 218
석령사 220
석문봉 169, 172
석장승 358
선덕여왕 77, 249, 343
선문 249
선운사 325, 327, 329
선운산 320, 325
선운산곡 320
선원 28
선유동 293
선조 36, 44, 59, 63, 64, 132, 139,
    141, 174, 194, 200, 201,
    203, 275, 284, 296, 321,
    347, 354, 361, 362
선화루 297
설마현 70
설성산 48
설악산 212, 249
설인귀 70, 71, 73, 78
성균관 148, 302
성달생 344
성리학의 5현 303
성산 47, 101, 118, 238, 239, 297
성삼문 120
성임 367
성재산 112
성종 34, 36, 84, 97, 107, 137,

    180, 183, 237, 297, 302
성현 331
성혼 139, 140
세성산 180, 181, 195
세심정 347
세조 65, 107, 120, 164, 184
세조실록 254
세종대왕 110
세종실록 183
세종실록지리지 34, 118, 141,
    193, 285, 321
세한도 382
소지왕 257
소현세자 44
속두류록 284
속리산 101, 106, 164, 184
손바라기산 136
손홍렬 328
손화중 325, 327, 328
손화중포 328
손홍종 41
솔거 284
솔티고개 160, 203
송광사 239, 240, 341
송남수 200
송라도찰방 277
송라면 271, 274, 275
송시열 44, 45, 124, 125, 189, 202,
    348, 367, 382
송악산 138, 386
송와잡설 66

송을개 237
송익필 58, 139, 140
수덕사 169, 170, 175, 176
수도사 29
수승대 305
수양대군 106, 107, 148
수옥 173
수옥정 92
수옥정폭포 92
수왕사 149
수월관음보살 343
수정사 31
숙종 24, 26, 44, 45, 59, 76, 78,
　　93, 121, 125, 126, 147, 189,
　　199, 232, 264, 272, 277,
　　291, 297, 359
숙혜당 72
순종 171
숭유억불정책 240
숭의전 33, 34, 36, 37, 41
숭제 170
승가암 133, 135
승속 206
시성산 181
시화역 96
신구산 275
신녕현 248, 261-264
신도안 120, 127
신동 148
신라군 77, 279
신라시대 198, 229, 241, 269

신림사 228, 239
신립 93
신미양요 52
신숙주 329
신숭겸 36
신원 187
신종 40
신중묵 313
신충 284
신충패관 283
신평리 175
신풍역 84, 87
신혜원 87, 92
심악산 60
심의겸 362
십승지 325
쌍봉사 369, 371

− ㅇ −

아룡사 274, 275
아미산 36, 105, 135, 136
아오내 189
아우라지 43
아홉사리고개 143, 144
악견산 309
악양동 302
악지 320
안면도 216, 220
안목 57

안부역 87
안성군 23, 26
안성시 23, 24, 31, 51
안우 36
안음 297, 298
안음현 297
안음현감 302, 303
안음현조 298
안의 297~299, 304
안의군 298
안의초등학교 300
안의현 295, 299
안의현청 300
안자산 99
안창호 213
안협 43
안홍운 70
안후기 183, 185
알성시 361
암성 79
앵산동 49
앵화동천 202
약사신앙 240
약사여래좌상 241
양성향교 23, 24
양성현 13, 24, 26~28, 30, 31
양주 35, 42, 59, 69, 73, 76
양지 48, 96, 101, 160, 256
여주 48
여주군 51
여지도서 264

여진족 53
역원 55, 312
연개소문 342
연계노해 119
연기 127, 156, 157, 165
연기군 121, 155, 157
연려실기술 206
연복사 342
연봉정 146
연산 118~120
연산군 105, 183, 262, 303
연엽봉 169
연좌율 207
연주산 369
연천 33, 35
연천군 33, 34, 43, 69
연풍 83~87
연풍군읍지 92
연풍현감 44
연혁 298
연화도수형 355
연화부수형 335
열기현 198
열성 198
열야산현 118
염창 76
염티산 110
염티재 110
영건청 348
영광군 320
영국 71, 76

영국군충혼탑 76
영남지방 327
영당 35
영벽정 368, 369
영성군 41, 193
영신사 노래 234
영일군 273
영조 27, 36, 59, 61, 63, 83, 93,
      181, 185, 192, 193, 200,
      211, 219, 232~235, 239,
      298
영주산 325
영창대군 297
영천 227, 229, 242, 248, 255,
      256, 258, 260, 277, 292
영천군수 254
영천시 238, 261, 265
영탑사 134, 135
영탑사금동삼존불 135
영탑사약사여래상 135
영해 273, 277
영홍관 86
예송논쟁 44, 45, 124
예조참의 106
오건 293
오달제 144
오동원 312
오명항 298
오산 126, 141, 173, 266
오서산 216, 220
오성학교 213

오세암 212
오수물 90
오식 378
오어사 251
오영관 386, 387
오익경 313
오줌방우 278
오찰방 386
옥녀봉 119, 144, 256
옥녀탄금형 119, 126, 234
옥양봉 169, 172
옥황상제 383
온달 84
온정원 87
온조왕 77, 193
옹암포 216, 217
와보도 337
완주군 342, 346, 347
왕건 40, 106, 127~129, 134, 186
왕검 37
왕순례 41
왕요 40
왕전 127~129
왕진나루 201
왜적 48, 159, 230, 235, 276
용두산 248
용벽루 237
용산 227, 274
용장사 148
용재집 139
용재총화 57

우곡역 249, 258
우금치 328
우봉군 33
우왕 40, 105, 146
우의정 107, 125, 139, 140
우화루 344, 345
운문사 251
운산 250, 367, 369, 373
운수암 27
운점사 156
운주 132, 168, 211, 371
운주사 372, 373
운주산 156, 159, 160, 161
운주성 156
운흥사 358
운흥사지 358
웅천 52
원각조사 275, 276
원광 241
원나라 70, 286, 387
원사정 73
원산도 216
원진국사 272, 275, 358
원진국사비 272, 275
원효굴 88
원효대 343
원효대사 170, 194, 228, 249,
    291, 343
원효봉 169
월산 49, 220
월조산 161

월출산 371, 372
위례성 186, 193
위화도 40
유계문 195
유관순 181, 190, 192
유광홍 192
유금필 36
유네스코세계문화유산 319
유도 90, 91
유도석 232
유도천 91
유도행 194
유린역 310
유마상 284
유몽인 349
유방선 269
유봉석 29
유사경 278
유성룡 299, 361
유숙 276
유순 324
유승단 167
유앙산 335
유연진 35
유영일 181
유용수 325
유원순 131
유일스님 88, 90
유장환 108
유정현 31
유종흥 349

유중교 349
유지림 194
유진한 194
유철한 194
유춘역 48, 55
유희서 208
육군무관학교 213
육십령 295
윤거 183
윤관 36
윤기신 361
윤대홍 299
윤두 183
윤문거 128
윤방경 41
윤번 60
윤봉길 175
윤상 148
윤선거 62, 122, 124, 128
윤선도 299
윤소종 328
윤영현 207
윤이관 183
윤이오 183
윤이천 183
윤자영 307
윤자운 346
윤증 62, 121, 123
윤집 144, 146
윤황 128
윤휴 124

율곡사 291, 292
은거당 44
은석사 181, 192
은석산 181
은진 118, 120
은해사 240
음성 48, 102
음성군 52, 55
음죽군 48, 51~53, 55
음죽현 47, 51
의령현 308
의병대장 277
의상 29, 343, 344
의상대사 343
의성군 255
의자왕 170, 333, 358
의종 297, 338, 360
의현 160, 241
의흥 247, 249, 254, 255
의흥군 247, 256, 258
의흥현 248, 249
이간 206
이갑 213
이건창 171
이계맹 164
이계전 148
이공로 272
이괄의 난 28, 164
이구 309
이규보 247, 346
이극돈 183

이극태 194
이급 361
이길 362
이내은 162
이달 58
이도 156
이두황 181
이릉부리군 365
이명근 35
이몽학 203~206
이민식 27
이발 354, 361, 362
이방실 36
이방한 309
이병연 83
이봉우 328
이산해 58
이산현 118, 168
이상택 가옥 286
이색 35
이성 118, 156
이성계 35, 40
이수광 43
이수증 185
이승만 314
이승소 31, 105, 113
이시발 206
이시언 206
이신 57
이안 297
이안우 217

이언적 303
이여송 91, 92, 112, 163, 279
이원 45
이율곡 140
이의민 338
이의신 78
이이 45, 58, 136, 152, 153, 347,
    362, 366
이인좌 183, 257, 298
이일동천 161
이적 60, 234
이전선 216
이정신 278
이제현 133
이조정랑 182
이조판서 45
이준 284
이중호 361
이중환 37, 57, 288, 298
이지함 136, 138, 194
이천 42, 47, 48
이천군 47~49
이춘년 188
이항 45
이행 139, 276
이형상 381
이형원 85
이화령 83, 84, 90
이화현 94
이황 303
익산 342, 348

인각사 249, 251, 252, 256
인공석굴 257
인도 62, 170
인량 297
인선왕후 45
인열왕후 63
인조 28, 55, 63, 64, 86, 89, 118,
　　152, 164, 168, 176, 187,
　　194, 225~227, 276, 278,
　　298, 332, 333, 365
인흥사 251
일미도 64
일본 135, 275, 345
일연 249~252
일연스님 252, 254
임고군 262
임단 33
임선백 235
임억명 207
임진강 33, 35, 36, 41~42, 45, 57,
　　60, 63
임진도 77
임진왜란 41, 43, 57, 65, 91~93,
　　98, 108, 112, 136, 149, 168,
　　174, 200, 206, 208. 229,
　　254, 264, 274, 275, 344, 349
임천군 206
임춘 70
임치 72, 73

– ㅈ –

자굴산 309
자석리석불입상 51
자연도 37
자오교 199
자인 225, 226, 231, 233, 234
자인군 226~228
자인현 235
자점보 55
자화 297
작성산 180
잠두봉 36
장군대좌형 181
장기 127, 278
장단 69
장단부 60
장릉 59, 61, 63, 64
장반야명 27
장사현 319
장생이 193
장수 70, 73, 138, 280, 295, 309
장수역 261, 262
장연 83
장풍현 83, 84
장해원 54
장호원 48, 51~54
장호원읍 48, 51
저연 37
적묵당 345
적성 24, 31, 33, 35

적성군 72
적성무청 72
적성사창 72
적성여단 72
적성현 69, 72
전남도청 372
전남의 전설 372
전동면 157
전라도관찰사 348
전봉준 327, 328
전시숙 295
전의 153
전의향교 156
전주부 332
정감록 127
정금당 308
정난공신 79, 107
정도전 37
정림사 250
정만인 170, 171
정몽주 36, 261, 262
정발 41, 42
정병호 303
정병호 가옥 303
정산 197
정산고을 197
정산군 203
정산면 197
정산현 198~201
정암사 220
정약용 329, 358

정언신 140, 362
정여립 139, 140, 346, 354, 362
정여창 182, 296, 300~303
정연 34, 64
정연경 34
정온 296~298, 378
정온댁 298
정용기 277
정용숙 108
정유재란 296
정읍 325, 327, 361
정이오 47
정자산 87
정자숙 308
정중부 338, 361
정지담 346
정집 362
정철 140
정충언 234
정취암 289
정혜사 170
정희량 297, 298
정희량의 난 298
제갈공명 140
제영조 131
제월당 297
제주 4·3사건 314
제주도 378, 381, 382, 387
제촌부곡 48
조경대 278
조광조 139, 303, 361

조령관문 93
조발 201
조사리 275
조서강 272
조선 독립의 서 212
조선불교유신론 212
조선총독부 36
조식 293
조운홀 107
조위총 338
조의제문 183
조지안 203
조헌 112, 139
좌월대 105
좌의정 107, 137
좌찬성 125
주자대전 124
주줄산 343
죽산현 47, 48
죽수서원 369
중봉산 358
중사 71
중조산 369
중종반정 164, 183
중추부사 295
중편조동오위 250
증산성 155
증자천 99, 400
지눌 250
지리산 284
지봉유설 43

지석강 362, 363
지석산 362
지정사 274
진나라 189, 271
진덕여왕 29, 291
진무루 321
진묵대사 149, 335, 336
진묵조사유적고 333
진서 106
진의귀 103
진의루 218
진전사 249
진천군 102, 184
진평왕 271, 274
진흥왕순수비 71
징파나루 42, 43
징파도 42, 43

- ㅊ -

차귀섭 211
창렬사 144
창렬서원 144
창왕 40
창택산 29, 132
채륜 239, 243
척주동해비 44
척지산 291
천덕산 28, 31
천도교 창건사 50

천아탁시형 126
천안 129, 156, 160, 162, 163, 180,
　　183, 186-188, 190
천왕문 149
천정구현 59
천주교 26, 27, 87
천주교도 87, 172
천추태후 71
철감선사 371
철감선사탑 371
철민 272
철원군 43
철종 119, 185, 243, 333
철천리석불입상 360
청경역 269
청나라 55, 93, 297, 298
청룡산 219, 220
청미천 48, 52, 55
청산리 211, 213
청송군 255, 265, 266, 269
청아루 199, 201
청안 95, 96
청안향교 97, 98
청양 146, 198, 203
청양군 197, 198, 199, 201, 203
청양현 198
청원군 96, 97, 102, 103, 106, 109-
　　112, 184
청원사 31
청일사 147
청일서원 146

청주 95, 105, 106, 155, 156, 162,
　　190
청주나들이 190
청태종 298
청파산 87
청풍정 121
청하 273, 276
청하산 고갯길 338
청하읍성 277
청하현 273, 275, 276, 277, 278
청학동 73, 327
초례산 238
초의선사 333, 358
초점 84
초정 162, 194
총보 176
최경창 58, 59
최득지 347, 348, 349
최명원 238
최복 302
최부잣집 299
최수 233
최시형 49, 50
최영 105, 106, 108, 111, 146
최영경 361
최익현 199, 382
최장군배미 97
최장현 97
최재규 108
최재기 286
최지 168

최창조 58
최충헌 338
최태순 91
최현식 327
최호 206
최홍원 63
추가령 43
충렬왕 70, 132, 170, 227, 251,
　　272
충주 47, 48, 72, 83, 84, 87, 93
충청도관찰사 217
칠갑산 197, 199, 209
칠보산 87, 88, 96
칠불석상 360
칠중성 69, 71, 73, 77
칠중하 77
칠중현 69
침류왕 170, 356

- ㅌ -

탄금대 93
탄핵 35, 347, 362
탐라계곡 383
태백산 371
태자봉 203
태조 33, 37, 40, 41, 52, 59, 106,
　　128, 129, 134, 137, 155-
　　157, 180, 186, 238, 273,
　　346, 354

태종 23, 33, 40, 47, 59, 64, 89,
　93, 95, 97, 101, 106, 118,
　132, 143, 155, 168, 180,
　198, 211, 220, 237, 247,
　273, 288, 297, 307, 319,
　321, 325, 354, 358, 365, 378
택리지 37, 42, 57, 288, 349
토머스 만 117
토지 73, 113, 134, 146, 251, 255,
　256, 303
통도사 341
통양포 276
통일대사 89
통일신라시대 220, 240, 332

— ㅍ —

파주 57, 59, 60, 63, 69, 76
파주군 60, 69
파주군사 57
파주시 57
팔공산 241, 248, 264
팔면보경 271
팔문장 58
팔상전 152, 371
페레올 27
평강군 43
평택시 24, 28, 30, 31
풍기 277
풍덕군 60

풍수지리학 135
풍수지리학자 58
피반대령 109
피반령 109, 112
필부 77

— ㅎ —

하동 225
하마산 105
하멜 386
하멜표류기 386
하앙식 344, 345
하연 286, 348
하영국 286
한 장군 230-235, 242
한강 60, 65, 77
한국전쟁 35, 36, 71, 76, 91, 98,
　173, 264, 312, 314, 358
한당 231, 233, 234
한동석 313, 314
한라산 378, 379, 380-383
한배하 203
한빈 194
한산 137, 143, 144, 146
한성부 69
한성신보 213
한양 57, 59, 302, 321, 328
한옹 72
한용운 211, 212, 220

한응곤 101
한 장군놀이 234
한 장군신위 233
한탄강 43
한현 206, 207
할미당 73
함경도 58, 59, 303
함관령 58
함부림 79
함양 298, 299, 302
함양군 297, 298
함허정 254
합천 291, 298, 307, 311, 341
합천군 307, 308, 312
해구 120
해문역 220
해아현 271, 273
해운사 251
해인사 291, 341
해총 344
행정복합도시 127, 165
향교기 47
향아설위 49
허균 58
허내도 337
허당 361
허목 44, 45, 76
허백당 254
허삼둘 299
허삼둘 가옥 299, 300
헌강왕 358

혁명촌 30
현내면 61, 174, 277, 308
현종 23, 36, 44, 45, 47, 59, 70, 72, 83, 86, 95, 105, 118, 132, 168, 180, 198, 211, 225, 229, 237, 247, 262, 273, 285, 307, 346, 386
혜일 379, 387
혜종 36, 39
혜현 170
호명학교 213
호점산 106
호종단 386
호학산 273, 277, 279
홍가신 207, 361
홍경주 366
홍귀달 33, 254
홍대협 85
홍랑 58, 59
홍산 143, 145, 146, 203, 206, 207
홍산군 143, 146
홍산읍성 144
홍산현 145, 147, 206, 208
홍산객사 145
홍성군 174, 211, 212, 216
홍여방 259, 272
홍원감목관 29
홍유 36
홍윤성 106, 107
홍익한 144
홍재전서 86

홍주 137, 138, 168, 198, 206, 207, 216, 219
홍주성 206
화림동 295, 297
화림동 계곡 295, 297
화산 128
화산성 264
화석정 45
화순군 355, 360, 365, 373
화순현 354
화암사 343-346
화양역 239, 245
화엄사 152
화태 366
환성사 238, 243
황곡립 194
황룡강전투 328
황룡사 251
황보인 107
황수신 60, 66
황정욱 64
황학포란형 48
황현 73, 170
황희 45, 60, 66, 67
회덕 106
회연 249
회인군 106, 110
회인민란 108
횡건도 337
효종 44, 89, 118, 145, 162, 180, 185

후고구려 252
후근도 42
후백제 127, 128, 252
후연진 35
훈구척신파 366
휴전선 64
흑성산 180, 182
홍산대첩 146
흥선대원군 27, 170-172
홍원목장 29
홍해 273, 278
홍해군 273
희양산 91
희연조사 358

고전 원전 · 영인본

『고려사』김종서 · 정인지 외, 조선시대
『국역고려사절요』민족문화추진회. 1968
『고려도경』서긍, 민족문화추진회, 중국 송
『대동여지도』제2경성제국대학법문학부, 서울대학교 규장각 소장, 소화 11년
『대동지지』김정호. 아세아문화사. 1972
『대순전경』이상호 · 이정립 엮음, 증산교 본부 소장, 1929년
『동국여지비고』, 서울대학교 규장각 소장, 조선시대
『동국이상국집』이규보, 민족문화추진회. 1979
『동국지리지』한백겸, 영인본, 일조각, 1982
『대동야승』성현 외, 민족문화추진회, 1997
『목민심서』정약용, 서울대학교 규장각 소장, 조선시대
『국역목은집』이색, 민족문화추진회, 2000
『산림경제』홍만선, 민족문화추진회, 1983
『국역삼봉집』정도전, 민족문화추진회. 1977
『성호사설』이익, 민족문화추진회, 1977
『석담일기』이이, 서울대학교 규장각 소장, 조선시대
『송강집』정철, 송강 유적보존회 1988
『신증동국여지승람』이행 · 홍언필, 민족문화추진회, 1989
『여유당전서』정약용, 1936
『여지도서』, 한국교회사연구소, 조선시대
『연려실기술』이긍익, 민족문화추진회, 1967
『연암집』박지원, 김명호. 신호열 옮김 2005
『완당집』김정희, 민족문화추진회, 1989
『조선왕조실록』, 서울대학교 규장각 소장, 1413-1865
『증보산림경제』유중림, 조선시대
『택리지』이중환, 조선광문회, 1913
『국역 매월당집』김시습, 세종대왕기념사업회, 1978
『국역 성소부부고』허균, 민족문화추진회, 1986
『국역 순암집』안정복, 민족문화추진회, 1997
『국역 청장관전서』이덕무, 민족문화추진회, 1997-1981
『국역포은집』정몽주, 대양서적. 1982
『해동잡록』권별, 권영기 소장, 조선시대

『국역 미수기언』허목, 민족문화추진회. 1968
『국역 동문선』, 민족문화추진회. 1968
『국역 화담집』서경덕, 고려대학교 민족문화연구소, 1971
『조선시대사찬읍지朝鮮時代私撰邑誌』, 한국인문과학원. 1989
『한국근대읍지』한국인문과학원. 1989

출판 단행본

『삼국사기』김부식지음, 이병훈 역, 을유문화사, 1983
『삼국유사』일연지음, 이민수역, 을유문화사.1983
『갑오동학혁명사』최현식, 향토문화사, 1983
『객주』김주영, 창작과비평사, 1981-1984
『국토와 민족생활사』최영준, 한길사, 1997
『금강 401km』신정일, 가람기획, 2001
『나를 찾아가는 하루 산행 2』신정일, 사람과산, 2001
『나를 찾아가는 하루 산행』신정일, 푸른숲, 2000
『나의 아버지 박지원』박종채, 박희병 옮김, 돌베개, 1998
『난중일기』이순신, 허경진 옮김, 한양출판, 1997
『님의 침묵』한용운, 청년사, 1986
『다시 쓰는 택리지 1·2·3·4·5』신정일, 휴머니스트, 2004-2006
『당쟁으로 보는 조선역사』이덕일, 석필, 2004
『동학과 농민봉기』한우근. 일조각. 1983
『동학의 산 그 산들을 가다』신정일, 산악문화, 1995
『민족문화백과대사전』, 한국정신문화연구원, 1991
『사상기행 1·2』김지하, 실천문학사, 1999
『산중일기』정시한, 신대현 옮김, 혜안, 2005
『선인들의 지리산 유람록』김일손 외, 최석기 외 옮김, 돌베개, 2000
『신한국풍수』최영주, 동학사, 1992
『신정일의 낙동강 역사문화 탐사』신정일, 생각의나무, 2003
『아리랑』조정래, 해냄, 1995
『역주 매천야록』황현, 임형택 외 옮김, 문학과지성사, 2005
『오하기문』황현, 김종익 옮김, 역사비평사, 1994
『정도전을 위한 변명』조우식. 푸른역사. 1997

『울고 싶지? 그래, 울고 싶다』신정일, 김영사, 2005

『이곳이 한국 최고의 명당』최명우, 수문출판사, 1997

『전봉준과 갑오농민전쟁』우윤, 창작과비평사, 1993

『젊은 날의 초상』이문열, 민음사, 1981

『조선불교통사』이능화. 혜안, 2003

『백범일지』김구. 범우사, 1984

『정감록』김수산 엮음, 명문당, 1981

『조선해어화사』이능화, 이재곤 옮김, 동문선, 1992.

『지봉유설 상·하』이수광, 남민성 옮김, 을유문화사, 1994

『지워진 이름 정여립』신정일, 가람기획, 2000

『전봉준전기』김의환, 박영문고. 1974

『천도교서』천도교, 1920

『탁류』채만식, 성공문화사, 1993

『태백산맥은 없다』조석필, 산악문화, 1997

『택리지』이중환, 이익성 옮김, 을유문화사, 1993

『한강 역사문화 탐사』신정일, 생각의나무, 2002

『한국과 그 이웃 나라들』이사벨라 버드 비숍, 이인화 옮김, 살림, 1994

『한국사 그 변혁을 꿈꾼 사람들』신정일, 이학사, 2002

『한국사의 천재들』신정일·이덕일·김병기 공저, 생각의나무, 2006

『한국의 풍수지리』최창조, 민음사, 1993

『한국지명총람』허웅 외, 한글학회, 1979

『국토와 민중』박태순. 한길사, 1983

지방 간행물

『고창군지』

『괴산군 읍지』

『낙안읍성지』

『부여읍지』

『양평군지』

『전남의 전설』

『직산현지』

『파주군사』

『완주군지』

대동여지도로 사라진 옛고을을 가다 3

1판 1쇄 인쇄 2006년 7월 31일
1판 1쇄 발행 2006년 8월 4일

지은이 ǀ 신정일
발행인 ǀ 박근섭
펴낸곳 ǀ 민음사출판그룹 **(주) 황금나침반**

출판등록 ǀ 2005. 6. 7. (제16-1336호)
주소 ǀ 135-887 서울 강남구 신사동 506 강남출판문화센터 4층
전화 ǀ 영업부 (02)515-2000 / 편집부 (02)514-2642 / 팩시밀리 (02)514-2643
홈페이지 ǀ www.gdcompass.co.kr

값 16,000원

ISBN 89-91949-87-8 03100
      89-91949-88-6 (세트)